ARTILLERIE

DOCUMENTS DIVERS

RELATIFS

AUX ÉTABLISSEMENTS DE L'ARME

Volume mis à jour à la date du 10 juillet 1918.

PARIS

HENRI CHARLES-LAVAUZELLE

Éditeur militaire

124, Boulevard Saint-Germain, 124

MÊME MAISON A LIMOGES

ARTILLERIE

DOCUMENTS DIVERS

RELATIFS

AUX ÉTABLISSEMENTS DE L'ARME

Volume mis à jour à la date du 10 juillet 1918.

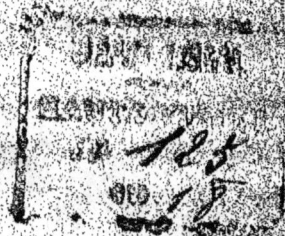

PARIS
Henri CHARLES-LAVAUZELLE
Éditeur militaire
124, Boulevard Saint-Germain, 124
MÊME MAISON A LIMOGES

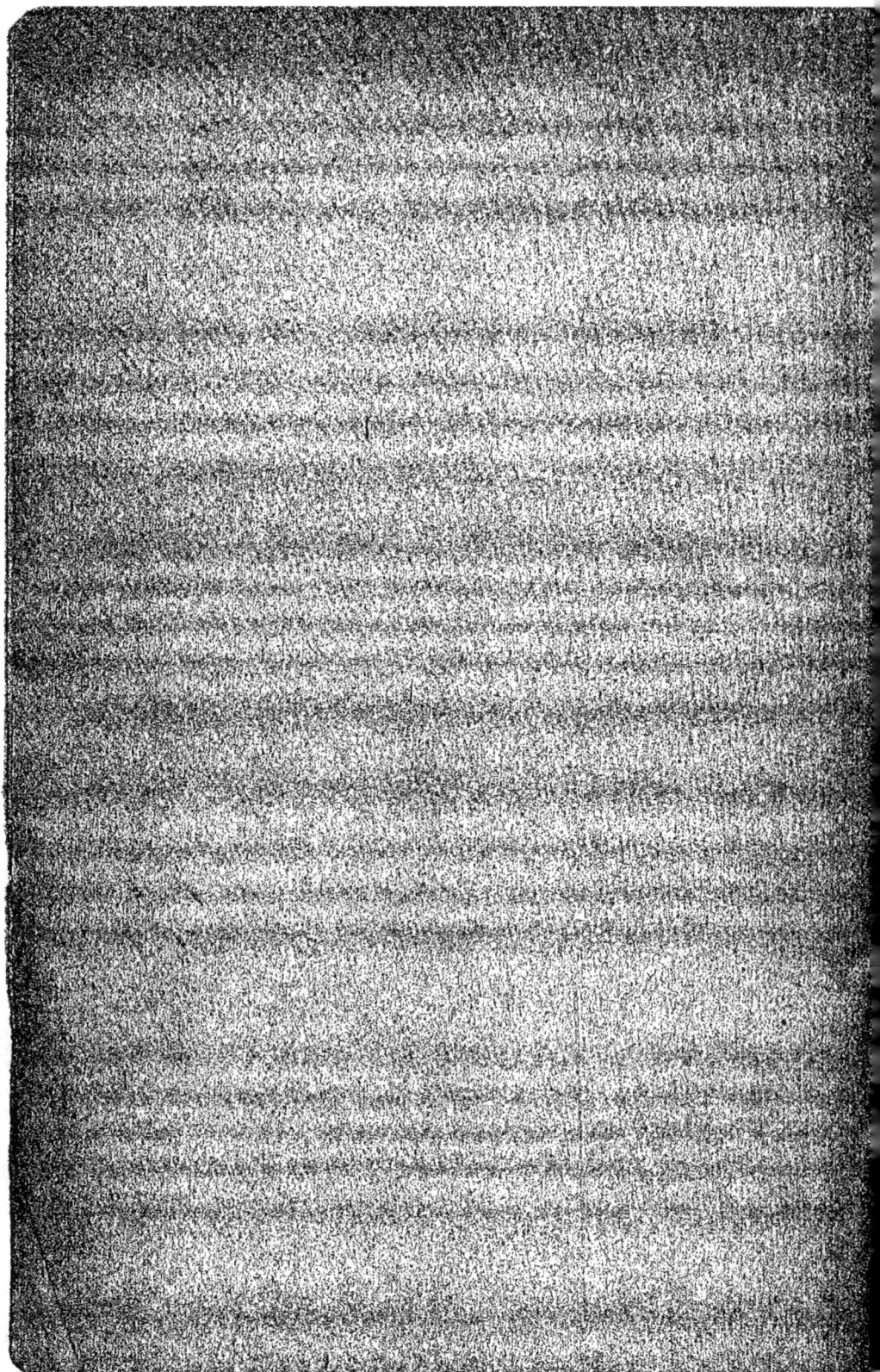

ARTILLERIE

DOCUMENTS DIVERS

RELATIFS

AUX ÉTABLISSEMENTS DE L'ARME

1re PARTIE

Documents concernant le personnel.

Circulaire relative aux attributions des officiers d'administration d'artillerie et des gardiens de batterie pour la recherche et la constatation des délits et des contraventions. Prestation de serment de ces officiers et employés.

Versailles, le 1er février 1876.

Le Ministre de la guerre à MM. les Généraux commandant les corps d'armée; les Généraux, les Colonels commandant l'artillerie des corps d'armée; les Directeurs des établissements de l'artillerie.

Messieurs, dans les conditions actuelles de la guerre et eu égard au développement qu'ont pris les constructions du matériel de l'artillerie, une notable partie de ce matériel est exposée à rester en plein air, soit pour les besoins du service courant, soit par suite de l'insuffisance des magasins, soit enfin en raison des nécessités de la défense : dans les places fortes par exemple, le matériel affecté à l'armement de sûreté doit rester en tout temps sur les remparts. Des objets de toute nature se trouvent ainsi exposés aux vols et aux dégradations, quelles que soient les précautions prises ; il est indispensable qu'une surveillance active et énergique ne laisse subsister aucun doute sur la répression sévère et immédiate qui atteindra les délinquants.

L'article 84 du Code de justice militaire institue les officiers d'administration d'artillerie officiers de police judiciaire militaire et les arme, en cette qualité, du pouvoir de rechercher les crimes, délits ou contraventions, d'en rechercher les preuves et d'en livrer les auteurs à l'autorité chargée d'en poursuivre la répression. Les attributions de ces officiers de police judiciaire militaire et les formalités auxquelles ils doivent se conformer dans l'exercice de leurs fonctions sont exposées dans les articles 86 et suivants du Code. La compétence des officiers d'administration s'étend à tout ce qui compose le domaine militaire de l'État, immeubles et matériel de l'artillerie et aux servitudes existant autour des magasins à poudre.

La loi du 21 mai 1858 confère aux gardiens de batterie le pouvoir de dresser procès-verbal dans les mêmes conditions que les officiers d'administration d'artillerie et du génie. La compétence de ces employés s'étend aux mêmes objets que celle des officiers d'administration, et leurs procès-verbaux, comme ceux de ces derniers, font foi jusqu'à inscription de faux; mais là se borne la similitude d'attributions entre les officiers d'administration et les gardiens de batterie; ces derniers ne sont pas, au moins quant à présent, officiers de police judiciaire.

Pour avoir le droit d'exercer les fonctions qui lui sont attribuées, chaque officier d'administration et chaque gardien de batterie doit prêter serment devant le tribunal de première instance de l'arrondissement dans lequel il doit opérer. MM. les commandants des parcs et directeurs des établissements d'artillerie feront procéder à cette formalité suivant les prescriptions des circulaires en date des 20 décembre 1854 et 29 septembre 1858; il sera tenu compte des modifications pouvant résulter des décrets des 5 et 11 septembre 1870 qui, tout en abolissant le serment politique, ont maintenu le serment professionnel.

Je vous serai obligé de vouloir bien assurer, chacun en ce qui vous concerne, l'exécution de ces prescriptions ; MM. les directeurs des établissements de l'artillerie m'accuseront réception de la présente circulaire.

Circulaire relative aux imputations des frais de prestation de serment des officiers d'administration d'artillerie et des gardiens de batterie.

Versailles, le 29 mars 1876.

Le Ministre de la guerre à MM. les Directeurs des établissements de l'artillerie.

Monsieur le Directeur, aux termes de la circulaire n° 12, du 1er février 1876, les officiers d'administration d'artillerie et les gardiens de batterie doivent prêter serment devant le tribunal de première instance de l'arrondissement dans lequel ils sont appelés à opérer.

A cette occasion, plusieurs directeurs des établissements de l'artillerie m'ont demandé si les frais de prestation de serment doivent incomber à l'Etat ou à l'agent qui prête serment.

Cette question d'imputation a été soulevée à plusieurs reprises, et elle a été résolue dans ce sens que ces frais de prestation ne doivent pas être mis à la charge de l'Etat.

L'administration des finances s'est formellement élevée contre l'imputation à l'Etat des frais de prestation de serment en faveur des diverses catégories d'officiers et d'employés militaires assermentés.

Le surcroît de taxe qui leur incombe actuellement est la conséquence de la loi du 28 février 1872.

Je vous prie de vouloir bien tenir compte de ces observations et les porter à la connaissance des officiers d'administration d'artillerie et gardiens de batterie placés sous vos ordres.

Lettre collective relative à l'admission des gardiens de batterie dans les bureaux télégraphiques de l'Etat.

(3° Direction, Artillerie et Equipages militaires; 2° Bureau.)

Paris, le 12 août 1895.

Le Ministre de la guerre à MM. les Généraux commandant les corps d'armée; les Généraux commandant l'artillerie des corps d'armée; les Directeurs des établissements de l'artillerie.

Messieurs, d'après les dispositions en vigueur, les cavaliers télégraphistes et les sous-officiers candidats à un emploi de receveur ou de commis des postes et des télégraphes sont les seuls militaires dont l'introduction dans les bureaux télégraphiques de l'État soit susceptible d'être autorisée par l'administration, sur la simple proposition ou sur l'avis conforme de l'autorité militaire locale.

J'ai l'honneur de vous informer, après entente avec mon collègue du commerce, de l'industrie, des postes et des télégraphes, qu'à l'avenir les gardiens de batterie pourront être également admis dans les bureaux dont il s'agit, aux mêmes conditions que les militaires précités.

Cette mesure permettra, en particulier, d'assurer l'instruction télégraphique des gardiens de batterie, dans le cas où les établissements militaires ne disposeront pas de ressources suffisantes en matériel.

Circulaire autorisant les directeurs des établissements de l'artillerie à nommer et à révoquer certains agents secondaires.

(Direction de l'Artillerie; Bureau du Matériel.)

Paris, le 31 mars 1900.

La nomination, la révocation et l'acceptation des offres de démission des concierges des établissements de l'artillerie, des gardiens civils de champ de tir et des cantonniers employés sur les réseaux de chemin de fer militaires dépendant du service de l'artillerie font actuellement l'objet de décisions ministérielles.

A l'avenir, le droit d'embaucher les agents de ces diverses catégories, de prononcer leur renvoi sauf pour les commissionnés ou d'accepter leurs offres de démission rentrera exclusivement dans les attributions des directeurs des établissements de l'artillerie.

Décret concernant l'organisation des commissions d'expériences
de Bourges, de Calais et de Gavre.

(Direction de l'Artillerie et des Équipages militaires;
Bureau du Matériel.)

Paris, le 24 février 1902.

RAPPORT AU PRÉSIDENT DE LA RÉPUBLIQUE FRANÇAISE.

Monsieur le Président,

La nécessité d'une collaboration intime entre les ministères de la guerre et de la marine, pour tout ce qui touche aux expériences d'artillerie, est évidente et depuis longtemps reconnue. Le décret du 9 avril 1864 avait organisé, en conséquence, les commissions d'expériences d'artillerie de la marine à Gavre et de la guerre à Châlons. Ce décret est encore en vigueur pour la commission de Gavre. C'est de son esprit que l'on s'est inspiré, lors de la création des commissions de Calais et de Bourges, qui ont remplacé la commission de Châlons, pour y assurer la représentation de la marine.

Mais la composition nominale de ces commissions a subi des changements, du fait du passage au Département de la guerre, des troupes de la marine. La marine ne dispose plus, en effet, d'officiers d'artillerie lui appartenant en propre. Les services techniques sont assurés par des officiers d'artillerie coloniale, mis temporairement à sa disposition.

En fait, dans les commissions d'artillerie du Département de la guerre, il n'y a plus que des officiers appartenant à ce Département.

Il nous a paru, par suite, utile de préciser le rôle, dans ces commissions, des officiers d'artillerie coloniale qui y sont détachés, exclusivement pour permettre au Département de la marine de suivre les expériences qui s'y exécutent.

Il nous a paru également utile de préciser les attributions des officiers détachés par la marine dans les commissions de la guerre, et inversement.

Le décret de 1864 ne prévoyait, d'autre part, que l'envoi des procès-verbaux de la commission de la marine au ministère de la guerre et réciproquement. Il nous a paru qu'il y avait intérêt à aller plus loin dans cet ordre d'idées, et à prévoir l'envoi, à chaque Département, par les officiers qui le représentent, de notes et rapports mettant ce Département à même de suivre tout spécialement les expériences qui l'intéressent, ainsi que les différentes questions qui peuvent appeler son attention. Chaque ministère sera ainsi tenu au courant, non seulement des expériences qui se font dans l'autre Département, mais encore des méthodes de travail, de calcul, d'expérimentation des différentes commissions, en un mot, et si l'on peut s'exprimer ainsi, de ce qui constitue la philosophie des expériences.

C'est dans cet ordre d'idées qu'a été rédigé le projet de décret ci-joint, que nous avons l'honneur de soumettre à votre approbation.

Décret.

Le Président de la République française,

Vu les articles 2 et 3 du décret du 9 avril 1864, portant organisation des commissions d'expériences de Gâvre et de Châlons;

Vu la loi du 7 juillet 1900, portant organisation des troupes coloniales;

Vu le décret du 28 décembre 1900, portant organisation du personnel de l'artillerie coloniale détaché au Département de la marine pour assurer les services techniques de l'artillerie de la marine;

Sur le rapport des Ministres de la guerre et de la marine,

Décrète :

Art. 1er. Deux officiers de l'artillerie métropolitaine, dont un chef d'escadron et un capitaine, nommés par le Ministre de la guerre, sont membres de la commission de Gâvre;

Deux ingénieurs de l'artillerie navale, du grade d'ingénieur principal ou d'ingénieur de 1re classe, nommés par le Ministre de la marine, sont membres, l'un de la commission de Bourges, l'autre de la commission de Calais. Leurs attributions sont les mêmes que celles des officiers (1).

Art. 2. Les officiers désignés à l'article 1er ont voix délibérative. Ils concourent, avec les autres officiers des commissions dont ils sont membres, suivant leur grade et leur ancienneté, pour la présidence ou la vice-présidence intérimaire, pour la

_____

(1) Article modifié. (Décret du 20 avril 1913, B. O., p. 872.)

préparation, la direction, l'exécution des expériences, la rédaction des procès-verbaux, notes et rapports.

Art. 3. Les procès-verbaux des séances de tir et les rapports de chaque commission, quels que soient la nature et le caractère des expériences exécutées, sont adressés simultanément aux deux Départements de la guerre et de la marine, en une expédition au moins pour le Département dont ne dépend pas la commission.

Art. 4. Les officiers désignés à l'article 1er fournissent, à leur Département respectif, des notes et rapports sur toutes les expériences en cours, quels qu'en soient la nature et le caractère, ainsi que sur les méthodes de travail et de calcul et les procédés d'expérimentation en usage à la commission dont ils sont membres.

Ces notes et rapports sont visés par le président de la commission, qui en transmet un double au Département dont dépend la commission.

La correspondance du Ministre de la guerre avec les officiers qu'il a détachés à la commission de Gavre passe par l'intermédiaire du Ministre de la marine, et inversement celle du Ministre de la marine avec les officiers qu'il a détachés aux commissions de Bourges et de Calais passe par l'intermédiaire du Ministre de la guerre.

Art. 5. Les Ministres de la guerre et de la marine sont chargés, chacun en ce qui le concerne, de l'exécution du présent décret.

Fait à Paris, le 24 février 1902.

Notice concernant les conditions à remplir et les connaissances exigées, pour l'admission à l'emploi d'ouvrier immatriculé des manufactures d'armes et de l'atelier de construction de Bourges, des militaires et anciens militaires gradés ayant plus de 5 ans de service.

(Direction de l'Artillerie; Bureau du Matériel.)

Paris, le 9 mai 1904.

Tout militaire ou ancien militaire gradé qui postule, en vertu des dispositions du décret du 29 mai 1902, un emploi d'ouvrier immatriculé dans une manufacture d'armes ou à l'atelier de construction de Bourges, doit remplir les conditions suivantes :

Conditions à remplir.

Pouvoir compter 25 ans de services à 60 ans d'âge (service militaire compris),

Être de moralité irréprochable,

Être de bonne constitution,

Subir avec succès l'examen primaire et les épreuves professionnelles dont le programme est annexé à la présente notice.

Les notes sont données de 0 à 20; la note de chaque épreuve professionnelle doit être de 13 au moins; la moyenne des notes de l'examen primaire doit être de 10 au moins; aucune note de cet examen ne doit être inférieure à 6.

Établissement des demandes.

La demande du candidat doit être écrite en entier de sa main et indiquer :

1° L'établissement où il demande à entrer comme ouvrier immatriculé;

2° La spécialité professionnelle pour laquelle il désire concourir.

Des copies conformes des certificats d'étude, brevets ou diplômes, dont le candidat est titulaire, peuvent être jointes à la demande.

Le candidat remet sa demande *avant le 15 juillet* à l'autorité chargée de la transmettre conformément aux dispositions de l'article 2 du décret du 29 mai 1902 (1) (inséré au *Journal officiel de la République française*, n° 148 du 2 juin 1902).

Si le candidat est présent au corps, le chef de corps fait joindre

---

(1) Remplacé par le décret du 26 Août 1905 (vol. 36).

Art. 18. Toute demande d'emploi doit être adressée au général commandant la région dans laquelle se trouve le corps auquel le candidat est affecté, s'il n'est affecté à aucun corps, celui auquel il a appartenu pendant qu'il était en activité de service.

Si le candidat est dans ses foyers, elle est transmise par l'intermédiaire de la gendarmerie.

En Tunisie, la demande est adressée au général commandant la division.

à la demande un certificat médical délivré par le médecin dudit corps, constatant que le candidat est d'une bonne constitution et qu'il n'est atteint d'aucune affection ou infirmité incompatible avec l'emploi qu'il sollicite.

Si le candidat est dans ses foyers, l'autorité militaire prend les mesures nécessaires pour le faire visiter par un médecin militaire.

Transmission des demandes et établissement des dossiers.

Le dossier des demandes est constitué par l'autorité militaire désignée à l'article 2 du décret du 29 mai 1902.

Ce dossier comprend les pièces suivantes :

1° Demande du candidat annotée conformément à l'article 2 du décret du 29 mai 1902 (des copies conformes de certificats d'étude, brevets ou diplômes, dont le candidat est titulaire, peuvent être jointes à la demande);

2° Certificat médical;

3° État signalétique et des services;

4° Relevé des punitions;

5° Extrait du casier judiciaire (bulletin n° 2).

Les dossiers doivent parvenir au Ministre de la guerre (3ᵉ Direction, 2ᵉ Bureau) au plus tard le 15 août de chaque année.

Ces dossiers sont ensuite transmis par l'intermédiaire de l'inspecteur permanent des fabrications de l'artillerie aux directeurs des établissements intéressés (manufactures d'armes et atelier de construction de Bourges) pour servir au travail des commissions d'examen de chacun de ces établissements.

Examens et épreuves professionnelles.

Les examens et épreuves commencent le premier mardi qui suit la date du 15 octobre de chaque année.

Ils sont subis dans chaque établissement devant une commission composée ainsi qu'il suit :

Le directeur de l'établissement, président;

Le sous-directeur technique;

Deux capitaines désignés par le directeur;

Un officier d'administration, chef ouvrier ou contrôleur d'armes.

Les divers examens d'instruction primaire ont lieu le même jour dans les trois manufactures d'armes et à l'atelier de construction de Bourges, sur l'ordre de l'inspecteur permanent des fabrications de l'artillerie, qui fait parvenir en temps utile aux directeurs de ces établissements les sujets de composition sous pli cacheté, à ouvrir en présence des candidats.

Convocation aux examens et épreuves professionnelles.

Le candidat est convoqué par les soins du directeur de l'établissement où il doit subir les examens.

Si le candidat est présent au corps, cette convocation lui parvient par la voie hiérarchique.

S'il est dans ses foyers, elle lui est transmise par l'intermédiaire de la gendarmerie.

Visite médicale à l'arrivée.

Le candidat subit, dès son arrivée à l'établissement, une visite médicale dans les conditions fixées pour l'admission des ouvriers civils dans les établissements de la guerre (1).

Le résultat de la visite est communiqué confidentiellement à la commission.

Classement des candidats.

La commission statue sur l'aptitude morale et professionnelle des candidats et établit, en se conformant aux prescriptions de l'article 4 du décret du 29 mai 1902, la liste de classement des candidats admis.

Cette liste, ainsi que les procès-verbaux des opérations de la commission d'examen portant les notes obtenues par les candidats et une appréciation d'ensemble sur chacun d'eux, sont transmis sans délai au Ministre par l'intermédiaire de l'inspecteur permanent des fabrications de l'artillerie avec les dossiers des candidats.

Époque des nominations.

Les nominations aux emplois vacants sont prononcées par le Ministre, en suivant l'ordre de classement, dans le courant du mois de janvier qui suit l'époque des examens.

Les candidats qui n'ont pu être nommés faute de vacance en sont avertis à la même époque; ils sont maintenus sur les listes de classement de l'année suivante et les candidats nouveaux sont inscrits à la suite.

---

(1) Instruction C pour l'application du décret du 26 février 1897, article 2 (vol. 65).

Refus d'emploi.

Tout candidat qui refuse l'emploi auquel il est nommé est rayé de la liste de classement.

Tout candidat qui, à moins d'impossibilité justifiée, ne s'est pas présenté à l'établissement où il a été nommé, dans un délai d'un mois après notification de sa nomination, est considéré comme l'ayant refusée.

ANNEXE.

Programme des connaissances exigées et des épreuves à subir

SPÉCIALITÉS PROFESSIONNELLES.	ÉTABLISSEMENTS.	CONDITIONS D'APTITUDE. (Pour tous les emplois : bonne conduite et bonne tenue.)	DURÉE DES ÉPREUVES (en jours).	
		1re catégorie. (Spéciale à la manufacture d'armes de Châtellerault.) *Examen primaire.* Copie à main posée (1/2 heure), dictée (1/2 heure), problèmes d'arithmétique (2 heures).		1/2
Ciseleur.	Manufacture d'armes de Châtellerault	*Examen professionnel.* Exécution d'un dessin figurant une décoration d'après indications, d'une garde et d'un pommeau de sabre de modèle réglementaire. Exécution de cette décoration sur l'objet. Exécution d'une décoration réglementaire pour sabre ou épée d'officier avec initiales : 1° sur bronze; 2° sur acier.	6	1/2
Aiguiseur (de lames)	Manufacture d'armes de Châtellerault	**2e catégorie.** (Spéciale à la manufacture d'armes de Châtellerault.) *Examen professionnel.* 1° Aiguisage et polissage d'une lame d'un modèle quelconque. 2° Montage et repiquage d'une meule, confection et montage d'une polissoire, le bois assemblé, le buffle et la monture de la polissoire étant fournis.	2 3	
Ajusteur de précision sur métaux	Manufactures d'armes de Châtellerault St-Étienne, Tulle, atelier de construction de Bourges.	**3e catégorie.** *Examen primaire.* Copie à main posée (1/2 heure), dictée (1/2 heure), problème d'arithmétique (2 heures). *Examen professionnel.* 1° Traçage d'une pièce de fonte moulée. 2° Exécution d'une pièce ou d'un assemblage, suivant modèle ou dessin. 3° Réglage de machines de fabrication mécanique du genre des machines à fraiser.	1 6 10	1/2 1/2

SPÉCIA-LITÉS PROFES-SIONNELLES	ÉTABLISSE-MENTS	CONDITIONS D'APTITUDE (Pour tous les emplois : bonne conduite et bonne tenue.)	DURÉE DE L'ÉPREUVE en jours
		3ᵉ catégorie (Suite).	
		Examen primaire.	
Tourneur de précision sur métaux	Manufactures d'armes de Châtel-lerault, St-Étienne, Tulle, atelier de construction de Bourges.	Copie à main posée (1/2 heure), dictée (1/2 heure), problème d'arithmétique (2 heures)........................	1/2
		Examen professionnel.	
		1ᵒ Traçage d'une pièce de tour.......	1 1/2
		2ᵒ Exécution sur le tour d'une pièce suivant modèle ou dessin.........	6
		3ᵒ Réglage de machines de fabrication mécanique du genre tours......	10
		Examen primaire.	
Forgeur de précision	Manufactures d'armes de Châtel-lerault, St-Étienne, Tulle, atelier de construction de Bourges.	Copie à main posée (1/2 heure), dictée (1/2 heure), problème d'arithmétique (2 heures).......................	1/2
		Examen professionnel.	
		1ᵒ Traçage et confection d'une matrice.	9 1/2
		2ᵒ Forge d'une pièce suivant modèle ou dessin..........................	5
		3ᵒ Réglage de machines de forge mécanique, retouche des machines si c'est nécessaire, et forgeage avec la matrice confectionnée par l'intéressé.........	3
		Examen primaire.	
Modeleur sur bois	Manufactures d'armes de Châtel-lerault, St-Étienne, Tulle, atelier de construction de Bourges.	Copie à main posée (1/2 heure), dictée (1/2 heure), problème d'arithmétique (2 heures)......................	1/2
		Examen professionnel.	
		1ᵒ Traçage d'un bois de fusil.......	1/2
		2ᵒ Exécution d'un modèle d'objet ou de pièce de machine à 3 chassis avec vide intérieur, d'après dessin donnant les cotes de la pièce finie brute.......	9
		3ᵒ Réglage des machines à bois, tours, etc.	2
		Examen primaire.	
Chaudron-nier sur tôle et cuivre	Manufactures d'armes de Châtel-lerault, St-Étienne, Tulle, atelier de construction de Bourges.	Copie à main posée (1/2 heure), dictée (1/2 heure), problème d'arithmétique (2 heures).......................	1/2
		Examen professionnel.	
		1ᵒ Traçage d'un objet.............	1
		2ᵒ Exécution, suivant dessin, d'un objet en tôle d'acier avec rivures, et d'un objet en cuivre comportant des parties chaudronnées et au moins une brasure d'une certaine longueur............	13 1/2
		3ᵒ Coudage dans 3 plans différents d'un tube en cuivre..................	

*Circulaire concernant les conditions à remplir et les connais-
sances exigées pour l'admission à l'emploi d'ouvrier immatriculé des manufactures d'armes et de l'atelier de construction
de Bourges, des candidats autres que les militaires gradés
ayant plus de cinq ans de service.*

(Direction de l'Artillerie; Bureau du Matériel.)

Paris, le 1ᵉʳ octobre 1904.

Tout ouvrier d'une manufacture nationale d'armes ou de l'atelier de construction de Bourges doit, pour être admis à contracter l'engagement d'ouvrier immatriculé, remplir les conditions
suivantes :

CONDITIONS A REMPLIR.

Avoir satisfait à la loi sur le recrutement;

Pouvoir compter vingt-cinq ans de services à 60 ans d'âge
(service militaire compris);

Être de moralité irréprochable;

Être de bonne constitution;

Subir avec succès l'examen primaire et les épreuves professionnelles dont le programme est annexé à la notice du 9 mai
1904 (insérée au *Bulletin officiel* du ministère de la guerre),
concernant les conditions à remplir et les connaissances exigées
pour l'admission à l'emploi d'ouvrier immatriculé des manufactures d'armes et de l'atelier de construction de Bourges, des militaires et anciens militaires gradés ayant plus de cinq ans de
service.

Les notes sont données de 0 à 20; la note de chaque épreuve
professionnelle doit être de 13 au moins; la moyenne des notes
de l'examen primaire doit être de 10 au moins; aucune note de
cet examen ne doit être inférieure à 6.

Il est en outre attribué à chaque candidat une note d'ensemble,
destinée à tenir compte de sa manière de servir. Cette note,
variant également entre 0 et 20, ne doit pas être inférieure à 15.

ÉTABLISSEMENT DES DEMANDES. — CONSTITUTION DES DOSSIERS.

La demande du candidat doit être écrite en entier de sa main
et indiquer la spécialité professionnelle pour laquelle il désire

concourir. Des copies conformes des certificats d'études, brevets ou diplômes dont le candidat est titulaire, peuvent être jointes à la demande. Cette demande doit être adressée au directeur de l'établissement avant le 15 août de chaque année (1).

Le directeur fait joindre à la demande :

1° Un certificat médical délivré par un des médecins de l'établissement, constatant que le candidat est d'une bonne constitution et qu'il n'est atteint d'aucune affection ou infirmité incompatible avec l'emploi qu'il sollicite;

2° Un état signalétique et des services (2);

3° Un relevé des punitions (2);

4° Un extrait du casier judiciaire (bulletin n° 2).

Le dossier ainsi constitué est conservé par le directeur pour servir au travail de la commission chargée d'examiner les candidats.

EXAMENS ET ÉPREUVES PROFESSIONNELLES.

Les examens et épreuves sont subis devant la commission définie dans la notice du 9 mai 1904 susmentionnée et ont lieu aux dates et dans les conditions fixées par la même notice.

La note relative à la manière de servir est également donnée par ladite commission.

CLASSEMENT DES CANDIDATS.

La commission statue sur l'aptitude morale et professionnelle des candidats; elle classe ensuite les candidats des diverses catégories de la manière suivante :

En premier lieu, dans l'ordre indiqué à l'article 4 du décret du 29 mai 1902, les candidats militaires et anciens militaires gradés ayant plus de 5 ans de service, qui, ayant été admis l'année précédente, n'ont pu être nommés faute de vacance;

En second lieu, et suivant le même ordre, les candidats de la même catégorie qui ont subi avec succès les épreuves de l'année courante;

Enfin, rangés par ordre de mérite, les autres candidats admis.

---

(1) Exceptionnellement, ce délai sera prolongé en 1904 jusqu'au 12 octobre.

(2) Pour les candidats n'ayant accompli aucun temps de service effectif, cette pièce sera remplacée par le certificat constatant l'exemption.

Cet ordre de mérite est déterminé par la note moyenne calculée de la manière suivante :

Pour chaque candidat, multiplier :

1° La note relative à la manière de servir par le coefficient 2;

2° La moyenne des notes des diverses épreuves de l'examen professionnel par le coefficient 10, ou, s'il y a lieu, celle des notes des épreuves de l'examen primaire par le coefficient 2;

3° Le nombre des années entières (1) de services (services civils et services militaires) par le coefficient 1.

Faire la somme des nombres ainsi obtenus et diviser cette somme par 15 ou par 13, suivant que le candidat, d'après la catégorie à laquelle il appartient, a subi ou non l'examen primaire.

ÉTATS DE PROPOSITIONS.

Le directeur prend, à partir du premier et en suivant leur ordre, les noms des candidats ainsi classés jusqu'à concurrence du nombre d'ouvriers à présenter pour remplir les vacances, et établit avec ces noms un état de proposition en double expédition.

Cet état doit mentionner les notes obtenues par les candidats et porter une appréciation d'ensemble sur chacun d'eux.

Le directeur annexe à cet état (2) la copie de l'acte de naissance du candidat, le certificat médical constatant son aptitude physique et un certificat de bonnes vie et mœurs, et adresse, le 1er décembre au plus tard, le dossier ainsi constitué à l'inspecteur permanent des fabrications de l'artillerie.

Ce dernier transmet le dossier au Ministre (3e Direction, 2e Bureau) après avoir consigné son avis personnel sur chacune des deux expéditions de l'état de proposition. L'une de ces expéditions est renvoyée après approbation à l'établissement.

NOMINATIONS.

Les nominations sont prononcées par le Ministre dans le courant du mois de janvier.

Les candidats qui, étant admis, n'ont pu être proposés en raison de leur rang sur la liste de classement, sont reportés de

(1) Une période supérieure à six mois en plus du nombre entier d'années est comptée pour une année entière. (Exemple : 14 ans 7 mois 28 jours comptent pour 15 ans.) Les services civils ne sont comptés qu'à partir de 18 ans.

(2) Pour les candidats non visés par le décret du 29 mai 1902.

droit sur la liste de classement de l'année suivante avec le rang que leur donnent leurs notes sur la nouvelle liste. Il leur est permis de demander à subir de nouveau les épreuves dans le cas où ils se jugeraient susceptibles de mériter de meilleures notes.

Instruction relative au recrutement et à l'administration des ouvriers d'état et gardiens de batterie de l'armée territoriale.

(Direction de l'Artillerie: Bureau du Personnel.)

Paris, le 2 novembre 1911.

Recrutement.

Art. 1er. Le cadre des employés militaires de l'artillerie de l'armée territoriale, qui ont rang d'adjudant, est constitué au moyen de nominations faites parmi les anciens ouvriers d'état et gardiens de batterie de l'armée active, encore liés au service.

Propositions.

Art. 2. Les chefs d'établissement de l'artillerie envoient, en ce qui concerne les employés militaires sous leurs ordres qui sont sur le point d'être rayés des cadres de l'armée active, un rapport particulier conforme au modèle n° 1 annexé à la présente instruction, en double expédition. Un exemplaire de ce rapport est adressé par la voie hiérarchique (1) à l'administration centrale (3e Direction; 1er Bureau). L'autre est transmis, avec le livret matricule, les feuilles de notes et les pièces d'archives des employés militaires intéressés, au commandant du bureau de recrutement du domicile où ils se retirent, au moment de leur radiation des contrôles de l'armée active.

Nominations et affectations.

Art. 3. Les ouvriers d'état et les gardiens de batterie de l'armée territoriale sont nommés par décision ministérielle insérée au *journal officiel* de la République française. Le chef de l'établissement auquel l'employé militaire est affecté dans l'armée

---

(1) Avec un état des services conforme au modèle n° 53 annexé au règlement du 20 mars 1906 (vol. 1 *bis*).

territoriale en avise aussitôt le commandant du bureau de recrutement du domicile de l'intéressé, en lui donnant toutes les indications nécessaires pour l'établissement du fascicule de mobilisation qui doit être inséré dans le livret individuel.

Le commandant du bureau de recrutement adresse alors au chef d'établissement toutes les pièces qu'il a reçues précédemment, concernant l'employé militaire (voir art. 2), et envoie à ce dernier son fascicule de mobilisation.

Immatriculation et tenue des dossiers.

Art. 4. Les dispositions en usage concernant l'immatriculation et la tenue des dossiers des ouvriers d'état et des gardiens de batterie de l'armée active sont applicables aux employés militaires de l'armée territoriale. Les chefs d'établissement ont soin de signaler aux commandants des bureaux de recrutement toute mutation relative à ces employés militaires.

Périodes d'instruction.

Art. 5. Les ouvriers d'état et les gardiens de batterie de l'armée territoriale sont convoqués, s'il y a lieu, pour des périodes d'instruction par les chefs des établissements dont ils relèvent. Ils en sont dispensés s'ils ont plus de 50 ans et ne peuvent, en tout cas, être astreints, sans leur consentement, à plus d'une période d'instruction.

En cas de convocation, le chef de l'établissement en donne avis au commandant du bureau de recrutement intéressé chargé d'établir l'ordre d'appel prévu par l'article 216 de l'instruction du 20 juin 1910.

Notes.

Art. 6. Les ouvriers d'état et gardiens de batterie de l'armée territoriale sont notés, les années où ils accomplissent une période d'instruction, et celles où ils sont susceptibles d'être l'objet d'une proposition, sur des feuilles de notes du modèle prévu pour les employés de l'armée active.

Art. 7. Les ouvriers d'état et gardiens de batterie de l'armée territoriale dans leurs foyers sont placés, pour tout ce qui concerne la police générale, la discipline, la conduite et la tenue, sous la haute autorité du général commandant la subdivision de région dans laquelle ils résident. Leurs feuilles de notes sont visées par cet officier général, dans les conditions prescrites pour les officiers de complément par l'article 105 de l'instruction du 2 février 1909.

Radiation et maintien dans les cadres.

Art. 8. Les ouvriers d'état et gardiens de batterie de l'armée territoriale peuvent être rayés des cadres, par décision ministérielle, lorsqu'ils ont accompli le temps de service (25 ans) exigé par l'article 65 de la loi sur le recrutement.

Ceux qui, étant retraités, n'auraient pas en ce moment accompli les cinq années complémentaires qui leur sont imposées par la loi du recrutement ne peuvent être rayés qu'à l'expiration de cette période.

Les uns et les autres peuvent, d'ailleurs, sur leur demande et s'ils sont jugés susceptibles, en raison de leur manière de servir et de leur état de santé, de rendre encore des services en cas de mobilisation, être maintenus dans les cadres de l'armée territoriale par décision du général duquel relève leur établissement d'affectation.

Le chef de cet établissement leur fait remplir à cet effet une déclaration modèle n° 2, qui est transmise à l'administration centrale en même temps que le bulletin individuel (modèle n° 3) prescrit par l'article 11 de la présente instruction.

Art. 9. Tous les employés qui ont atteint la limite d'âge de 65 ans sont rendus définitivement à la vie civile à l'exception de ceux qui n'auraient pas, à ce moment, accompli les cinq années complémentaires de service exigées par la loi. Ces derniers ne sont rayés définitivement des cadres qu'à l'expiration de cette période.

Art. 10. Lorsqu'il y a lieu, par mesure disciplinaire, de retirer à un employé de l'armée territoriale le grade dont il a été investi, la radiation est prononcée par décision ministérielle et sur l'avis conforme d'un conseil d'enquête, dont la composition est prévue par le décret du 8 novembre 1903.

La radiation pour raison de santé est prononcée également par le Ministre après avis d'une commission de réforme.

Art. 11. Les employés dans les conditions pour être rayés des cadres en vertu des articles 8 et 9 de la présente instruction doivent être signalés trois mois à l'avance aux généraux dont relève leur service d'affectation, au moyen de bulletins individuels (modèle n° 3 joint à la présente instruction). Ces pièces doivent être adressées avant l'époque de la radiation des employés militaires à l'administration centrale (3ª Direction; 1ª Bureau).

Art. 12. Les employés militaires de l'armée territoriale maintenus dans les cadres par application du paragraphe 3 de l'article 8 ne peuvent plus être rayés en vertu du même article. Ils doivent, s'ils désirent quitter l'armée, soit offrir la démission de leur grade, soit remplir les conditions prévues par les articles 9 et 10 de la présente instruction.

Art. 13. Les ouvriers d'état et gardiens de batterie retraités de l'armée territoriale pourvus d'emplois civils entraînant leur classement dans la non-affectation, la non-disponibilité ou dans l'affectation spéciale, sont inscrits par les soins de leur bureau de recrutement sur les contrôles de la catégorie à laquelle ils appartiennent six mois après l'entrée en possession de leur emploi. Leurs livret matricule et pièces d'archives sont transmis au commandant du bureau de recrutement.

Ils sont rayés définitivement, par le Ministre, des contrôles des employés militaires de l'armée territoriale lorsqu'ils ont satisfait aux conditions de l'article 63 de la loi sur le recrutement de l'armée (1).

Envoi de dossiers à l'administration centrale.

Art. 14. En cas de démission, de radiation, de décès, le chef de l'établissement transmet au commandant du bureau de recrutement intéressé les pièces d'archives des employés militaires de l'armée territoriale.

Celui-ci adresse ces pièces à l'administration centrale (3ª Direction; 1ª Bureau). Il adresse de même, en temps utile, les pièces d'archives des employés militaires rayés des contrôles en vertu de l'article précédent.

Situation à fournir.

Art. 15. Les ouvriers d'état et gardiens de batterie de l'armée territoriale sont compris sur la situation trimestrielle (armée territoriale) fournie par les établissements de l'artillerie.

---

(1) Les commandants des bureaux de recrutement intéressés sont informés de ces radiations par les soins de l'administration centrale.

MODÈLE N° 1.

Art. 2 de l'instruction ministérielle du 2 novembre 1911.

◆ CORPS D'ARMÉE

(1) Indiquer l'établissement

(1)

(2) Grade et nom
(3) Pour les villes, indiquer la rue et le numéro

RAPPORT particulier sur (2) ....
canton d .... en instance de { retraite / démission }
et qui demande à se retirer à (3) .... département d ....

Notes et questions	Grade	APPRÉCIATION du CHEF D'ÉTABLISSEMENT	NOTES DU GÉNÉRAL	OBSERVATIONS
1° Noms et prénoms. 2° Date de la naissance. 3° Décorations 1° 2° 3°	1° Grade. 2° Aptitude physique 1° 2°	1° Conduite. 2° Principes. 3° Tenue. 4° Manière de servir 1° 2° 3° 4°		

Le Chef d'établissement.

Le Général.

Modèle N° 2.

Art. 8 de l'instruction
ministérielle
du 2 novembre 1911.

DÉCLARATION

de M. (1)

(2)   (3)   *qui va avoir*

accompli le temps de service exigé par la loi du recrutement.

Je soussigné (1)

(2)   (3)

déclare demander (4)

A   , le   19

(Signature)

(1) Nom et prénoms,
(2) Grade.
(3) Service ou établissement,
(4) A rester dans les cadres ou à être rayé des cadres.

Modèle N° 3.

Art. 12 de l'instruction
ministérielle
du 2 novembre 1911.

b CORPS D'ARMÉE

(1) Indiquer l'établissement.

(1)

BULLETIN INDIVIDUEL d'un (2)
de l'armée territoriale (A)

NOM ET PRÉNOMS.	GRADE.	DOMICILE.	DATE de l'expiration du service.	INDICATION du désir d'être maintenu dans la position actuelle.	APPRÉCIATION du chef d'établissement.	AVIS DU GÉNÉRAL	OBSERVATIONS.

Décision du (B) {

(A) Qui aura prochainement accompli le temps de service exigé par la loi du recrutement ;
ou
Qui atteindra la limite d'âge de 65 ans.

(B) En cas de proposition de radiation, le Ministre statue.

Instruction générale sur le service des parcs d'artillerie.

(Direction de l'Artillerie; Cabinet du Directeur.)

Paris, le 23 décembre 1911.

La présente instruction indique les règles générales de fonctionnement des parcs d'artillerie.

Les dispositions particulières à certains de ces parcs feront l'objet d'instructions spéciales.

Il appartiendra aux autorités militaires désignées aux articles 3, 4 et 5 du décret du 8 novembre 1911 portant réorganisation des commandements et des établissements de l'artillerie de prescrire, en conformité des lois, décrets et règlements en vigueur, les mesures de détail non prévues par la présente instruction ou les instructions spéciales ci-dessus spécifiées.

Il leur appartiendra, notamment, de faire assurer par les parcs d'artillerie de place ou leurs annexes, dans les places où il n'existera pas de parc ou d'annexe de parc d'artillerie de corps d'armée, le service qui devrait être normalement dévolu à ces derniers.

Inversement, ils feront assurer par les parcs d'artillerie de corps d'armée ou leurs annexes, dans les places dépourvues de parc ou d'annexe de parc d'artillerie de place, le service qui devrait normalement incomber aux parcs d'artillerie de place.

CHAPITRE Ier

ATTRIBUTIONS GÉNÉRALES DES PARCS.

Art. 1er. Les tableaux n°s 1 et 2 annexés au décret du 8 novembre 1911 donnent la liste des parcs d'artillerie de corps d'armée et des parcs d'artillerie de place.

Art. 2. Sur le pied de paix, les parcs sont chargés :

1° D'organiser, emmagasiner, administrer et entretenir, d'après les ordres du Ministre, des approvisionnements en matériel, harnachement, armement et munitions ;

2° De délivrer et d'entretenir tout le matériel nécessaire à l'instruction des corps de troupe de l'artillerie et du train des équipages militaires; de délivrer les armes et les munitions aux sociétés de tir désignées par le Ministre et aux communes; de délivrer les munitions aux corps de troupe de la région et, s'il y a lieu, à ceux d'autres régions venant exécuter leurs tirs sur les champs de tir ressortissant au parc ;

3° D'assurer l'organisation, la surveillance et l'entretien des champs de tir susvisés ;

4° De collaborer, par l'organisation de certaines instructions, exercices, à la préparation à la guerre des troupes d'artillerie ;

5° De procéder aux expériences prescrites par le Ministre ou prévues par les règlements en vigueur ;

6° D'effectuer les réparations au matériel de l'artillerie et du train des équipages en compte dans les corps de troupe et, exceptionnellement, d'effectuer des fabrications ou des confections de faible importance.

Art. 3. Aux parcs d'artillerie de corps d'armée incombe plus particulièrement la mission, dans la région du corps d'armée auquel ils sont rattachés, de gérer les approvisionnements et le matériel des diverses formations créées en vue des opérations de campagne, ainsi que d'organiser certains exercices et instructions en vue de la préparation à la guerre des troupes d'artillerie de campagne et de montagne.

Aux parcs d'artillerie de place incombe plus particulièrement celle de gérer le matériel et les approvisionnements destinés aux formations affectées à la défense des places ou groupes de places ressortissant à ces parcs, ainsi que d'organiser certains exercices et instructions de l'artillerie à pied.

Dans chacune des provinces d'Algérie et en Tunisie, les parcs d'artillerie de place assurent à la fois le service des places de guerre et celui des formations de campagne.

Art. 4. Lorsque le matériel et les approvisionnements d'un parc sont répartis entre plusieurs garnisons, il peut être constitué des parcs annexes rattachés à ce parc. Les tableaux annexés à la présente instruction donnent la liste des parcs annexes.

Le parc annexe prend le nom du parc auquel il est rattaché et est désigné de la manière suivante :

Parc d'artillerie du   ° corps d'armée (ou parc d'artillerie de place de   ).

Parc annexe de

Le parc d'artillerie de corps d'armée ayant son siège à Vincennes sera dénommé « Parc d'artillerie de corps d'armée de Vincennes ».

Art. 5. MOBILISATION. — a) *Parcs d'artillerie de corps d'armée.*
— A la mobilisation, le parc d'artillerie de corps d'armée délivre aux formations et unités désignées par le Ministre le matériel et les approvisionnements entretenus pour elles.

Les éléments du parc non mobilisés constituent le dépôt du parc.

Des instructions spéciales déterminent l'affectation de mobilisation du personnel affecté en temps de paix au parc, le rôle et le fonctionnement du dépôt, ainsi que la composition du personnel y affecté.

Le dépôt du parc est placé sous les ordres immédiats du commandant de l'artillerie de la région.

b) *Parcs d'artillerie de place.* — A la mobilisation, le parc d'artillerie de place délivre aux formations et unités désignées par le Ministre le matériel et les approvisionnements entretenus pour elles.

Il délivre ou met à la disposition des troupes de la place le matériel désigné par le gouverneur ou le commandant de l'artillerie.

Des instructions spéciales déterminent l'affectation du personnel affecté au parc en temps de paix, le fractionnement du parc en temps de guerre, ainsi que la composition du personnel y affecté.

Art. 6. Les parcs d'artillerie sont placés sous l'autorité immédiate des officiers généraux désignés aux articles 3, 4 et 5 du décret précité du 8 novembre 1911. Ils sont, toutefois, en ce qui concerne l'utilisation du matériel disponible et leur collaboration aux travaux des commissions d'études ou d'expériences, sous les ordres directs du Ministre.

CHAPITRE II.

PERSONNEL.

Art. 7. Sur le pied de paix, les parcs d'artillerie sont commandés :

a) Les parcs d'artillerie de corps d'armée, par un officier supérieur de l'état-major particulier de l'artillerie ;

b) Les parcs d'artillerie de place, savoir :

1° Dans les places non pourvues d'une garnison d'artillerie à pied, par un officier supérieur de l'état-major particulier de l'artillerie ;

2° Dans les places pourvues d'une garnison d'artillerie à pied, par l'officier supérieur commandant le régiment ou la fraction de régiment d'artillerie à pied qui y tient garnison ;

3° Dans les places d'Algérie-Tunisie, par un officier supérieur de l'état-major particulier de l'artillerie.

Art. 8. Sur pied de paix, les parcs comprennent normalement en personnel :

a) Parcs d'artillerie de corps d'armée :

L'officier supérieur commandant du parc..................................) appartenant à l'état-major particulier
Un ou plusieurs capitaines adjoints..) de l'artillerie ;

Un officier d'administration de 1re classe, chef du service de la comptabilité ;

Un ou plusieurs officiers d'administration comptables adjoints à l'officier d'administration chef du service de la comptabilité ;

Un officier d'administration chef-artificier et, s'il y a lieu, un ou plusieurs officiers d'administration contrôleurs d'armes ;

Un certain nombre d'employés militaires (ouvriers d'état, gardiens de batterie) et, le cas échéant, d'employés civils (concierges, gardiens de champ de tir, etc.).

En outre, quand les circonstances l'exigent (écoles à feu, tir en plein champ), un capitaine d'artillerie, désigné par le Ministre, peut être détaché d'un régiment de campagne pour être temporairement adjoint au parc.

b) Parcs d'artillerie de place :

L'officier supérieur, commandant du parc..................................) appartenant, suivant les circonstances,
Un ou plusieurs officiers supérieurs, adjoints..............................) soit à l'état-major particulier de l'artillerie, soit à l'état-major du régiment
Un ou plusieurs capitaines, adjoints) à pied ;

Un officier d'administration, chef du service de la comptabilité-matières ;

Un officier d'administration, chef du service de la comptabilité-finances ;

Un ou plusieurs officiers d'administration comptables adjoints aux officiers d'administration chefs des services des comptabilités, matières ou finances ;

Un ou plusieurs officiers d'administration chefs artificiers ;

Un ou plusieurs officiers d'administration contrôleurs d'armes et, s'il y a lieu, un officier d'administration chef ouvrier ;

Un certain nombre d'employés militaires (ouvriers d'état, gardiens de batterie) et, s'il y a lieu, d'employés civils.

Art. 9. Le personnel d'exécution du parc comprend :

1° La compagnie ou les sections d'ouvriers d'artillerie affectées au parc ;

2° Les hommes du service auxiliaire mis par les corps de troupe à la disposition du parc ;

3° Dans les conditions prévues par les règlements en vigueur des ouvriers du cadre des batteries des régiments d'artillerie (de campagne et de montagne, ou à pied, suivant la nature du parc) ;

4° Le cas échéant, des ouvriers civils ;

5° A titre exceptionnel, des corvées fournies par les corps de troupe dans les conditions prévues par l'article 20 du décret du 7 octobre 1909 sur le service de place.

Art. 10. Les parcs annexes sont commandés, en principe, par un capitaine ou par un officier d'administration désigné par le Ministre, et placé sous l'autorité immédiate du commandant du parc auquel il est rattaché.

CHAPITRE III.

ORGANISATION DES SERVICES DU PARC.

Art. 11. L'organisation des services dans les parcs (transports, munitions, harnachement, armes portatives) doit, en temps de paix, se rapprocher autant que possible de celle qui est prévue pour le temps de guerre. La direction des divers services, à l'exception de celle des services de comptabilité (finances et matières) qui est attribuée exclusivement à des officiers d'administration, est répartie entre les officiers adjoints par les soins du commandant du parc. Ce dernier tient compte, dans cette répartition et dans celle du personnel du parc, des affectations particulières données par le Ministre.

Les services qui, en temps de guerre, seraient placés sous la direction d'officiers différents, peuvent, en temps de paix, être placés sous la direction d'un même officier, les archives des divers services restant séparées.

Art. 12. Le commandant du parc peut répartir entre les officiers du parc et les commandants de groupe et de batterie du régiment ou de la fraction de régiment d'artillerie à pied sous ses ordres les opérations relatives aux recensements ainsi qu'à la surveillance et aux visites du matériel, des emplacements et des locaux de l'artillerie ressortissant au parc.

Dans les opérations qu'ils exécutent au titre du parc, les commandants de groupe et de batterie ne doivent, en principe, être appelés à opérer que dans les secteurs ou ouvrages desservis, en cas de mobilisation, par les unités sous leurs ordres.

Art. 13. L'exécution des divers services est assurée dans les conditions fixées par les instructions en vigueur spéciales à ces divers services.

Ateliers et dépendances du parc d'artillerie.

Art. 14. Chaque parc d'artillerie est doté d'un atelier spécial pour la réparation des divers matériels qu'il a mission d'entretenir. Suivant son importance, il peut être doté d'un ou plusieurs ateliers pour les confections, transformations et réparations dont l'exécution ne rentre pas dans ses attributions normales.

Dans les parcs d'artillerie de place, des équipes d'ouvriers spéciaux sont, s'il y a lieu, chargées des réparations aux tourelles, aux machines photo-électriques, au matériel de côte, etc. Le fonctionnement de ces équipes fait l'objet d'instructions spéciales.

Art. 15. Certains parcs disposent d'un polygone pour l'instruction pratique des troupes d'artillerie.

Art. 16. A certains parcs d'artillerie est rattaché un champ de tir permanent pour le tir des bouches à feu.

Le séjour des troupes de toutes armes dans les champs de tir permanent est réglé par le Ministre de la guerre.

Art. 17. Chaque parc d'artillerie possède une bibliothèque.

La bibliothèque peut comporter des collections d'armes françaises et étrangères, des modèles de bouches à feu, d'affûts, de voitures et d'attirails de l'artillerie.

Le service de la bibliothèque est assuré au moyen du personnel dont dispose le commandant du parc.

CHAPITRE IV.

ADMINISTRATION ET COMPTABILITÉ.

Art. 18. Le commandant du parc est le chef de l'administration de l'établissement. Il est ordonnateur secondaire pour les dépenses du parc et de ses annexes et a seul qualité pour les engager.

Il vérifie inopinément, toutes les fois qu'il le juge utile, la caisse du parc tenue par l'officier d'administration chef du service de la comptabilité-finances.

Il établit les états de prévision de toute nature, rapporte les procès-verbaux, vise les pièces justificatives d'entrées et de sorties, signe les ordres de mouvement de matériel et surveille lui-même la tenue des écritures et de la comptabilité.

Dans chaque parc annexe il est tenu un compte de gestion.

L'officier d'artillerie commandant un parc annexe peut recevoir, du commandant du parc auquel il est rattaché, la délégation de signer les pièces relatives à la comptabilité-matières et aux mouvements de matériel de ce parc.

Commission d'achat.

Art. 19. Dans chaque parc il est constitué, le 1er janvier de chaque année, par l'officier général ayant autorité immédiate sur le parc, une commission d'achat composée de :

Le commandant du parc, président ;

Deux capitaines pris parmi ceux affectés au parc ou, à défaut, pris parmi les capitaines des corps de troupe d'artillerie non pourvus du commandement d'une unité existant en temps de paix et stationnés autant que possible au siège du parc d'artillerie ;

L'officier d'administration chef du service de la comptabilité-matières, secrétaire avec voix consultative.

Art. 20. Le commandant du parc réunit la commission d'achat toutes les fois qu'il le juge nécessaire.

La commission passe les marchés (1) pour fournitures, confections et réparations, et procède à la réception des matières et objets achetés dans le commerce.

CHAPITRE V.

ATTRIBUTIONS PARTICULIÈRES.

Officiers généraux.

Art. 21. Les autorités visées aux articles 3, 4, 5 du décret du 8 novembre 1911 veillent à ce que le matériel et les approvisionnements emmagasinés dans les parcs d'artillerie ressortissant à leur commandement soient maintenus au complet déterminé par le Ministre et en bon état d'entretien. Ils procèdent ou font pro-

---

(1) Ces marchés sont passés dans les conditions fixées par l'instruction du 6 juillet 1909 relatives aux marchés du Département de la guerre (vol. 26¹).

céder, à ce titre, à toutes vérifications et à tous recensements qu'ils jugent utiles.

Ils tiennent la main à ce que les lois et les règlements concernant le matériel d'artillerie soient exactement appliqués.

Commandant du parc.

Art. 22. Le commandant du parc assure la discipline intérieure de l'établissement.

En ce qui concerne le personnel militaire placé sous ses ordres, il possède tous les droits attribués à un chef de corps.

Ses attributions à l'égard du personnel des ouvriers d'artillerie, en ce qui concerne le commandement, l'avancement et les propositions, sont définies par la circulaire du 25 juin 1910 (*B. O.*, E. M., vol. n° 68).

Il prononce l'admission du personnel civil et fixe les salaires des employés et ouvriers civils en se conformant aux dispositions réglementaires.

Il reçoit les demandes et les réclamations qui lui sont adressées par le personnel civil et leur donne la suite qu'elles comportent.

Le commandant du parc a seul qualité pour punir le personnel civil de l'établissement.

Lorsqu'un champ de tir est rattaché au parc, le commandant du parc est, pour l'organisation des tirs, dans les conditions fixées par le commandant de la région de corps d'armée et dans la limite des crédits affectés à cette organisation, à la disposition des officiers généraux commandant les troupes qui utilisent ce champ de tir, quelles que soient les régions d'où proviennent ces troupes.

Art. 23. En principe, toute la correspondance de service destinée aux officiers généraux et au Ministre est adressée par le commandant du parc à l'officier général qui a autorité immédiate sur le parc, à l'exception de la correspondance administrative qui doit être adressée dans les conditions fixées par l'article 7 de la loi du 16 mars 1882.

Art. 24. Le commandant du parc satisfait aux demandes qui lui sont adressées par le commandant d'armes en ce qui a trait au personnel militaire et civil, lorsque ces demandes se rapportent à la discipline et à la police générales ou aux fêtes et cérémonies publiques.

Art. 25. Il visite les places ressortissant au parc toutes les fois que le service l'exige et au moins une fois par année.

Art. 26. Il veille à ce qu'il ne soit point porté préjudice aux droits de l'État et que, notamment, les immeubles dépendant du parc ne soient point indûment soumis à des servitudes par les propriétaires voisins et qu'il ne soit pas porté atteinte aux servitudes exercées par l'État.

Art. 27. Lorsque le commandant du parc s'absente, il est suppléé dans ses fonctions, savoir :

Dans les parcs d'artillerie de place, par l'officier supérieur d'artillerie le plus ancien dans le grade le plus élevé appartenant soit au régiment d'artillerie à pied tenant garnison dans la place, soit au parc et, à défaut, par un officier supérieur d'artillerie désigné par le général commandant le corps d'armée;

Dans les parcs d'artillerie de corps d'armée, par l'officier supérieur d'artillerie le plus ancien comptant à ce parc et, à défaut, par un officier supérieur d'un des régiments de la brigade d'artillerie désigné par le général commandant le corps d'armée (1).

Art. 28. Le commandant d'un parc annexe rend compte immédiatement au commandant du parc des ordres qui lui parviennent directement d'autres autorités militaires.

Il est remplacé, en cas d'absence, par un officier ou un officier d'administration désigné par l'officier général dont relève immédiatement le parc auquel il est rattaché.

Officiers adjoints.

Art. 29. Les officiers adjoints secondent le commandant du parc. Ils dirigent les différents services à l'exclusion de ceux de la comptabilité-matières et de la comptabilité-finances dans lesquels ils ne doivent pas d'ailleurs être employés. Toutefois, dans les parcs d'artillerie des grandes places, le commandant du parc, par dérogation à l'article 18 de la présente instruction, peut se faire seconder, pour la surveillance de la comptabilité-matières, par un des officiers supérieurs qui lui sont adjoints.

Les officiers chefs de service ont, en ce qui concerne la partie technique de leur service spécial, autorité sur tout le personnel affecté à ce service.

Officiers d'administration chefs de service de la comptabilité.

Art. 30. En principe, dans les parcs de corps d'armée, un seul officier d'administration, désigné par le Ministre, est chef

---

(1) Texte nouveau. (*Erratum*, 1° 1912, p. 508.)

de service de la comptabilité. Il est à la fois comptable en deniers et comptable en matières.

Dans les parcs d'artillerie de place, il existe en principe un officier d'administration chef de la comptabilité-matières et un officier d'administration chef de la comptabilité-finances. Ils sont tous deux désignés par le Ministre.

Art. 31. L'officier d'administration chef de la comptabilité-matières est comptable du matériel existant dans le parc, à l'exception du matériel ressortissant aux parcs annexes. A défaut d'un officier chargé du service des approvisionnements, il veille à ce que les matières et objets de consommation courante répondent toujours aux besoins et présente à cet effet, au commandant du parc, les demandes d'achats nécessaires.

Art. 32. L'officier d'administration chef du service de la comptabilité-finances est chef de ce service pour l'ensemble du parc et de ses annexes. Il peut être chargé des détails de l'administration du personnel militaire et civil du parc.

Art. 33. Les officiers d'administration chef du service de la comptabilité-matières et chef du service de la comptabilité-finances centralisent chacun, en ce qui concerne son service spécial, les états qui doivent être établis pour l'ensemble du parc.

Art. 34. En cas d'absence, les officiers d'administration chefs du service de la comptabilité-matières ou de la comptabilité-finances sont remplacés par des officiers d'administration désignés par le commandant du parc.

Art. 35. La responsabilité du personnel chargé du commandement et de la surveillance des parcs est définie par les paragraphes VI, VII et VIII des articles 17 et 27 de l'instruction du 30 décembre 1902 sur la comptabilité-matières dans les divers services de la guerre.

CHAPITRE VI.

EXERCICES, INSTRUCTIONS PRATIQUES, COURS.

Art. 36. Les exercices et instructions pratiques des troupes d'artillerie qui exigent, soit un personnel spécial, soit un matériel dont ne disposent pas les corps de troupe et pour lesquels la participation du parc est nécessaire, sont :

Les exercices de tir ;

Les exercices d'embarquement ;

Les instructions pratiques et cours prévus aux articles 37, 38 et 39 ci-après.

Art. 37. Il appartient aux officiers généraux visés à l'article 6 de la présente instruction de régler, dans chaque cas en particulier, les conditions dans lesquelles le parc collabore à l'organisation de ces exercices, instructions et cours.

Art. 38. Les exercices pratiques sur l'emploi des explosifs, les cours faits aux candidats à l'emploi de maréchal des logis mécanicien ainsi qu'aux ouvriers de batterie, l'instruction sur l'amorçage des obus explosifs (et, dans les parcs d'artillerie de corps d'armée, l'instruction des sous-officiers de l'artillerie de campagne proposés pour les fonctions de sergent-major chef artificier) sont organisés comme il est dit à l'article 3 de la présente instruction et conformément aux règlements, notes et décisions ministérielles spéciales en vigueur.

Art. 39. Dans chaque parc, un certain nombre d'ouvriers et gradés des sections d'ouvriers et de canonniers du service auxiliaire sont spécialisés au service des munitions.

L'instruction technique de ce personnel est faite sous la direction de l'officier chef du service des munitions par les officiers d'administration chefs artificiers et les gradés ayant obtenu à l'École de pyrotechnie le brevet d'artificier.

L'instruction donnée aux ouvriers artificiers est donnée également aux canonniers du service auxiliaire des différents corps de troupe d'artillerie qui peuvent être employés au service des munitions dans les magasins du parc.

L'instruction donnée aux gradés ouvriers spécialisés au service des munitions fait l'objet de dispositions spéciales (circulaire du 10 novembre 1911, vol. 63).

Art. 40. Les candidats à l'École d'administration militaire (section de l'artillerie) et les candidats à l'emploi de gardien de batterie, proposés par les chefs de corps et acceptés par les officiers généraux ayant autorité immédiate sur ces corps, suivent, au parc, un cours de télégraphie professé, sous la haute direction du commandant du parc, par un officier désigné par l'officier général dont relève ce parc et stationné autant que possible au siège du parc.

Il appartient aux généraux commandant les corps d'armée de donner les ordres de détail nécessaires pour l'organisation de ce cours, qui pourra être suivi, d'après les circonstances locales, soit dans un même parc par l'ensemble des candidats du corps d'armée, soit dans des parcs différents, les candidats pouvant être répartis entre ces parcs, sans distinction de subdivision d'arme, d'après leur garnison.

CHAPITRE VII.

Art. 41. Les dispositions de la présente instruction entreront en vigueur à dater du 1er janvier 1912.

Parcs d'artillerie de corps d'armée (1).

CORPS D'ARMÉE.	EMPLACEMENT des parcs.	EMPLACEMENT des parcs annexes.
Gouvernement militaire de Paris	Vincennes.	
1er corps d'armée	Douai.	
2e	La Fère.	Laon.
3e	Versailles.	Vernon.
4e	Le Mans.	Chartres.
5e	Orléans.	Fontainebleau.
6e	Châlons sur Marne.	Camp de Châlons.
7e	Besançon.	Dôle.
8e	Bourges.	»
9e	Poitiers.	Angers. Châteauroux.
10e	Rennes.	Fougères.
11e	Vannes.	Nantes.
12e	Angoulême.	Limoges.
13e	Clermont-Ferrand.	Moulins.
14e	Grenoble.	Valence.
15e	Nîmes.	Orange.
16e	Castres.	Perpignan. Montpellier. Lunel. Port-Vendres.
17e	Toulouse.	Montauban.
18e	Tarbes.	Bordeaux.
20e	Mailly.	»

(1) Tableau modifié. (Notification du 25 mars 1912, B. O., p. 425.)

Parcs d'artillerie de place.

CORPS D'ARMÉE.	PARCS D'ARTILLERIE DE PLACE.	PARCS ANNEXES.
Gouvernement militaire de Paris............	Vincennes................	Saint-Denis.
		Maisons-Alfort.
	Versailles...............	Montrouge.
	Dunkerque..............	Calais.
1ᵉʳ corps d'armée......	Lille...................	»
	Maubeuge..............	»
3ᵉ —	Le Havre..............	»
6ᵉ —	Verdun................	»
	Reims.................	»
7ᵉ —	Belfort................	»
	Besançon..............	»
8ᵉ —	Dijon.................	»
10ᵉ —	Cherbourg.............	Saint-Malo.
	Brest.................	»
11ᵉ —	Lorient...............	Belle-Isle-en-Mer.
	Lyon..................	»
		Albertville.
14ᵉ —	Grenoble..............	Modane.
	Briançon..............	Tournoux.
	Nice..................	»
	Marseille..............	»
15ᵉ —	Toulon................	»
	Corse (Bastia)........	Ajaccio.
		Bonifacio.
		Corte.
18ᵉ —	La Rochelle...........	»
20ᵉ —	Toul..................	»
	Epinal................	»
21ᵉ —	Langres...............	»
	Alger.................	»
Algérie...............	Constantine...........	Bougie.
		Philippeville.
		Bône.
	Oran.................	»
Tunisie...............	Bizerte...............	Tunis.
		Sousse.

Circulaire relative à l'envoi, par les établissements de l'artillerie, de diverses situations concernant le personnel militaire et le personnel civil employé dans ces établissements.

(Direction de l'Artillerie; Bureau du Matériel.)

Paris, le 16 octobre 1912.

En vue de permettre à l'administration centrale de se rendre un compte exact des mouvements des personnels civils et militaires employés dans les établissements de l'artillerie, chacun de ces établissements devra fournir semestriellement :

1° Une *situation numérique du personnel* (modèle 1);

Dans cet état, le personnel civil (indépendamment des employés et des agents de maîtrise) est réparti en sept groupes qui correspondent respectivement aux professions énumérées ci-après :

1° — *Services divers.*

- Gardien de batterie auxiliaire.
- Outilleur.
- Visiteur.
- Aide-visiteur.
- Aide-chimiste.
- Mécanicien monteur.
- Mécanicien ordinaire.
- Electricien monteur.
- Electricien ordinaire.
- Photographe.
- Opticien.
- Lithographe.
- Typographe.
- Armurier (1).
- Chauffeur.
- Graisseur.
- Tailleur de pierres.
- Maçon.
- Plâtrier.
- Garçon de laboratoire.
- Garçon de bureau.
- Paveur.
- Couvreur.

---

(1) Dans les établissements non constructeurs seulement.

L'armurier est l'ouvrier capable d'effectuer toutes les réparations prévues au tarif des réparations aux armes portatives en vigueur, ne nécessitant pas l'envoi de l'arme dans un établissement constructeur.

Les ouvriers civils employés au service des armes dans les établissements non constructeurs, et qui ne rentrent pas dans la catégorie des armuriers, sont des usineurs ou des manœuvres.

I. — *Services divers.* (Suite.)	Peintre. Vitrier. Garde-magasin. Conducteur d'automobile. Conducteur de break. Charretier. Vaguemestre. Voilleur. Usineur. Manœuvre.
II. — *Poudres et artifices.*	Sous-agents techniques (poudrerie du Bouchet. Ouvrier de fabrication (poudrerie du Bouchet). Artificier breveté. Artificier ordinaire.
III. — *Travail des métaux à froid.*	Ciseleur. Graveur ouvrier d'art. Graveur de matrices. Ajusteur de précision. Ajusteur ordinaire. Tourneur de précision. Tourneur ordinaire. Fraiseur de précision. Fraiseur ordinaire. Raboteur de précision. Raboteur ordinaire. Rodeur de précision. Rodeur ordinaire. Meuleur de précision. Meuleur ordinaire. Tailleur de fraises et d'alésoirs. Dresseurs de canons de fusils. Dresseurs de lames. Planeur de précision. Planeur ordinaire. Chaudronnier. Aiguiseur de lames. Monteurs de sabres. Graveur ordinaire. Limeur. Décolleteur. Perceur. Aléseur. Affûteur. Polisseur. Bronzeur. Riveteur. Tailleur de limes. Serrurier. Plombier. Usineur. Ferblantier.

IV. — *Travail des métaux à chaud.*	Forgeur de précision. Forgeur ordinaire. Trempeur de précision. Trempeur ordinaire. Trempeur de lames. Fondeur ouvrier d'art. Fondeur ordinaire. Mouleur ouvrier d'art. Mouleur ordinaire. Lamineur. Tréfileur. Etameur. Braseur. Aide-lamineur. Aide-tréfileur. Usineur.
V. — *Travail sur bois.*	Modeleur. Tourneur sur bois. Menuisier. Charpentier. Charron. Tonnelier. Usineur.
VI. — *Travail du cuir.*	Sellier. Bourrelier.
VII.	Ouvrières.

2° Un *état nominatif des employés civils de l'établissement* (modèle 2).

Cet état sera exclusivement relatif aux employés civils (titulaires, auxiliaires et journaliers) régis par le décret du 11 mai 1907 et aux employés civils soumis aux lois du 11 avril 1831 (immatriculés des manufactures d'armes et de la fonderie de canons) et du 9 juin 1853 (commis de la section technique de l'artillerie), qui occupent des emplois énumérés à l'article 2 du décret du 11 mai 1907. Cet état, par suite, ne comprendra ni les ouvriers, ni le personnel de maîtrise (chefs d'atelier, contre-maîtres, chefs d'équipe).

Les mutations qui se seront produites pendant le semestre dans le personnel susvisé seront indiquées, s'il y a lieu, à la fin de l'état modèle 2. On mentionnera, d'une manière générale, le nom de l'employé, la nature de l'emploi, la date de l'entrée à l'établissement, ainsi que, pour les pertes, la date de la sortie et le motif du départ, et, pour les gains, les renseignements relatifs aux emplois antérieurs, au dernier établissement civil ou militaire dans lequel l'intéressé aura travaillé et toutes autres indications de nature à constituer des références.

3° Un *état nominatif des agents de maîtrise de l'établissement* (modèle 3).

Les mutations qui se seront produites dans le semestre seront indiquées à la fin de l'état modèle 3 comme il est prescrit ci-dessus pour les employés.

Les trois états visés ci-dessus seront établis à la date des 1er janvier et 1er juillet de chaque année, en double expédition, et devront parvenir au Ministre (3e Direction; 2e Bureau; Section des Budgets et Comptes) les 15 janvier et 15 juillet au plus tard.

Indépendamment des renseignements concernant les mutations pour l'ensemble du personnel, fournis à dates fixes pour les états modèles 2 et 3, les vacances qui se produiront dans le cadre des titulaires des employés civils et des agents de maîtrise seront immédiatement signalées au Ministre (3e Direction; 2e Bureau; Budgets et Comptes) (modèle 4).

Ce compte rendu indiquera, en outre, l'effectif des titulaires à la date où la vacance s'est produite et reproduira le cadre des titulaires attribué à l'établissement.

SITUATION NUMÉRIQUE du personnel civil à la date du 1er 19

PROFESSION	TITULAIRES	COM-MISSIONNÉS auxiliaires et journaliers	IMMATRI-CULÉS	PROFESSION	COM-MISSIONNÉS auxiliaires et journaliers	IMMATRI-CULÉS
Agents de maîtrise (Décret du 3 février 1910) Chefs d'atelier. Contremaîtres professionnels. Contremaîtres non professionnels. Chefs d'équipe professionnels. Chefs d'équipe non professionnels. Chef d'équipe femmes.		(1)		Ouvriers. I. Services divers. II. Poudres et artifices. III. Travail des métaux à froid. IV. Travail des métaux à chaud. V. Travail du bois. VI. Travail du cuir. VII. Ouvrières.		(1)
Employés (Décret du 3 juin 1907) Employés de bureau. Expéditionnaires. Dessinateurs spéciaux. Dessinateurs ordinaires. Calqueurs. Chimistes. Surveillants. Concierges. Gardiens du champ de tir.				Pour mémoire apprenti.		

TABLEAU RÉCAPITULATIF

CATÉGORIES.	TITULAIRES.	COMMISSIONNÉS auxiliaires et journaliers.	IMMATRICULÉS.	TOTAUX.	DIFFÉRENCE avec l'état précédent. en plus.	en moins.	EFFECTIF TOTAL.
1	2	3	4	5	6	7	
Agents de maîtrise.				(b)	(c)		(a)
Employés.							
Ouvriers et ouvrières (non compris les apprentis).							
TOTAUX.							

(b) { en plus; en moins;

Explication sommaire des différences accusées dans les colonnes 6 et 7 du tableau récapitulatif.

(1) Les immatriculés sont portés à la fois dans les colonnes « immatriculés », et dans l'une des colonnes « Titulaires » ou « Commissionnés, auxiliaires et journaliers ».
(a) Totaux des nombres portés dans les colonnes 2 et 3.
(b) Le nombre à inscrire est celui qui figure au bas de la colonne 5 du tableau récapitulatif.
(c) Différence entre l'effectif total accusé par l'état et celui indiqué sur l'état fourni six mois avant.
(c) Différence avec les nombres portés sur la situation fournie six mois avant.

Ouvriers militaires.

I. — *Service armé.*

Donner le nombre par profession dans chaque grade, en distinguant ceux qui font partie des compagnies d'ouvriers ou sections A, B, C, D et ceux qui comptent dans les batteries ou autres unités.

II. — *Service auxiliaire.*

Donner le nombre par profession.

III. — *Explication sommaire des différences avec la situation précédente.*

CORPS D'ARMÉE. MODÈLE N° 2.

Désigner
l'établissement.

ÉTAT NOMINATIF des employés civils à la date du 1ᵉʳ .... 19...

NOMS et qualités des employés.	CATÉGORIES et classements.	TITULAIRE ou auxiliaire ou journalier.	SERVICE de l'établissement auquel il est affecté.	DATE de l'entrée à l'établissement.	ANCIENNETÉ de service dans l'emploi.	TRAITEMENT mensuel au 1ᵉʳ 19..	PAYE de la dernière augmentation régulière.	APPLICATION de la loi du 25 juin 1905		OBSERVATIONS
								Durée du service militaire accompli.	Bonification utilisée pour des avancements antérieurs.	

1° Employés de bureau.

2° Expéditionnaires.

3° Dessinateurs spéciaux.

4° Dessinateurs ordinaires.

5° Calqueurs.

6° Chimistes.

7° Surveillants.

8° Concierges.

ÉTAT NOMINATIF des agents de maîtrise à la date du 1er ...... 19...

NOMS des agents.	Numéro de classement.	TITU-LAIRE ou auxiliaires ou journa-lier.	SERVICE de l'établis-sement auquel il est affecté.	DATE d'entrée à l'établis-sement.	DATE de nais-sance dans la mai-trise.	AN-CIEN-NETÉ de ser-vice dans l'em-ploi actuel.	TRAI-TE-MENT men-suel au 1er 19..	DATE de la der-nière augmen-tation régulière.	APPLICATION de l'article du 28 juin 1905		OBSERVATIONS.
									Durée de service militaire ac compt.	Bonifica tion utilisées pour des avance ments an térieurs.	
1° Chefs d'ateliers.											
2° Contremaîtres non professionnels.											
3° Contremaîtres professionnels.											
4° Chefs d'équipe non professionnels.											
5° Chefs d'équipe professionnels.											

CORPS D'ARMÉE.

Désigner l'établissement.

MODÈLE N° 4.

SITUATION de l'effectif des titulaires.

CATÉGORIES D'EMPLOYÉS ou D'AGENTS DE MAITRISE.	CADRE DES TITULAIRES.	EFFECTIF DES TITULAIRES à la date du	OBSERVATIONS (1).

(1) Indiquer, pour les établissements qui en comportent, le nombre d'employés ou d'agents de maîtrise placés sous le régime des lois de 1831 et 1853 compris dans l'effectif indiqué ci-contre.

BULLETIN de vacance dans le cadre des titulaires à la date du

NOMS des TITULAIRES dont les postes deviennent vacants.	CATÉGORIES et CLASSES auxquelles ils appartiennent.	RÉGIME sous lequel l'employé ou agent de maîtrise est placé (1).	DATE de la radiation des contrôles.	MOTIFS de LA VACANCE (2).	OBSERVATIONS.

(1) Décret du 26 février 1897, lois de 1831 ou de 1853.
(2) Retraite, décès, départ volontaire, etc.

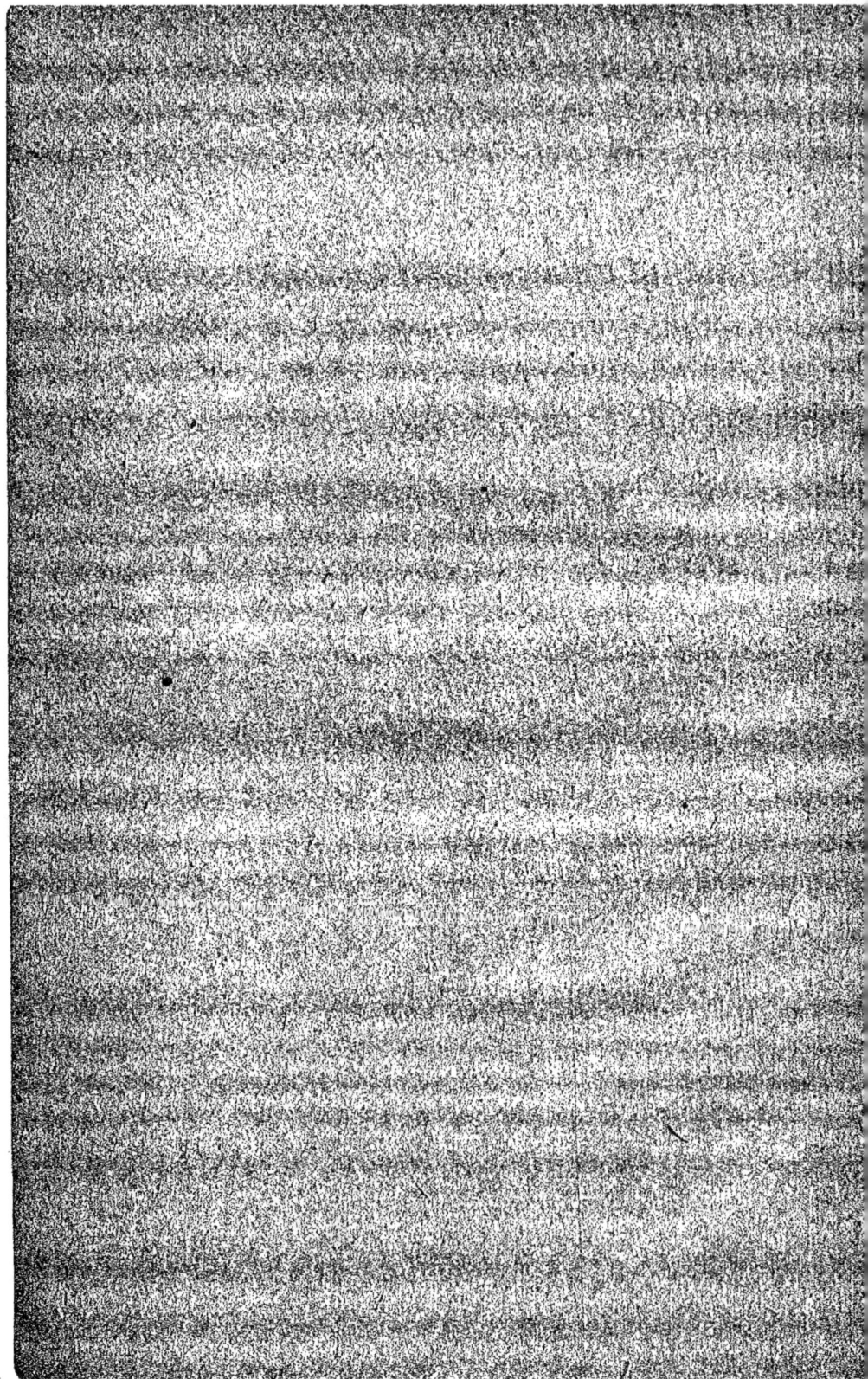

II° PARTIE.

Documents concernant le matériel.

Circulaire relative à la publication d'une Revue d'artillerie.

(Direction de l'Artillerie et des Equipages militaires;
Bureau du Matériel.)

Versailles, le 11 mai 1872.

Le Ministre de la guerre à MM. les Généraux commandant les divisions militaires; les Chefs de corps de toutes armes; les Directeurs des établissements de l'artillerie.

Messieurs, j'ai décidé, sur la proposition de M. le général de division président du comité de l'artillerie, qu'un recueil périodique sera publié à Paris, sous le titre de « Revue d'artillerie ».

Les différentes questions à l'étude dans cette arme seront traitées dans ce recueil, qui fera connaître, en même temps, les travaux soumis à l'examen du comité, et les résultats de cet examen, ainsi que tous les renseignements jugés utiles sur le personnel et le matériel de l'arme.

Cette publication, vivement désirée depuis longtemps par le corps de l'artillerie, ne peut avoir que d'excellents effets pour l'instruction des officiers de cette arme; mais les officiers des autres armes y puiseront également de précieux et utiles enseignements. Elle aura, en outre, l'avantage de donner des encouragements et des facilités aux officiers qui voudront, par leurs travaux, contribuer aux progrès de l'artillerie française.

Cette revue paraîtra prochainement par livraison mensuelle. Le cadre de chaque livraison sera à peu près le suivant :

1° Articles variés sur les diverses questions relatives au personnel et surtout au matériel de l'artillerie, au service de paix et de guerre, aux armes portatives, etc.;

2° Articles traduits des différentes revues étrangères (questions spéciales à l'artillerie);

3°..... Supprimé.

4° Communications diverses sur les affaires d'un intérêt général pour l'arme : organisation des commissions d'expériences, essais entrepris dans différents centres d'artillerie, etc. ;

5° Études bibliographiques ayant trait à des ouvrages français et étrangers ; études faites au point de vue du service de l'artillerie.

Chaque livraison renfermera, en outre, une seconde partie dite officielle, contenant soit le texte, soit le résumé ou tout au moins l'indication des documents officiels concernant particulièrement l'artillerie, insérés au « Journal militaire » ou publiés en dehors de ce recueil. On y donnera aussi les promotions et mutations faites dans le corps de l'artillerie ; les listes des décorations (Légion d'honneur et médaille militaire) qui lui seront accordées, les tableaux d'avancement les emplacements et la composition des différents corps, etc. Une commission spéciale établie à la section technique de l'artillerie, sera chargée de la publication de cette revue, sous la direction de M. le président du comité.

Je verrais avec plaisir cette publication favorablement accueillie par les officiers de toutes armes.

J'ai l'honneur de vous prier de vouloir bien porter les dispositions qui précèdent à la connaissance des officiers placés sous votre commandement, en leur signalant les avantages qu'ils retireront de cette publication, au point de vue de leur instruction militaire.

Décret relatif à la cession des bois de fascinage et de bourdaine par l'administration forestière.

Paris, le 10 octobre 1874.

LE PRÉSIDENT DE LA RÉPUBLIQUE FRANÇAISE,

Vu l'ordonnance du 24 décembre 1830, qui autorise des coupes de bois dans les forêts de l'État pour la défense des places fortes ;

Vu le décret du 31 mai 1862, portant règlement général sur la comptabilité publique ;

Considérant qu'il y a intérêt à faire fournir par l'État aux écoles et aux directions d'artillerie, pour les besoins annuels

de l'instruction des troupes de cette arme, les bois de fascinage
autrefois demandés au commerce,

DÉCRÈTE :

Art. 1er. Les bois de fascinage, piquets, fascines, harts nécessaires pour les exercices annuels des parcs d'artillerie des corps
de troupe isolés de leurs parcs d'artillerie de corps d'armée, des
corps de troupe isolés de leurs parcs respectifs, des parcs d'artillerie de place de l'Algérie et des parcs d'artillerie de place
assimilés aux parcs d'artillerie de corps d'armée seront coupés
dans les forêts de l'État, à moins qu'à raison des distances à
parcourir jusqu'au lieu de destination et des frais de transport
qui en résulteraient, il ne soit dans l'intérêt de l'État de se les
procurer par la voie du commerce.

Art. 2. Lorsque les fournitures devront être faites dans les
forêts de l'État, les parcs d'artillerie de corps d'armée et les
parcs d'artillerie de place, ou les chefs de corps destinataires
feront connaître aux agents forestiers les besoins en bois de
toute nature : espèces, qualités, dimensions et quantités.

Art. 3. Sur la proposition des agents forestiers locaux, le
conservateur autorisera les délivrances dans les forêts les plus
voisines des lieux de destination ; et, dans le cas où l'état des
peuplements, la possibilité des forêts, les dispositions des amé-
nagements ne permettraient pas de délivrer tout ou partie des
bois, des essences, dimensions et qualités désignées, il en in-
formerait, sans retard, les directeurs ou chefs de corps militaires.

Art. 4. Les coupes seront faites par les soins de l'administration forestière, à moins que la proximité du lieu ne per-
mette d'employer des hommes de troupe sans les obliger à
découcher.

L'administration des forêts ne pourra jamais réclamer le
concours des hommes de troupe, s'il est reconnu que le service
ou l'instruction doive en souffrir.

Art. 5. Les transports seront faits par les soins de l'artillerie, toutes les fois que la proximité du lieu permettra de ne
pas faire découcher le détachement.

Art. 6. Quand les coupes et les transports seront exécutés
par les soins de l'administration forestière, le montant des
frais sera remboursé par le Département de la guerre.

Art. 7. Les transports par chemin de fer seront exécutés par les soins de l'administration forestière et donneront lieu à remboursement.

Art. 8. La valeur des bois cédés sera remboursée par l'administration de la guerre, par voie de virement de compte.

Art. 9. Les dispositions qui précèdent seront également applicables aux bois de bourdaine à exploiter dans les forêts de l'État et dont la délivrance sera demandée par les directeurs des poudreries de la guerre.

Art. 10. Les Ministres des finances, de l'intérieur et de la guerre, sont chargés, chacun en ce qui le concerne, de l'exécution du présent décret, qui sera inséré au « Bulletin des lois » et au « Journal militaire officiel. »

Fait à Paris, le 10 octobre 1874.

Signé : M^{al} DE MAC-MAHON.

Par le Président de la République :

Le Ministre de la guerre,
chargé par intérim du Département de l'intérieur,
Signé : Gal E. DE CISSEY.

La Vice-Président du Conseil,
Ministre de la guerre,

Le Ministre des finances,
Signé : MATHIEU BODET.

Signé : Gal E. DE CISSEY.

Loi sur la fabrication et le commerce des armes et des munitions non chargées.

Mont-sous-Vaudrey, le 14 août 1885.

Le Sénat et la Chambre des députés ont adopté,
Le Président de la République promulgue la loi dont la teneur suit :

TITRE Ier.

DE LA FABRICATION ET DU COMMERCE DES ARMES ET DES MUNITIONS NON CHARGÉES.

Art. 1er. La fabrication et le commerce des armes de toutes espèces, non réglementaires en France, y compris les armes d'affût (canons, mitrailleuses, etc.) et des munitions non chargées, employées pour ces armes (douilles de cartouches, projectiles, fusées, etc.) sont entièrement libres.

Art. 2. La fabrication et le commerce des armes de toutes espèces des modèles réglementaires en France, et des munitions non chargées employées pour ces armes, sont libres, sous la réserve des conditions énoncées ci-après, articles 3 et 4.

Les armes de modèles réglementaires, en France, sont celles qui sont en service dans les armées de terre et de mer; elles sont définies par les tables de construction approuvées par le Ministre de la guerre et par le Ministre de la marine.

Art. 3. Toute personne qui veut se livrer à la fabrication et au commerce des armes, pièces d'armes ou munitions non chargées des modèles réglementaires en France, doit adresser au préfet du département dans lequel elle se propose de créer son établissement une déclaration dans laquelle elle indique :

Ses nom, prénoms et domicile;

La commune et l'emplacement où elle se propose de former son établissement;

La nature du matériel qu'elle a l'intention de fabriquer ou dont elle veut faire le commerce;

Il lui est délivré un récépissé de cette déclaration.

Art. 4. Tout commerçant ou fabricant qui a fait cette déclaration est tenu d'avoir un registre coté et parafé à chaque feuille par le préfet ou le sous-préfet, sur lequel sont inscrits, jour par jour, dans des colonnes distinctes, l'espèce et le nombre des armes, pièces d'armes ou munitions non chargées des modèles réglementaires en France, qu'il fabrique, achète ou vend, avec indication de leur destination et des noms et domiciles des vendeurs ou acheteurs.

Le préfet ou le sous-préfet arrête et vise ce registre toutes les fois qu'il le juge convenable; en cas d'absence ou d'empêchement, ils peuvent se faire suppléer par le maire ou le commissaire de police.

Tout fabricant ou commerçant qui ferme son établissement, ou qui veut le déplacer et le transférer sur un autre point, doit en faire la déclaration à la préfecture, où il lui en est donné récépissé.

Art. 5. Les dispositions indiquées ci-dessus ne sont pas applicables aux armes blanches et aux revolvers dont la fabrication et le commerce sont complètement libres.

Art. 6. Le Ministre de l'intérieur, et, en cas d'urgence, les préfets sont autorisés à prescrire ou à requérir auprès de l'autorité militaire, relativement aux armes et aux munitions qui existent dans les magasins des fabricants ou commerçants, ou chez les personnes qui en sont détenteurs, les mesures qu'ils estiment nécessaires dans l'intérêt de la sécurité publique.

TITRE II.

DE L'IMPORTATION, DE L'EXPORTATION ET DU TRANSIT DES ARMES ET PIÈCES D'ARMES.

Art. 7. L'importation, l'exportation et le transit des armes de toutes espèces, y compris les armes d'affût et les munitions non chargées correspondantes, sont libres, sous réserve de l'application des droits de douane.

Il n'est fait d'exception que pour l'importation et l'exportation des armes réglementaires en France et leurs munitions. Cette exception ne s'applique pas aux armes blanches et aux revolvers des modèles réglementaires en France.

Art. 8. L'importation des armes des modèles réglementaires et des munitions correspondantes non chargées a lieu sur la déclaration qui en est faite par le fabricant ou le commerçant à la préfecture de laquelle ressort la localité où ces objets doivent parvenir après importation.

La déclaration énonce le nombre, l'espèce et le poids des armes, pièces d'armes ou munitions non chargées qui font l'objet de l'expédition.

Le préfet délivre un récépissé sur lequel sont reproduites les énonciations de la déclaration ; un duplicata de ce récépissé sert de permis d'importation.

L'exportation des armes et des munitions non chargées des modèles réglementaires a lieu également sur la déclaration qui en est faite dans la même forme par le fabricant ou le commerçant à la préfecture de laquelle ressort le déclarant.

Un duplicata du récépissé délivré par la préfecture en échange de cette déclaration sert de permis d'exportation.

Art. 9. En cas de doute sur la catégorie dans laquelle une arme doit être classée, il en est référé à l'autorité militaire la plus voisine. En cas de contestation, la question est soumise au Ministre de la guerre ou au Ministre de la marine qui statue.

Art. 10. L'importation, l'exportation et le transit des armes, pièces d'armes et munitions non chargées, peuvent avoir lieu par tous les bureaux de douanes, sans exception.

Art. 11. . . . . (1).

_____

(1) Abrogé par la loi du 13 avril 1895 (p. 59).

TITRE III.

DISPOSITIONS PÉNALES.

Art. 12. Quiconque, sans avoir fait la déclaration voulue par l'article 3, se livre à la fabrication ou au commerce des armes, pièces d'armes ou munitions non chargées des modèles réglementaires est puni d'une amende de 16 à 1.000 francs et d'un emprisonnement d'un mois à deux ans.

Les armes, pièces d'armes ou munitions non chargées ainsi fabriquées ou mises en vente sont confisquées.

En cas de récidive, ces peines peuvent être portées jusqu'au double.

Art. 13. Le commerçant ou le fabricant d'armes, de pièces d'armes ou de munitions non chargées des modèles réglementaires en France, qui ne s'est pas conformé aux dispositions de l'article 4 de la présente loi, est puni d'une amende de 16 fr. à 300 fr. ; il peut, en outre, être puni d'un emprisonnement de six jours à trois mois.

En cas de récidive, la peine peut être portée au double.

Art. 14. Dans tous les cas prévus par la présente loi il peut être fait application de l'article 463 du Code pénal.

TITRE IV.

DISPOSITIONS GÉNÉRALES.

Art. 15. Il n'est pas dérogé aux lois et règlements concernant les munitions confectionnées de toutes espèces, et les substances explosives.

Art. 16. Sont abrogées toutes les dispositions qui seraient contraires à celles de la présente loi.

La présente loi, délibérée et adoptée par le Sénat et par la Chambre des députés, sera exécutée comme loi de l'État.

Fait à Mont-sous-Vaudrey, le 14 août 1885.

Arrêté du Ministre des finances, relatif à l'exportation des cartouches de guerre.

Paris, le 14 février 1887.

Le Ministre des finances,

Vu le décret du 21 mai 1886, relatif à l'exportation des poudres à feu ;

Vu les lettres du Ministre de la guerre, en date des 3 novembre 1886 et 8 février 1887 ;

Vu la lettre du Ministre de l'intérieur, en date du 11 octobre 1886 ;

Vu la lettre du Ministre des affaires étrangères, en date du 12 octobre 1886 ;

Vu la lettre du directeur général des contributions indirectes, en date du 27 novembre 1886.

Arrête :

Art. 1er. Est abrogée la disposition de l'avant-dernier paragraphe de la notice annexée à l'arrêté du 26 mai 1886, laquelle disposition est conçue ainsi qu'il suit :

« Toute exportation de cartouches pour fusil est subordonnée à la représentation d'un permis spécial émanant de l'administration de la guerre. »

Art. 2. Tout industriel voulant se livrer à la fabrication ou au commerce des cartouches de guerre destinées à l'exportation devra être muni d'une autorisation préalable donnée par le département de la guerre une fois pour toutes, et sans limites de quantités et de durée ; l'industriel aura à justifier de son obtention à toute réquisition de l'administration des contributions indirectes ou de la police.

Cette autorisation pourra être suspendue par arrêté des Ministres de la guerre et de l'intérieur.

Art. 3. Le présent arrêté sera déposé au bureau du contre-seing pour être notifié à qui de droit.

Circulaire relative aux vieux métaux à transformer
ou à convertir.

(3° Direction; Artillerie et Équipages militaires; 2° Bureau;
Matériel; 1° Section.)

Paris, le 22 janvier 1891.

Le Président du Conseil, Ministre de la guerre, à MM. les Généraux
commandant l'artillerie des corps d'armée.

Général, l'attention de MM. les directeurs des établissements de l'artillerie a déjà été appelée à plusieurs reprises, notamment par la lettre collective n° 1 du 8 janvier 1884, sur les précautions à prendre dans les livraisons ou expéditions de débris de projectiles classés aux vieilles matières.

Ces précautions paraissent avoir été négligées par certains établissements.

J'ai l'honneur de vous prier de donner des ordres pour que des consignes sévères et minutieuses soient établies suivant les circonstances locales, afin de garantir d'une façon absolue l'absence de tout résidu de poudre ou autre matière dangereuse dans les vieux métaux destinés à être transformés sur place, expédiés à d'autres établissements, ou livrés à des industriels; vous vous assurerez par vous-même de l'efficacité de ces consignes et vous m'en rendrez compte.

En outre, quelles que soient, d'ailleurs, les précautions prises antérieurement, toutes les fois que des vieux métaux de démolition seront expédiés par un établissement ou livrés par lui, soit à un autre établissement, soit à un industriel, il sera dressé, au moment de la sortie de ces métaux, un procès-verbal spécial en relatant la nature et spécifiant qu'ils ne contiennent aucune trace de matières dangereuses, telles que poudres, fulminate, etc...; ce procès-verbal me sera adressé sous le timbre de la dépêche qui aura prescrit la livraison ou l'expédition; il sera signé, dans les parcs d'artillerie, par les commandants du parc; dans les établissements constructeurs (École de pyrotechnie, ateliers de construction, ateliers de fabrication, poudreries, manufactures), par l'officier spécialement désigné pour ce service par le directeur; les signataires de ces procès-verbaux seront particulièrement rendus responsables, sans préjudice des autres responsabilités encourues aux divers degrés de la hiérarchie, si la présence de matières dangereuses était reconnue ultérieurement dans les métaux à la livraison desquels ils ont présidé.

Dans les établissements qui transforment eux-mêmes de vieux métaux, l'officier chargé du service de ces transformations sera également rendu particulièrement responsable des accidents qui surviendraient par suite de l'emploi de matières contenant de la poudre ou autres explosifs.

Décision ministérielle relative aux fournitures de plomb et d'antimoine à faire aux établissements de l'artillerie (1).

(3ᵉ Direction; Artillerie et Équipages militaires; 2ᵉ Bureau; Matériel; 1ʳᵉ et 3ᵉ sections.)

Paris, le 13 juin 1894.

Les plombs doux et antimonieux de provenance étrangère seront, à moins d'une décision spéciale du Ministre, exclus des fournitures à faire aux établissements de l'artillerie.

Toutefois, ces établissements sont autorisés à recevoir :

1º Les fournitures de plombs de provenance étrangère lorsque ces plombs, ayant été importés à l'état de plomb argentifères, auront été désargentés dans une usine française;

2º Les plombs de provenance étrangère qui auront été laminés dans une usine française.

Les fournitures d'antimoine devront, au contraire, être faites exclusivement en métaux provenant de minerais traités dans des usines françaises.

Dans le but de faciliter l'accès des fournitures d'antimoine aux producteurs, les achats seront centralisés par le service des forges.

En conséquence, les établissements de l'artillerie devront s'abstenir de faire eux-mêmes des achats d'antimoine, et faire parvenir au Ministre (3ᵉ Direction, 2ᵉ Bureau) la demande des quantités dont ils auront besoin.

_____

(1) Mise à jour par l'incorporation dans le texte des modifications qui y ont été apportées par les décisions des 20 mars et 18 août 1898 (B. O., p. 224 et 97).

Loi modifiant les conditions dans lesquelles le Ministre de la guerre peut interdire l'exportation des armes, pièces d'armes et munitions de toutes espèces.

(Direction de l'Artillerie; Bureau du Matériel.)

Paris, le 13 avril 1895.

Le Sénat et la Chambre des députés ont adopté,

Le Président de la République promulgue la loi dont la teneur suit :

Art. 1er. Est abrogé l'article 11 de la loi du 14 août 1885.

Art. 2. Des décrets rendus sur la proposition du Ministre de la guerre et sur l'avis conforme du Ministre du commerce et du Ministre des finances peuvent interdire l'exportation des armes, pièces d'armes et munitions de toute espèce.

Des exceptions à la prohibition de sortie pourront être accordées, en raison des destinations, par le Ministre de la guerre.

A l'égard des exportations qui seraient ainsi exceptionnellement autorisées, l'arrivée des marchandises à destination sera garantie par des acquits-à-caution délivrés conformément aux prescriptions de l'article 4, titre III, de la loi des 6-22 août 1791 et qui seront déchargés par les agents consulaires de France.

La présente loi, délibérée et adoptée par le Sénat et par la Chambre des députés, sera exécutée comme loi de l'État.

Circulaire relative à l'instruction des affaires pouvant intéresser plusieurs services du Département de la guerre.

(Direction de l'Artillerie; Bureau du Matériel.)

Paris, le 30 mars 1896.

Monsieur le Directeur, la circulaire ministérielle n° 9, du 22 février 1878 (1), relative à l'instruction des affaires qui intéressent plusieurs services du Département de la guerre, peut être modifiée ainsi qu'il suit, en ce qui concerne le service de l'artillerie.

Les procès-verbaux de conférences destinés au bureau de l'artillerie compétent de l'administration centrale ne seront adressés au Ministre qu'en simple expédition.

---

(1) Volume 48.

*Circulaire concernant la délivrance des objets et matières né-
cessaires pour les exercices pratiques de la cavalerie sur
l'emploi des pétards explosifs.*

**(Direction de l'Artillerie et des Équipages militaires;
Bureau du Matériel.)**

Paris, le 8 juillet 1890.

Le service de l'artillerie délivrera, chaque année, aux corps de
troupe de cavalerie les munitions nécessaires pour l'exécution des
exercices pratiques sur l'emploi des pétards explosifs.

La délivrance de ces munitions sera faite gratuitement.

Les allocations sont fixées ainsi qu'il suit, savoir :

Par régiment, { 100 pétards modèle 1886;
{ 100 détonateurs pour pétards (50 boîtes).

L'autorisation d'exécuter lesdits exercices, prévue par l'instruction sur le service de la cavalerie en campagne, est accor-
dée, au nom du Ministre, par MM. les généraux commandant
les corps d'armée.

La délivrance des explosifs n'a lieu que pour les régiments
ayant obtenu cette autorisation.

Les états de demande seront adressés par les corps aux établissements de l'artillerie, chargés de la délivrance des munitions
dans leurs circonscriptions respectives, au moins un mois avant
l'époque fixée pour l'exécution des exercices pratiques.

Les pétards et les détonateurs à consommer, chaque année,
pour ces exercices, seront prélevés sur les approvisionnements
les plus anciens que possède chaque corps; ils seront remplacés
dans ces approvisionnements par les pétards et les détonateurs
délivrés par les établissements de l'artillerie.

Les corps devront verser à ces établissements les boîtes vides
ayant contenu les détonateurs employés; ils devront verser également les amorces et la mèche lente restées disponibles à l'issue
des expériences.

MM. les directeurs des établissements de l'artillerie adresseront, en temps utile, au Ministre (3e Direction, 2e Bureau, 1re
Section) une demande concernant les pétards modèle 1886 et
les détonateurs nécessaires pour les délivrances, qui n'existe-
raient pas dans leurs approvisionnements.

Les demandes des directeurs d'artillerie devront indiquer les
corps destinataires, la ville sur laquelle le matériel devra être
dirigé ainsi que l'époque fixée pour l'exécution des exercices
pratiques.

Lettre collective relative à la constitution d'approvisionnements permanents pour les écoles à feu et les tirs en blanc (tirs à la mer).

(Direction de l'Artillerie; Bureau du Matériel.)

Paris, le 10 septembre 1899.

Le Ministre de la guerre à MM. les Généraux commandant l'artillerie des corps d'armée.

Général, vous m'avez adressé, conformément aux prescriptions de la dépêche du 9 mars 1899, un état des approvisionnements permanents de munitions à constituer dans les places maritimes en vue des écoles à feu annuelles et des tirs en blanc (manœuvres combinées et tirs de salut).

J'ai l'honneur de vous prier de donner des ordres pour qu'il me soit adressé, le 1er décembre de chaque année, une demande des munitions de cette espèce nécessaires pour ramener au complet cet approvisionnement (1).

Les munitions constituant les approvisionnements d'écoles à feu seront portées à l'état XVI comme affectées au service courant, et accompagnées d'une annotation indiquant leur destination spéciale.

En temps de guerre, ces munitions seraient chargées en poudre noire et pourraient être employées, le cas échéant, au même titre que les approvisionnements de guerre. En conséquence, les sachets correspondants devront être des sachets pour charge de combat.

Instruction concernant la détermination des régimes des champs de tir à la mer dans les ouvrages de côte de la guerre et de la marine (2).

(Direction de l'Artillerie; Bureau du Matériel.)

Paris, le 14 avril 1900.

L'exécution des exercices de tir à la mer dans une batterie de côte comporte la détermination du régime du champ de tir.

(1) Directement au Ministre sans passer par la voie hiérarchique. (Circulaire du 9 octobre 1912, B. O., p. 2834.)
(2) Mise à jour par l'incorporation dans le texte des modifications qui y ont été apportées par les feuilles rectificatives des 7 août 1903 et 23 mars 1909 (B. O., p. 1163 et 495).

c'est-à-dire de l'ensemble des conditions suivant lesquelles les tirs peuvent s'exécuter en tenant compte des divers intérêts en présence.

Les projets de ces régimes devront être établis à l'avenir (1) conformément aux indications suivantes :

1° GENRES DE TIRS A EXÉCUTER PAR LES DIFFÉRENTES BATTERIES.

Pour chaque batterie existante, il y a lieu de déterminer les genres de tir qu'il est permis d'exécuter, en distinguant le tir à obus lestés, le tir à obus chargés, le tir fusant, le tir à charge d'exercice, le tir à charge de combat et le tir au tube canon; il convient notamment de spécifier quelles sont les batteries qui ne peuvent faire que des tirs d'épreuve de plate-forme et qui ne peuvent pas être utilisées, en général, pour les tirs d'instruction; quand le tir d'épreuve ne pourra avoir lieu qu'avec des projectiles fictifs, le régime du champ de tir devra en faire mention. Ces conditions de tir devront être prévues, non seulement pour les batteries permanentes, mais aussi pour les batteries mobiles de pièces sur affût de campagne; les emplacements à occuper par ces dernières batteries doivent d'ailleurs être déterminés. Enfin, on désignera les batteries où peuvent s'exécuter des tirs de nuit. Dans ces désignations, il y aura lieu de tenir compte de la configuration du champ de tir, de la fréquentation de certains parages maritimes, du voisinage des habitations, ainsi que des réclamations et accidents qui auront pu survenir à la suite de tirs antérieurs.

En principe et à moins d'impossibilité absolue, toute batterie de côte doit pouvoir exécuter, au minimum une fois par an, un tir réel d'un ou deux coups avec chacune de ses pièces (2).

En principe les tirs de nuit sont exécutés avec des obus chargés pour éviter les ricochets et faciliter l'observation du tir.

2° ÉPOQUES, JOURS ET HEURES PENDANT LESQUELS IL DOIT ÊTRE INTERDIT D'EXÉCUTER SOIT LE TIR EN GÉNÉRAL, SOIT CERTAINES ESPÈCES DE TIR.

Pour cette détermination, il convient d'avoir égard, quand cela est possible, aux exigences locales de la navigation et de la

---

(1) Il n'y a pas lieu, sauf exception indiquée plus loin, de réviser les régimes actuellement en vigueur, pour les mettre en concordance avec les présentes dispositions.

(2) Il y a lieu d'établir des annexes à ceux des régimes en vigueur qui ne permettraient pas l'application de cette disposition.

pêche. Dans certaines places, en se soumettant à quelques restrictions dans le choix des époques, jours et heures de tir, le service de l'artillerie pourra obtenir en échange une réglementation de la circulation maritime, dans un sens favorable à la bonne exécution des écoles à feu.

Les tirs préparatoires d'instruction et d'épreuve ne seront exécutés que de jour.

3° LIMITE DES CHAMPS DE TIR.

Les distances limites auxquelles peuvent s'exécuter les tirs, soit de jour, soit de nuit, seront déterminées pour toutes les batteries de côte et pour tous les emplacements de batteries mobiles. L'ouverture des secteurs de tir sera limitée par des alignements faciles à reconnaître, soit qu'on puisse utiliser tout le champ de tir latéral permis par l'organisation du matériel et le tracé de la fortification, soit qu'on doive restreindre l'ouverture de ce champ de tir, par exemple, pour éviter d'atteindre une terre, de barrer un chenal, etc. Les limites de ces secteurs devront être marquées d'une manière très visible sur les plates-formes des bouches à feu fixes.

4° MESURES D'AVERTISSEMENT, SIGNAUX D'ALARME.

A l'avenir, les règles suivantes devront être observées et insérées dans les projets de régime à établir :

L'exécution des tirs à la mer sera annoncée au moins quinze jours à l'avance par des affiches. En même temps, avis sera donné par le service de l'artillerie aux autorités et services énumérés ci-dessous : préfets des départements, sous-préfets, maires, préfets maritimes, commissaires de l'inscription maritime, commandants d'armes, généraux commandant les divisions et subdivisions, chefs du génie, service des ponts et chaussées, service vicinal, service des douanes, chambres de commerce. Les affiches, insertions et avis doivent mentionner les jours et heures de tir, les batteries qui doivent tirer, les zones dangereuses et les signaux d'alarme; les affiches devront reproduire les arrêtés pris par les autorités compétentes pour réglementer la circulation dans les parties terrestres ou maritimes des champs de tir. Lorsque les séances de tir sont groupées par séries, les affiches, insertions et avis peuvent informer les intéressés que la série commencera à une date déterminée et se continuera régulièrement aux jours et heures fixés, si le temps le permet, le public étant définitivement prévenu à chaque séance par les signaux et les coups d'alarme.

Les signaux d'alarme seront partout les suivants : une heure avant le commencement d'une séance de tir, un coup à blanc sera tiré à la batterie d'où le tir doit s'exécuter; en même temps un pavillon rouge sera hissé sur la batterie. Dix minutes avant l'ouverture du feu, deux coups à blanc seront tirés à 30 secondes d'intervalle l'un de l'autre. Le pavillon rouge devra rester hissé en permanence pendant toute la séance de tir; il ne sera amené qu'après le dernier coup tiré.

Le remorqueur portera, en tête de son mât, un pavillon rouge qui restera aussi en permanence pendant toute la séance.

Les pavillons rouges du remorqueur et de la batterie seront absolument distincts du système des signaux de correspondance.

Si le tir doit s'exécuter dans une batterie basse, et si le pavillon d'alarme n'est pas facilement visible du large, ce signal sera reproduit sur un point élevé voisin.

Pour les tirs de nuit, le pavillon d'alarme de la batterie sera remplacé par deux feux rouges placés horizontalement. Ces feux devront être établis parallèlement à la crête de la batterie et distants d'environ dix mètres. Le remorqueur portera les feux réglementaires imposés par les règlements maritimes; le but, fixe ou mobile, sera pourvu sur chaque face de deux feux blancs placés à la même hauteur. Les tirs de nuit feront l'objet d'affiches et d'insertions spéciales distinctes de celles qui annoncent l'ouverture d'une série d'écoles à feu.

Pourront seules exécuter des tirs de nuit les batteries disposant d'un projecteur pour s'assurer de la liberté du champ de tir.

Dans certains ports, d'autres signaux peuvent être imposés par les usages établis ou par des nécessités locales; mais ces derniers signaux ne devront, en aucun cas, exclure ceux qui viennent d'être définis ci-dessus.

5° ZONES MARITIMES A INTERDIRE

Sur certains points du littoral où la pêche est très active, il pourra être nécessaire de faire prononcer l'interdiction absolue de circulation dans la zone maritime comprise dans le champ de tir des batteries. Cette interdiction absolue devra toujours être demandée pour les tirs de nuit. Mais pour les tirs de jour, sur les côtes où la circulation maritime est peu importante, on pourra souvent se contenter de faire interdire le stationnement dans le champ de tir des batteries. Ces interdictions doivent faire l'objet d'arrêtés des préfets maritimes; il y a lieu de prévoir les mesures à prendre pour faire constater, au besoin, les contraventions.

Les limites latérales des zones interdites devront toujours être déterminées d'une manière précise par des alignements faciles à reconnaître. Quant à la limite du côté du large, on la définira par la distance à la côte.

Toutes les fois que des navires quelconques se présenteront, le tir sera interrompu dès qu'il pourra devenir dangereux pour ces bâtiments, et si leurs manœuvres semblent devoir gêner l'exécution des tirs, le remorqueur ira vers eux pour les inviter à sortir de la zone dangereuse.

6° ZONES TERRESTRES A INTERDIRE.

La zone terrestre comprise entre la mer et les batteries sera toujours interdite à la circulation, à moins que l'altitude des ouvrages rende tout accident improbable. Le régime du champ de tir fixera les consignes à observer pour assurer la sécurité des propriétés privées ou des voies de communication : plantons et sentinelles à placer, poteaux indicateurs, avis à donner aux propriétaires; les consignes se rapportant aux voies de communication devront être reproduites sur les affiches qui annoncent l'exécution des tirs. Les interdictions relatives à la circulation terrestre sont du ressort des préfets des départements.

7° DISPOSITIONS GÉNÉRALES.

Dans la désignation des batteries qui peuvent exécuter des tirs de nuit, ainsi que dans la détermination des limites des champs de tir et des zones maritimes à interdire pour les tirs de nuit, il y a lieu de tenir compte des graves dangers que l'emploi d'obus chargés présenterait pour la navigation, si la surveillance du champ de tir ne pouvait être efficacement assurée, ou si, en cas de non-fonctionnement des fusées au premier choc sur l'eau, des projectiles pouvaient, après ricochet, sortir des limites de la zone dans laquelle la navigation est interdite.

Les projets de régime des champs de tir à la mer ainsi établis seront ensuite soumis à l'instruction mixte prévue par les décrets des 16 août 1853, 8 septembre 1878 et 12 décembre 1884.

Circulaire relative aux achats d'objets de quincaillerie nécessaires aux établissements de l'artillerie.

(Direction de l'Artillerie; Bureau du Matériel.)

Paris, le 31 août 1900.

L'article 1er de l'instruction du 6 juin 1890, sur le service des forges, spécifie que ce service a pour objet d'effectuer les achats, de surveiller la fabrication et de procéder à la réception des matières premières, ferrures, etc., qui sont commandées à l'industrie privée ou au commerce.

L'application stricte de ces dispositions, a paru susceptible de présenter quelques inconvénients.

En conséquence, le soin de procéder aux achats de vis, clous, fils de fer et, en général, des objets de quincaillerie que l'on trouve couramment dans le commerce sera laissé aux directeurs des établissements de l'artillerie lorsque le montant de ces achats ne dépassera pas 500 francs.

Circulaire relative aux comptes rendus d'exécution des ordres ministériels.

(Direction de l'Artillerie; Bureau du Matériel.)

Paris, le 4 janvier 1901.

Le Ministre de la guerre à MM. les Généraux commandant l'artillerie des corps d'armée.

Général, aux termes des instructions actuellement en vigueur, tout ordre ministériel ayant pour objet un mouvement de matériel donne lieu, de la part des établissements de l'artillerie, à l'envoi d'un compte rendu d'exécution fourni tant par l'établissement expéditeur que par l'établissement destinataire.

En vue de réduire les écritures, j'ai décidé que les établissements de l'artillerie n'auraient plus à fournir ces comptes rendus, à moins que l'envoi de ces documents ne soit explicitement réclamé par l'ordre ministériel prescrivant le mouvement de matériel.

Dans tous les autres cas, les comptes rendus d'exécution seront remplacés par des comptes rendus de non-exécution.

Ces comptes rendus de non-exécution seront adressés pour tout ordre ministériel qui n'aura pu être exécuté dans un délai d'un mois à partir de la date de la dépêche correspondante. Ils seront fournis, par chacun des établissements expéditeur et destinataire, dans les conditions fixées par la dépêche n° 12603 du 21 mars 1900 (1).

Un compte rendu de non exécution sera également adressé en cas d'exécution seulement partielle.

Les comptes rendus dont il s'agit, conformes au modèle ci-joint, feront ressortir les motifs qui auraient empêché ou retardé l'exécution de l'ordre ministériel et indiqueront, également, autant que possible, le délai probable d'exécution.

Si ce délai se prolonge au delà d'un mois, un nouveau compte rendu, relatif au même ordre, sera établi, dans les mêmes conditions que le premier, au bout de chaque mois, jusqu'à complète exécution.

Dans ces conditions, tout ordre ministériel qui n'aura pas fait l'objet d'un compte rendu de non-exécution établi un mois après la date de cet ordre sera considéré, par le fait même, comme entièrement exécuté.

Les dispositions qui précèdent entreront en vigueur à partir du 1er janvier 1901 pour tous les ordres ministériels dont la date sera postérieure au 31 décembre 1900.

---

(1) Les comptes rendus seront adressés directement au Ministre sans bordereau ni lettre d'envoi sous le timbre de la dépêche ministérielle à laquelle ils se rapportent (Direction — Bureau — Section) et autant que possible sur feuille simple.

MINISTÈRE
DE LA GUERRE.

3ᵉ DIRECTION

2ᵉ BUREAU.

ᵉ SECTION.

Nᵒ

, le   19

(Désignation de l'établissement.)

Compte rendu de non-exécution { totale
ou
partielle.

(

Ordre ministériel nᵒ   du

Le parc d'artillerie de }
ou le parc annexe de }   n'a pas { expédié.....
reçu........

MOTIFS DU RETARD.

DATE PROBABLE DE L'EXÉCUTION TOTALE.

Le

Circulaire relative aux comptes rendus d'exécution des ordres ministériels.

(Direction de l'Artillerie; Bureau du Matériel.)

Paris, le 5 mars 1901.

Le Ministre de la guerre à MM. les Généraux commandant l'artillerie des corps d'armée.

Général, je vous préviens que les prescriptions de la dépêche n° 56 du 4 janvier 1901, relatives à l'envoi de comptes-rendus de non-exécution, doivent être complétées ainsi qu'il suit :

Lorsque l'exécution d'un ordre d'expédition nécessitera la confection préalable ou l'achat en totalité ou en partie du matériel à expédier et que le délai probable nécessaire à cet effet sera supérieur à un mois, l'établissement constructeur ou acheteur en avisera immédiatement les établissements destinataires en leur faisant connaître, en même temps, le délai dont il s'agit.

Il mentionnera, également, ce délai sur son premier compte rendu de non-exécution et chacun des établissements destinataires fera de même.

Il ne sera plus, ensuite, fourni, par aucun des établissements intéressés, de comptes rendus de non-exécution relatifs aux envois dont il s'agit qu'à partir de l'expiration du délai indiqué.

A ce moment les comptes rendus seront, s'il y a lieu, établis de nouveau mensuellement conformément aux prescriptions de la dépêche n° 56 précitée.

Dans ces conditions, tout ordre ministériel pour l'exécution duquel un délai aura été signalé comme nécessaire sur le premier compte rendu de non-exécution et qui n'aura pas fait l'objet d'un nouveau compte rendu établi à l'expiration de ce délai sera considéré, par le fait même, comme entièrement exécuté.

Circulaire relative à la fourniture des métaux aux établissements de l'artillerie (1).

(Direction de l'Artillerie; Bureau du Matériel.)

Paris, le 8 juin 1901.

Les mesures suivantes seront appliquées, à l'avenir, en ce qui concerne la fourniture aux établissements de l'artillerie des aciers spéciaux, métaux et ferrures confectionnées nécessaires à leur consommation.

1° Conformément aux indications de la circulaire du 31 août 1900, le soin de procéder aux achats de fils de fer, clous, vis, etc., et en général des objets de quincaillerie que l'on trouve couramment dans le commerce, sera laissé aux directeurs des établissements de l'artillerie lorsque le montant n'en dépassera pas 500 francs.

Les achats dont il s'agit seront imputés, en conséquence, aux crédits dont disposent les établissements précités. Ils devront, d'ailleurs, être effectués non pas en vue de la consommation possible de l'année, mais pour l'exécution d'une commande ou d'un travail déterminés et seulement au fur et à mesure des besoins.

2° Les approvisionnements d'aciers spéciaux, fers et aciers échantillonnés seront assurés par les établissements constructeurs conformément aux indications du tableau ci-après :

CLASSEMENT DES ÉTABLISSEMENTS D'ARTILLERIE PAR RÉGION.	ÉTABLISSEMENTS CONSTRUCTEURS CHARGÉS DE RÉAPPROVISIONNER les établissements de chaque région.
Établissements des 1er, 2e et 5e régions.	Atelier de construction de Douai.
— 10e et 11e —	— de Rennes.
Établissements du gouvernement militaire de Paris et de la 3e région.	
Établissements des 6e et 8e régions.	— de Puteaux.
— 4e et 9e —	— de Bourges.
	Manufacture d'armes de Châtellerault.
— 7e et 20e —	Atelier de fabrication de Besançon.
Établissements de la 12e région.	Manufacture d'armes de Tulle.
Établissements des 13e et 16e régions, de l'Algérie et de la Tunisie.	
Établissements des 14e et 15e régions,	Atelier de construction de Lyon.
— 17e et 18e —	— de St-Étienne
	— de Tarbes.

(1) Mise à jour par l'incorporation dans le texte des modifications qui y ont été apportées par la notification du 28 décembre 1900.

Les demandes des aciers spéciaux, fers et aciers échantillonnés devront, par suite, être adressées directement aux établissements constructeurs intéressés et les envois seront effectués, sans ordre spécial, par ces établissements.

Les métaux dont il s'agit ne seront, d'ailleurs, demandés que pour l'exécution de commandes déterminées.

La fourniture en sera assurée, autant que possible, au moyen des ressources disponibles des établissements constructeurs ci-dessus désignés. Elle ne devra entraîner la constitution d'aucun approvisionnement supplémentaire.

Les demandes auxquelles il ne pourra être donné satisfaction dans ces conditions seront transmises au service des forges par les établissements constructeurs qui demeureront seuls chargés d'assurer les livraisons. Les envois aux établissements destinataires seront effectués, sans ordre spécial, aux frais de la 1re section du budget.

Chacun des établissements constructeurs mentionnés dans le tableau ci-dessus adressera au Ministre, le 31 décembre de chaque année, sous le timbre « 3e Direction, 2e Bureau, 1re Section », un relevé des fournitures faites pendant le courant de l'année à chacun des établissements aux besoins desquels il doit pourvoir.

Circulaire relative à la désignation du matériel d'artillerie de côte.

(Direction de l'Artillerie et des Équipages militaires; Bureau du Matériel.)

Paris, le 29 juin 1901.

I. Les bouches à feu de côte seront désignées à l'avenir :

Les bouches à feu en acier, par leur diamètre entre cloisons exprimé en nombre rond de millimètres ;

Les bouches à feu en fonte ou en fonte et acier, par leur diamètre entre cloisons exprimé en nombre rond de centimètres.

II. La désignation du calibre ainsi exprimé sera :

1o Précédée de la lettre G ou de la lettre M, selon que la bouche à feu sera d'un modèle de la guerre ou d'un modèle de la marine ;

2° Suivie de la désignation du modèle particulier de la bouche à feu.

III. Les dispositions indiquées ci-dessus s'appliqueront également aux affûts et aux projectiles ; la désignation des projectiles de la marine sera complétée par l'indication des dates d'approbation du tracé et du montage de la ceinture.

Lettre collective relative aux munitions nécessaires pour l'exécution des tirs à la mer pendant l'année suivante.

(Direction de l'Artillerie; Bureau du Matériel.)

Paris, le 2 août 1901.

Le Ministre de la guerre à MM. les Généraux commandant les corps d'armée.

Les programmes annuels des exercices de tir à exécuter par les troupes de l'artillerie ont fixé jusqu'ici les allocations en munitions à un taux uniforme pour les batteries à pied affectées à la défense des côtes, sans tenir compte du calibre des pièces qui, suivant les ouvrages où peuvent être exécutées les écoles à feu, sont employées aux tirs.

Il en résulte parfois, malgré la constitution d'un approvisionnement permanent, la nécessité de procéder à des substitutions de munitions et des retards dans l'envoi des munitions accordées.

Il est nécessaire, pour remédier à cette situation, que le nombre et la nature des munitions de côte à consommer dans une campagne d'écoles à feu soient fixés avant le 1er juillet de l'année précédente afin que les commandes puissent être faites en conséquence.

Il me sera adressé à l'avenir, chaque année, avant cette date, des propositions au sujet de l'exécution des tirs à la mer de l'année suivante. Pour la détermination des ouvrages où seront effectués les tirs, on se conformera aux dispositions de la note du 13 février 1901 (§ 2).

. . . .

. . . .

Les demandes seront résumées dans un tableau conforme au modèle ci-joint, qui me sera adressé en deux expéditions (1).

---

(1) Par le général commandant l'artillerie, général gouverneur ou général adjoint au préfet maritime, suivant le cas. (Circulaire du 9 octobre 1912, *B. O.*, p. 1664.)

RÉGIMENT D'ARTILLERIE A PIED.

PROPOSITIONS POUR LES ÉCOLES A FEU DE COTE

à exécuter en 191

, le   191

Le Colonel commandant le régiment,

Officiers sans troupe exerçant, en temps de guerre, le commandement
d'un ouvrage de côte.

NOMS.	FONCTION ACTUELLE.	OUVRAGE COMMANDÉ.	OBSERVATIONS.

Ouvrages où s'exécuteraient les Écoles à feu.

PLACES.	OUVRAGES.	ARMEMENT.	PERSONNEL PARTICIPANT AU TIR.	OBSERVATIONS.

Munitions

PLACE.	PERSONNEL PRENANT PART AUX TIRS.		TUBE CANON		MODÈLES DES BOUCHES A FEU					
			G N° 1901.	47 m/m TR						
	• Régiment d'artillerie à pied.	Nombre des coups	.....	.....	.....	.....	.....	.....	.....	.....
		Prix unitaire (1).	.....	.....	.....	.....	.....	.....	.....	.....
		DÉPENSE....	.....	.....	.....	.....	.....	.....	.....	.....
	Officiers sans troupe exerçant en temps de guerre le commandement d'un ouvrage de côte.	Nombre des coups	.....	.....	.....	.....	.....	.....	.....	.....
		Prix unitaire (1).	.....	.....	.....	.....	.....	.....	.....	.....
		DÉPENSE....	.....	.....	.....	.....	.....	.....	.....	.....
	TOTAUX.....	NOMBRE DES COUPS	.....	.....	.....	.....	.....	.....	.....	.....
		DÉPENSE........	.....	.....	.....	.....	.....	.....	.....	.....

PLACE.	PERSONNEL PRENANT PART AUX TIRS.		TUBE CANON		MODÈLES DES BOUCHES A FEU					
			G N° 1901.	47 m/m TR						
	• Régiment d'artillerie à pied.	Nombre des coups	.....	.....	.....	.....	.....	.....	.....	.....
		Prix unitaire (1).	.....	.....	.....	.....	.....	.....	.....	.....
		DÉPENSE....	.....	.....	.....	.....	.....	.....	.....	.....
	Officiers sans troupe exerçant en temps de guerre le commandement d'un ouvrage de côte.	Nombre des coups	.....	.....	.....	.....	.....	.....	.....	.....
		Prix unitaire (1).	.....	.....	.....	.....	.....	.....	.....	.....
		DÉPENSE....	.....	.....	.....	.....	.....	.....	.....	.....
	TOTAUX......	NOMBRE DES COUPS	.....	.....	.....	.....	.....	.....	.....	.....
		DÉPENSE........	.....	.....	.....	.....	.....	.....	.....	.....

demandées.

ET NATURE DES MUNITIONS (1).							TOTALISATION des DÉPENSES.	OBSERVATIONS.
								(1) Voir le tableau annexé à la dépêche ministérielle, numéro 28-246-2/9, du 20 juin 1910.

ET NATURE DES MUNITIONS (1) *(suite)*.						TOTALISATION des DÉPENSES.	OBSERVATIONS.

Modèles des projectiles demandés.

MODELES DES PROJECTILES DEMANDÉS.	NOMBRE PAR CALIBRE.	OBSERVATIONS.
TOTAUX........		
EXISTANT........		
MANQUANT........		

Poudres.

CALIBRES ET MODÈLES DES BOUCHES A FEU	NOMBRE DE COUPS	POIDS (1) DE LA CHARGE	NOMBRE DES CARTOUCHES ou DES GARGOUSSES CONFECTIONNÉES						NATURE ET POIDS DES POUDRES						OBSERVATIONS
															(1) N'est pas à mentionner s'il s'agit de cartouches ou de gargousses confectionnées.
TOTAUX															
EXISTANT															
MANQUANT															

OBSERVATIONS ET PROPOSITIONS DU COLONEL

e Régiment
d'artillerie à pied.
{ Totalisation des dépenses

Allocation de principe : *n* batteries

Officiers sans troupe
exerçant
en temps de guerre
le commandement
d'un ouvrage de côte.
{ Totalisation des dépenses

Allocation de principe

(S'il y a lieu : justification des excédents de dépense.)

*Circulaire relative à l'unification des mesures de longueur
dans le service de l'artillerie* (1).

(Direction de l'Artillerie; Bureau du Matériel.)

Paris, le 18 septembre 1901.

En vue d'assurer l'unification des mesures dans les établissements de l'artillerie, une collection d'étalons de mesures de longueur dont les éléments ont été déterminés en fonction du mètre prototype international a été adoptée, à la date du 13 janvier 1899, sous le nom de « série type de l'artillerie » ; elle est conservée par les soins de la section technique de l'artillerie.

A partir du 1ᵉʳ janvier 1902, les divers objets de matériel seront confectionnés en prenant comme base de leur fabrication les longueurs définies par les étalons dont il s'agit.

Des copies de ces étalons seront à cet effet envoyées aux principaux établissements constructeurs qui devront y conformer leur outillage.

Les autres établissements continueront à faire usage des procédés d'exécution employés jusqu'à ce jour pour les fabrications dont ils sont chargés.

Les objets terminés seront reçus à l'aide de vérificateurs, dont une partie, déterminée par les instructions spéciales relatives aux conditions de réception, sera fournie par la section technique de l'artillerie; ces instruments seront établis suivant les mesures adoptées en 1899.

———

*Lettre collective relative à la situation des douilles vides de 75
de 65 de montagne et de 155 court, modèle 1904 T. R.* (2).

(Direction de l'Artillerie; Bureau du Matériel.)

Paris, le 12 octobre 1901.

Le Ministre de la guerre à MM. les Généraux commandant l'artillerie des corps d'armée.

Général, je vous invite à donner des ordres pour faire établir,

(1) Mise à jour par l'incorporation dans le texte des modifications qui y ont été apportées par la circulaire du 22 avril 1904.
(2) Mise à jour d'après les dépêches des 17 novembre 1908 et 24 juin 1910 et la circulaire du 9 octobre 1912 (B. O., p. 1604).

le premier jour de chaque trimestre, par les établissements placés sous votre commandement, un état, en double expédition, faisant connaître la situation des douilles vides de 75, de 65 de montagne et de 155 court modèle 1904 T. R.

Ces états conformes au modèle ci-joint, qui seront adressés directement, devront me parvenir le 10 du premier mois de chaque trimestre.

Exceptionnellement, les états dont il s'agit me seront adressés le 10 novembre prochain.

M. le général inspecteur permanent des fabrications donnera, en temps utile, les ordres nécessaires pour l'expédition des douilles sur les établissements chargés de procéder à leur réfection.

Les frais de transport seront supportés par la 1re section du budget.

Exécution des prescriptions de la lettre collective du 12 octobre 1901.

CORPS D'ARMÉE

(1)..

SITUATION *des douilles vides de 75, de 65*
de montagne et de 155 court M⁰ 1904 T. R., à la
date du. ....

DESIGNATION DES PARCS, PARCS ANNEXES ou établissements.	DOUILLES DE GUERRE TIRÉES ET NON RÉFECTIONNÉES			DOUILLES D'EXERCICE TIRÉES ET NON RÉFECTIONNÉES		
	de 75	de 65 de montagne	de 155 court M⁰ 1904 T. R.	de 75	de 65 de montagne	de 155 court M⁰ 1904 T. R.

A ...., le .... 19......

Le (2)

Circulaire concernant la réparation et le remplacement des compteurs de résistances électriques construits par la section technique de l'artillerie en vue de la vérification des paraton-nerres.

(Direction de l'Artillerie; Bureau du Matériel.)

Paris, le 18 décembre 1901.

Les dispositions contenues dans la circulaire n° 75 du 16 septembre 1901, concernant la réparation d'un certain nombre d'instruments et objets divers de matériel, seront désormais applicables aux compteurs de résistances électriques construits par la section technique de l'artillerie en vue de la vérification des paratonnerres.

Cet établissement sera chargé d'effectuer l'échange et la remise en état des compteurs dont il s'agit, et de proposer pour la réforme ceux de ces appareils dont la réparation serait impossible ou désavantageuse.

Circulaire relative à l'examen et à la destruction d'engins explosifs remis en dépôt aux services locaux de l'artillerie ou aux établissements des poudres et salpêtres, par l'autorité judiciaire.

(Directions de l'Artillerie et des Poudres et Salpêtres; Bureau du Matériel.)

Paris, le 23 février 1903.

Aux termes des instructions en vigueur, les officiers d'artillerie et les ingénieurs des poudres et salpêtres doivent, lorsqu'ils en sont requis, prêter leur concours à l'autorité judiciaire pour l'examen et la destruction des engins explosifs qui paraissent avoir été préparés dans un but attentatoire à la sécurité privée ou publique.

D'après une circulaire du 10 mai 1894 et une note en date du même jour, les officiers d'artillerie doivent, d'ailleurs, se borner à assurer la *destruction* de ces engins; l'*examen* desdits engins a été réservé, jusqu'à présent, aux ingénieurs des poudres et salpêtres.

Aucune instruction n'a encore déterminé les dispositions à prendre, dans le cas où des artifices ou engins explosifs seraient *remis en dépôt* aux services locaux de l'artillerie ou aux établissements des poudres et salpêtres, par l'autorité judiciaire, pour être utilisés comme pièces à conviction.

Lorsque les services locaux de l'artillerie ou les établissements des poudres et salpêtres seront requis soit par l'autorité judiciaire, soit par un commissaire de police, de recevoir et de *conserver en dépôt* des artifices ou engins explosifs, ils devront déférer aux demandes qui leur seront adressées.

Si, à la suite d'un examen sommaire, ils sont amenés à constater que les objets qui leur ont été remis ne peuvent être conservés sans danger, ils seront autorisés à les faire détruire, après en avoir donné avis à l'autorité de laquelle émane la réquisition.

La destruction sera opérée en présence de l'autorité militaire et de l'autorité de laquelle émane la réquisition, ou d'un de ses délégués. Elle donnera lieu à l'établissement d'un procès-verbal.

Ce procès-verbal sera établi en double expédition. L'une des expéditions sera remise, suivant le cas, à l'autorité judiciaire ou au commissaire de police; l'autre sera adressée au ministère de la guerre (3° Direction, 2° Bureau, ou 6° Direction, Bureau unique, suivant le cas).

Dans le cas où des doutes s'élèveraient sur la nature des objets remis en dépôt ou sur les dangers que peut présenter leur conservation, les établissements dépositaires provoqueront auprès de l'autorité judiciaire une expertise, laquelle sera faite suivant les circonstances par un représentant du service des poudres et salpêtres, par un laboratoire municipal, par un chimiste ou par un pharmacien.

Les frais d'expertise seront supportés par l'administration de la justice.

Les officiers d'artillerie n'auront d'ailleurs, en aucun cas, à opérer un examen détaillé ou un démontage quelconque de ces artifices ou engins.

*Circulaire relative aux réparations du matériel de corvée
ou du service courant.*

(Direction de l'Artillerie; Bureau du Matériel.)

Paris, le 9 janvier 1907.

Les réparations du matériel de toutes catégories sont effectuées dans les établissements de l'artillerie, en se conformant strictement aux tables de construction. Les exigences pour la qualité des matériaux employés, pour l'exactitude des dimensions, sont les mêmes, quel que soit le matériel à réparer.

Tout en reconnaissant l'importance de cette manière de procéder, on peut cependant, sans aucun inconvénient, et même avantageusement pour l'Etat, se montrer un peu moins strict lorsqu'il s'agit de *matériel de corvée* ou du *service courant*.

Les tables de construction fixent par exemple à trois le nombre de planches formant le fond du chariot agricole. Dans le cas d'un chariot de corvée, en portant ce nombre à quatre ou cinq, on pourrait employer du bois de valeur moindre, provenant d'arbres plus petits, ou utiliser plus complètement les parties étroites d'arbres plus gros.

Comme conséquence, il est laissé aux établissements une certaine latitude pour les réparations de ce genre.

Il reste entendu qu'il convient de continuer à observer d'une façon rigoureuse les prescriptions des tables de construction, en ce qui concerne le matériel de la réserve de guerre.

Lettre collective relative aux états de demande de matériel.

(Direction de l'Artillerie; Bureau du Matériel.)

Paris, le 13 mai 1907.

En vue de simplifier les écritures résultant des demandes d'approvisionnement ou de remplacement d'objets de matériel, de harnachement, d'armes, etc., adressées journellement à l'administration centrale par les établissements de l'artillerie, les corps de troupe et autres services relevant du Département de la guerre, j'ai arrêté les mesures suivantes, qui devront commencer à être appliquées à partir de la réception de la présente circulaire :

1° Jusqu'à nouvel ordre, tous les états de demandes *périodiques* continueront à être fournis aux dates auxquelles ils ont été demandés et seront établis dans la même forme;

2° Les états de demande de matières ou de menus objets de matériel faisant défaut dans les établissements pour assurer les délivrances ou les expéditions à faire *aux corps de troupe*, soit à titre d'échange, soit en remplacement d'objets perdus, soit pour effectuer les réparations, ne devront être établis que trimestriellement. Ils devront parvenir à l'administration centrale (*bureau et section intéressés*) le 10 du premier mois de chaque trimestre.

A moins d'urgence absolument justifiée par des explications données sur les états de demande eux-mêmes, les demandes isolées produites à d'autres dates ne recevront aucune suite.

J'attire d'une façon toute particulière votre attention sur l'inconvénient que présentent pour mon administration les demandes de remplacement ou d'échange fournies à toutes les époques de l'année, et je vous prie de vouloir bien ne donner suite qu'en cas de *nécessité immédiate* aux propositions faites par les corps de troupe en dehors de celles figurant sur les procès-verbaux de visite du matériel établis par les capitaines d'artillerie à l'époque des inspections d'armes.

D'autre part, les établissements et corps de troupe devront désormais s'abstenir de demander l'envoi de menus objets de matériel de service courant, s'ils peuvent les confectionner au moyen des ressources dont ils disposent; il appartient aux chefs de corps ou de service de juger de l'opportunité de cette prescription, qui s'applique principalement au matériel affecté au service de corvée, pour lequel il n'y a aucun intérêt à suivre scrupuleusement les données des tables de construction.

La présente circulaire ne s'applique pas aux matériels de 75 modèle 1897, de 155 court modèle 1890 et de 120 court, dont la visite, l'entretien et les réparations font l'objet d'instructions spéciales, non plus qu'aux matériels de 155 court modèle 1904 T. R. et de 65 de montagne, pour lesquels des dispositions particulières sont à l'étude.

Circulaire relative à la production des états (modèle n° 16) des principaux objets d'artillerie française et étrangère existant dans les places.

(Direction de l'Artillerie; Bureau du Matériel.)

Paris, le 4 juillet 1907.

Suivant l'interprétation donnée au règlement du 15 décembre 1809 (1) et au tableau des pièces périodiques (B. O., É. M., vol. n° 74 *bis*), les places comptables et annexes des établissements de l'artillerie adressent trimestriellement, à l'administration centrale, des états (modèle n° 16) des principaux objets d'artillerie française et étrangère existant dans lesdites places ou annexes.

A l'avenir, en vue de simplifier les écritures, les places chefs-lieux seules adresseront, comme par le passé, à l'administration centrale, un état modèle n° 16 *centralisé*, sur lequel devront être récapitulés tous les renseignements figurant sur les états des places comptables ou annexes qui en dépendent.

Les dispositions qui précèdent entreront en vigueur à partir du 1er août 1907.

Elles s'appliquent uniquement aux états (modèle n° 16) du matériel de l'artillerie, à l'exclusion de ceux concernant le matériel des équipages militaires et les poudres et explosifs.

_____

(1) Abrogé par l'instruction générale sur le service des parcs d'artillerie du 23 décembre 1911.

Circulaire relative à l'établissement des états de demande des munitions destinées aux écoles à feu de campagne, de montagne, de siège et place.

(Direction de l'Artillerie; Bureau du Matériel.)

Paris, le 23 janvier 1908.

Le Ministre de la guerre à MM. les Généraux commandant l'artillerie des corps d'armée, en Algérie, de la place et des forts de Paris et de Lyon; au Colonel commandant l'artillerie et le train des équipages en Tunisie; à M. le Général commandant l'École d'application de l'artillerie et du génie.

Chaque établissement ayant la charge d'un ou plusieurs champs de tir sur lesquels doivent s'exécuter des écoles à feu aura à adresser au Ministre (3° Direction; 2° Bureau; 1re Section), pour chacun de ces champs de tir :

1° *Un état général détaillé* (1) des munitions à consommer sur ce champ de tir pour *l'ensemble* des écoles à feu de campagne, de montagne, de siège et place, pour toutes les parties prenantes qui doivent s'y rendre (y compris les brigades d'artillerie venant d'une autre région de corps d'armée, les capitaines en 2e, les cours de tir, etc.).

Sur cet état général, les munitions demandées seront, pour les calibres autres que le 75, décomposées en leurs éléments constitutifs. Toutefois, les projectiles, gargousses et sachets proposés pour être prélevés sur les approvisionnements, pourront être portés, s'il y a lieu, comme chargés et remplis.

En vue de la rédaction de cet état général, les établissements ayant la charge des champs de tir s'entendront avec toutes les parties prenantes intéressées, que celles-ci appartiennent ou non à la même région de corps d'armée.

Les brigades d'artillerie ou groupes de batteries de divisions de cavalerie, appartenant à une autre région, adresseront à ces établissements des états indiquant les munitions qui doivent leur être allouées et faisant ressortir les cartouches de 75 qui pourront être transportées dans les coffres. Ces dernières munitions

---

(1) Chaque parc auquel ressortit un champ de tir reçoit en blanc, de la section technique de l'artillerie, un certain nombre d'exemplaires de cet état.

seront considérées, pour la rédaction de l'état général, comme pouvant être prélevées sur les approvisionnements.

2° *Pour chacune des parties prenantes* pour lesquelles des allocations figurent au programme général des exercices de tir (brigades d'artillerie, régiments d'artillerie à pied, batteries détachées, cours de tir, capitaines en 2°, etc.), un *état partiel* conforme au modèle ci-après, indiquant le nombre de coups demandés par la partie prenante intéressée. L'ensemble des munitions de chaque espèce figurant sur ces états partiels devra être rigoureusement égal au total des munitions de cette même espèce portées sur l'état de demande général.

Les états d'ensemble et partiels devront parvenir au Ministre (1), *en double expédition, le 8 mars, terme de rigueur.*

Une expédition de l'état d'ensemble, complétée par l'indication des établissements désignés pour fournir les munitions faisant défaut, sera renvoyée à l'établissement ayant la charge du champ de tir; une expédition de chaque état partiel sera renvoyée à la partie prenante faisant l'objet de cet état.

Les états d'ensemble et partiels devront porter, d'une façon *détaillée*, l'indication des unités ou officiers auxquels les munitions sont destinées.

Les états d'ensemble porteront en tête l'indication *exacte* des établissements, places, gares, etc..., sur lesquels les munitions devront être dirigées, ainsi que la date du premier jour des écoles à feu.

Dans le cas où des tirs préparatoires seraient exécutés un certain temps avant le commencement des écoles à feu proprement dites, un état de demande spécial sera établi en temps utile pour ces tirs préparatoires, et les munitions faisant l'objet de cet état seront à signaler sur l'état d'ensemble comme devant être prélevées sur les approvisionnements.

Les munitions et artifices à consommer aux écoles à feu devront, en principe, être prélevés sur ceux de plus ancienne confection existant dans les approvisionnements disponibles ou affectés à la réserve de guerre.

Des états de demande de remplacement seront adressés au Ministre (2), pour ceux de ces artifices et munitions appartenant à la réserve de guerre.

---

(1) États à adresser directement sans passer par la voie hiérarchique. (Circulaire du 9 octobre 1912, *B. O.*, p. 1664.)

(2) Du modèle prescrit par la circulaire du 7 mars 1911, page 132.

Sauf en cas d'absolue nécessité, les prélèvements sur les approvisionnements de mobilisation ne pourront être opérés avant la réception des éléments dont l'envoi aura été annoncé en vue des écoles à feu. Les munitions et artifices à recevoir d'autres établissements devront donc toujours, d'une manière générale, s'ils sont de confection plus récente, remplacer dans les approvisionnements ceux de même nature à consommer pour les tirs.

Il appartient à MM. les généraux commandant l'artillerie de veiller à la stricte exécution de cette prescription.

Il conviendra toutefois de faire exception à cette règle :

1° Si son application entraîne des dépenses importantes, non prévues par le Ministre;

2° Si les munitions envoyées sont spécialement réservées pour les écoles à feu, comme impropres au service de guerre.

Dans le cas où plusieurs unités différentes exécutent leurs écoles à feu sur un même champ de tir, celles convoquées les premières devront consommer les munitions existant dans l'établissement auquel ressortit le champ de tir, de façon à faire de la place dans les magasins et à laisser une certaine latitude relativement aux dates d'envoi des munitions provenant d'autres établissements.

Sauf ordre contraire, les caisses ayant servi au transport des cartouches de 75 et des projectiles chargés seront réexpédiées, aux frais de la 1re section du budget, à l'établissement dont elles proviendront.

Aussitôt après l'approbation de l'état de demande, toutes les munitions à prélever sur les approvisionnements en vue des écoles à feu devront être portées en sortie sur l'état modèle n° 16; celles à recevoir d'autres établissements, et dont la consommation est prescrite, ne seront pas portées en entrée sur cet état.

Après les écoles à feu l'établissement auquel ressortit le champ de tir, inscrira sur son état 16, prendra en charge et conservera comme disponibles les munitions qui, pour un motif quelconque, n'auraient pas été consommées. Les calfuts, ceintures et corps de fusées seront également pris en charge.

Les dispositions faisant l'objet de la présente circulaire ne s'appliquent pas aux écoles à feu de côte.

PARC D'ARTILLERIE DU ° CORPS D'ARMÉE D

ou

PARC D'ARTILLERIE DE PLACE D

CHAMP DE TIR D

ÉTAT PARTIEL des munitions pour les écoles à feu en

DÉSIGNATION des ÉLÉMENTS CONSTITUTIFS de la partie prenante (1).	ALLOCATIONS ATTRIBUÉES PAR LE PROGRAMME GÉNÉRAL.							OBSERVATIONS.
	Nombre de coups de					Nombre de coups à blanc de		
Total des munitions allouées...								

(1) Brigades d'artillerie (batteries de 75, de 158 court, modèle 1904 T. R.), régiments d'artillerie à pied (batteries à pied, capitaines), cours de tir, etc. (capitaines).

*Circulaire relative à la réparation d'un certain nombre
d'instruments et objets divers de matériel (1).*

(Direction de l'Artillerie; Bureau du Matériel.)

Paris, le 9 mars 1908.

Les instruments et objets de matériel désignés ci-après, devront, lorsqu'ils seront détériorés et que la remise en état ne pourra en être assurée par les établissements détenteurs, être envoyés, aux frais de la 1re section du budget et sans qu'il soit besoin d'une autorisation ministérielle spéciale, aux établissements mentionnés dans le tableau suivant, qui sont chargés d'en assurer la réparation.

Après réparation, les objets dont il s'agit seront renvoyés, sans nouveaux ordres, aux établissements expéditeurs.

Les dispositions qui précèdent s'appliquent seulement aux réparations; les remplacements devront toujours faire l'objet d'une demande spéciale.

Afin d'éviter les retards occasionnés par les réparations, les établissements chargés de ces réparations adresseront, par voie d'échange, chaque fois que leurs ressources le leur permettront, des instruments bons de service aux établissements qui leur auront adressé leurs instruments en mauvais état.

Ces mouvements de matériel seront uniquement constatés au moyen d'écritures auxiliaires du modèle ci-annexé.

Toutefois, en cas de changement de modèle, les envois pour échange seront toujours ordonnés par ordre ministériel spécial.

La section technique de l'artillerie et les établissements constructeurs seront chargés de proposer la réforme des instruments vérificateurs dont ils assurent la fabrication, l'échange et la remise en bon état, lorsque l'état des objets qui leur auront été expédiés rendra leur réparation impossible ou désavantageuse.

Tous les instruments d'optique présentés pour un changement de classement seront, dès que leur réforme aura été prononcée, expédiés, sans nouveaux ordres, à l'atelier de construction de Puteaux, en vue de permettre de tirer le meilleur parti possible des éléments qui les composent.

_____

(1) Mise à jour par l'incorporation dans le texte des modifications apportées les 15 mars et 28 décembre 1909, 12 septembre et 29 décembre 1919.

En ce qui concerne la remise en état des lunettes de batterie modèles 1897 et 1897-1906 et en dehors des menues réparations, qui peuvent être exécutées sur place, telles que réfection ou retouches de peinture, remplacement ou couture de courroies, remplacement de la bouclerie, les réparations suivantes, afférentes aux instruments dont il s'agit, seront confiées aux établissements détenteurs, savoir :

Remplacement d'une branche double, d'un pied, d'un axe de rotation de pied (avec écrou et goupille fendue) et d'un triangle.

Les établissements intéressés adresseront directement, le cas échéant, à la manufacture d'armes de Tulle, une demande des objets nécessaires pour procéder aux remplacements dont il s'agit.

L'envoi de ces objets sera effectué d'urgence et sans ordre spécial.

Les dispositions de la présente circulaire seront applicables aux corps de troupe de l'armée coloniale, sous la réserve que les réparations seront effectuées à titre onéreux. Le remboursement en sera effectué par voie de versement au Trésor et poursuivi par les établissements chargés des réparations, conformément aux prescriptions de l'alinéa C du paragraphe XV de l'article 74 de l'instruction du 30 décembre 1902 pour l'application du décret du 26 décembre 1902 sur la comptabilité-matières.

DÉSIGNATION DES OBJETS DE MATÉRIEL.	ÉTABLISSEMENTS chargés D'EFFECTUER LES RÉPARATIONS.
Appareils de sûreté pour canons de 5, 7, 155 et 95	
Appareils de visée de 120 court et de 155 court, M^{le} 1890	
Hausses G de 95, 19 et 24, anciens modèles transformées, et supports de guidon correspondants de 19 et 24	
Hausses des modèles de la marine	
Hausses pour bouches à feu de campagne, siège et place	
Niveaux de pointage (1) à l'exception des niveaux modèles 1888 et 1888-1900 . .	Atelier de construction de Bourges.
Supports de pointage (1), leurs tourillons, butoirs mobiles, fourreaux de butoir .	
Supports de miroir de pointage et miroirs de pointage (2)	
Têtes mobiles et obturateurs de divers calibres	
Appareils de pointage auxiliaire pour canon G de 240 T. R.	
Cadran de pointage pour canon G de 240 T. R.	
Collimateur pour affût G de 240 T. R. . .	
Timbre avertisseur d'élévateur de chargement de 240 T. R.	
Appareils de pointage automatique (ou une partie seulement de ces appareils) et leurs accessoires	
Appareils pour la formation des pointeurs	
Guidons surélevés pour hausses transformées de canon de 95 employés à la défense du littoral	
Guidons annulaires de côte	
Hausses de côte G, M^{le} 1890-97	
Hausses porte-guidon pour mortier de 270 de côte G	Atelier de construction de Puteaux.
Hausses de côte G, M^{le} 1898, pour canons de petit calibre	
Jumelles de tous modèles	
Longues-vues et lunettes de tous modèles (1)	
Supports indépendants pour appareils de pointage automatique	
Télémètres de côte Audouard	
Télémètres de côte Dévé	

(1) Sauf les instruments faisant partie des matériels de 75 mod. 1897, de 75 de campagne, de 75 de tourelle, de 65 de montagne et de 155 court modèle 1904 T. R.

(2) Lorsqu'il y aura lieu de faire réparer ou de remplacer un miroir de pointage ou son support, les deux objets seront envoyés à l'établissement chargé de la réparation ou du remplacement.

DÉSIGNATION DES OBJETS DE MATÉRIEL.	ÉTABLISSEMENTS chargés D'EFFECTUER LES RÉPARATIONS.
Télémètres de modèles divers............. Tubes-canons pour le tir à la mer des canons de gros calibre (modèle de la guerre)................................ Systèmes optiques de collimateurs....... Lunettes à grossissement variable....... Appareils de visée pour le tir indirect de côte............................	Atelier de construction de Puteaux.
Collimateurs pour matériels de côte autres que le 240 T R............... Cadrans de pointage pour matériels de côte autres que le 240 T. R.	Atelier de construction de Tarbes.
Appareils téléphoniques et microtéléphoniques de modèles divers (1)........... Tubes-canons pour le tir à la mer du canon M de 47 T. R................. Débouchoirs doubles de 95, 90 et 80..... Hausses de côte Mle 1896.............. Niveaux modèle 1888 et modèle 1888-1900 Pieds de lunette à micromètre de côte... Réglettes diverses { de correspondance de hausses aux évents... de mâture.............. d'altitude.............. à correcteur............ Supports de pied de lunette à micromètre de côte............................	Manufacture d'armes de Saint-Étienne.
Goniomètres de pointage (écrous, vis).... Pieds de lunette de batterie Mles 1897 et 1897-1906..................... Bicyclettes modèles 1893 et 1893-99 et leurs accessoires..................... Pieds de lunette pour l'observation de nuit. Pieds de lunette à grossissement variable.	Manufacture d'armes de Tulle.
Appareils de sûreté n° 2 pour canons de 90, de 80 et de 120 court......... Étoiles mobiles et leurs accessoires..... Boussoles de divers modèles.......... Lunettes pour l'observation de nuit...... Alidades.......................... Théodolites (2)..................... Appareils Jordrin.................. Compteurs à secondes.............. Projecteurs indicateurs de tir de l'artillerie (3. — Appareils pour la télégraphie optique de tous modèles...............	Section technique de l'artillerie.

(1) Sauf les appareils microtéléphoniques faisant partie des matériels d'artillerie de campagne et de montagne.
(2) Voir le renvoi (1) de la page précédente.
(3) A l'exception de ceux construits en 1904 qui seront réparés par le parc d'artillerie de place de Vincennes.

DÉSIGNATION DES OBJETS DE MATÉRIEL	ÉTABLISSEMENTS chargés D'EFFECTUER LES RÉPARATIONS
Instruments vérificateurs	La section technique de l'artillerie qui sera également chargée de proposer la réforme de ces objets
a) Vérificateurs de commissions, dont la nomenclature est donnée dans les conditions de réception	aux établissements qui les ont fabriqués. Les établissements seront également chargés de proposer la réforme de ces objets.
b) Vérificateurs n'entrant pas dans la catégorie ci-dessus	Section technique de l'artillerie, qui restera seule chargée de la réforme des objets.
Pointes de paratonnerres	
Vases argentés	
Appareils de mesures électriques	Section technique de l'artillerie qui sera chargée également de l'étalonnage de ces appareils.
Manomètres et indicateurs de vitesse	
Tableaux, indicateurs des éléments de pointage dans les batteries de côte	Atelier de construction de Rennes.
Chandeliers supports de longue-vue pour poste de commandement de batterie de côte	Manufacture d'armes de Saint-Étienne.

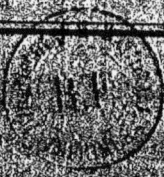

MODÈLES DES ÉCRITURES AUXILIAIRES.

A Dési-(de l'établissement : gnation(du parc annexe :			À découper par l'établissement réparateur.	B Dési-(de l'établissement : gnation(du parc annexe :		
BULLETIN d'envoi d'instruments à *pour être réparés ou échangés conformément aux dispositions de la circulaire du 9 mars 1908.*				*BULLETIN d'envoi d'instruments* à *pour être réparés ou échangés conformément aux dispositions de la circulaire du 9 mars 1908.*		
NUMÉROS de la nomenclature		DÉSIGNATION des OBJETS.	OBSER-VATIONS.	NUMÉROS de la nomenclature		DÉSIGNATION des OBJETS.	OBSER-VATIONS.
S.	D.			S.	D.		
A , le 19 . *Le Commandant du Parc,* (ou Directeur).				Reçu le 19 . *Le Directeur de*		

NOTA. — L'envoi est accompagné des deux états A et B non détachés. L'état A est conservé à l'établissement réparateur ; l'état B, détaché par cet établissement, est renvoyé à l'expéditeur revêtu du récépissé, avec observations s'il y a lieu.

Lorsque l'établissement réparateur fait envoi des objets réparés ou échangés, il adresse en même temps l'état A à l'établissement intéressé, lequel le renvoie au précédent revêtu du récépissé du commandant de l'artillerie de la place, avec observations s'il y a lieu.

Mention de la réintégration est portée sur l'état B.

En cas de différences entre les objets adressés à l'établissement réparateur et ceux réintégrés par cet établissement, il est établi des pièces comptables régulières pour être mises à l'appui des comptes de gestion.

En cas de perte en cours de transport, il est rendu compte au Ministre.

Circulaire relative aux situations mensuelles des commandes du service de l'artillerie (1).

(Direction de l'Artillerie, Bureau du Matériel.)

Paris, le 24 avril 1908.

La section technique de l'artillerie, les établissements constructeurs de l'artillerie et les inspections des forges se conformeront à l'avenir aux dispositions suivantes en ce qui concerne les situations mensuelles des commandes à fournir à l'administration centrale.

1° Les situations seront rédigées conformément aux modèles ci-après, savoir :

Modèle A pour la section technique et les établissements constructeurs.

Modèle B pour le service des forges.

2° Les situations seront établies par feuillets distincts, selon les sections du bureau du matériel de l'artillerie, d'où émanent les commandes (1re Section, 1re Section bis, 2e Section, 4e Section et 5e Section).

3° Les indications de la colonne 10 (Dépense en main-d'œuvre effectuée) seront inscrites sur l'état A en dixièmes du crédit total prévu pour la main-d'œuvre (col. 9), sous la forme d'une fraction décimale (p. ex. : 0,6).

4° Les situations modèle A devront parvenir au Ministre le 5 de chaque mois.

Elles donneront la situation des commandes au 1er du mois précédent, d'après les inscriptions portées sur les feuilles d'ouvrage.

Si la totalité ou une partie des objets terminés n'était pas susceptible d'être expédiée, parce que les épreuves de réception ne seraient pas achevées, ou pour toute autre raison, le fait devrait être mentionné dans la colonne « Observations ».

Dans le cas où un à-coup dans la fabrication se serait produit

(1) Mise à jour par l'incorporation dans le texte de la notification du 20 septembre 1910.

entre la date à laquelle se rapporte la situation et celle où elle est établie, le fait devrait être mentionné explicitement dans la colonne : « Observations ».

Il en serait de même si un à-coup était à prévoir au moment où la situation est établie.

En d'autres termes, si aucune mention n'est inscrite pour une commande dans la colonne : « Observations », on devra en conclure que la fabrication a suivi un cours normal, et que rien ne fait prévoir que ce cours normal soit susceptible d'être modifié.

5° Par exception, les situations modèle A fournies les 5 janvier, 5 février et 5 mars seront uniquement relatives :

Aux commandes de l'année précédente;

Aux commandes urgentes de l'exercice en cours (p. ex. : les munitions destinées aux écoles à feu de l'année).

6° Les situations modèle B, du service des forges, seront arrêtées, par chaque inspection, à la date du 1er de chaque mois. Elles devront parvenir au Ministre pour le 10 du même mois.

Ces situations comprendront uniquement les commandes confiées à l'industrie privée sur l'ordre du Ministre ou de l'inspecteur permanent des fabrications de l'artillerie et se rapportant à la fourniture d'objets de matériel complètement terminés ou de matières premières destinées à la constitution d'approvisionnements de la réserve de guerre, à l'exclusion des matières ou objets à utiliser par les divers établissements pour les confections ou réparations.

7° Il ne sera rien changé aux situations établies tous les quinze jours par les cartoucheries.

MINISTÈRE
DE LA GUERRE. RÉPUBLIQUE FRANÇAISE

ÉTAT A.

Format : 21 × 31.

Établissement... {

SITUATION DES COMMANDES

À LA DATE DU   19

émises par la   e Section du 2e Bureau de la 3e Direction

DATE DE L'ORDRE ministériel prescrivant la commande.	CHAPITRE DU BUDGET auquel est imputée la commande.	NUMÉRO de L'ÉTAT de prévision.	DATE de L'APPROBATION de l'état de prévision.	NATURE DE LA COMMANDE.	QUANTITÉS COMMANDÉES.

(1) Il ne sera inscrit de chiffres dans cette colonne que pour les commandes qui comportent un

QUANTITÉS TERMINÉES (en nombre)	DATE PROBABLE de l'achèvement	MAIN-D'ŒUVRE SPÉCIALE DE FABRICATION		RENDEMENT JOURNALIER (1)	OBSERVATIONS
		PRÉVUE par l'état de prévision.	DÉPENSÉE (en dixièmes.)		

rendement journalier

MINISTÈRE
DE LA GUERRE.   RÉPUBLIQUE FRANÇAISE.

ÉTAT B.

Format : 21 × 32

INSPECTION DES FORGES D

SITUATION DES COMMANDES

À LA DATE DU   19

émises par la   ° Section du 2° Bureau de la 3° Direction.

NUMÉRO de L'ORDRE ministériel prescrivant la commande.	CHAPITRE du BUDGET, auquel est imputée la commande.	DATE DE L'APPROBATION du marché.	TITULAIRE du MARCHÉ.	NATURE DE LA COMMANDE.

QUANTITÉS CONMANDÉES.	QUANTITÉS TERMINÉES.	DATE PROBABLE de L'ACHÈVEMENT.	MONTANT du MARCHÉ.	OBSERVATIONS.

*Circulaire relative à la visite des câbles des échelles-observatoires.
de siège et de place modèle 1891.*

(Direction de l'Artillerie; Bureau du Matériel.)

Paris, le 25 avril 1908.

L'attention des établissements de l'artillerie est appelée sur les détériorations susceptibles de se produire dans les câbles métalliques des échelles-observatoires de siège et place, modèle 1891.

Le chanvre, qui constitue l'âme des torons et celle du câble lui-même, est un corps hygrométrique qui maintient l'humidité au contact des fils d'acier, lesquels, bien qu'étamés, ne peuvent résister qu'un certain temps à l'oxydation.

Afin d'éviter les accidents pouvant résulter du mauvais état de conservation des câbles, les mesures indiquées ci-après sont arrêtées :

a) Les échelles-observatoires devront être conservées sous des hangars, de façon à être soustraites à l'action directe des intempéries;

b) Les câbles de dressage et de développement de ces engins seront soumis annuellement, dans le courant du mois de mars, à une visite détaillée.

Ceux qui présenteront des traces sérieuses de fatigue seront proposés pour la réforme.

Ceux dont l'état de conservation paraîtra douteux ou qui présenteront des traces d'oxydation, seront soumis à une épreuve de résistance qui consistera à vérifier que les câbles de développement résistent à un effort de 2.000 kilogrammes et les câbles de dressage à un effort de 5.500 kilogrammes.

Les rapports concernant cette visite devront parvenir au Ministre (3e Direction; 2o Bureau; 1re Section) le 10 avril de chaque année.

Les dispositions qui précèdent n'infirment en rien celles faisant l'objet de la note du comité technique de l'artillerie du 21 octobre 1907, relative à la visite et à l'entretien des cordages existant dans les approvisionnements de l'artillerie.

*Circulaire relative aux canons appartenant aux matériels visités
par l'inspection du matériel de 75 et qui doivent être changés
de classement ou envoyés en réparation à la suite de la visite
annuelle des bouches à feu.*

(Direction de l'Artillerie; Bureau du Matériel.)

Paris, le 9 mai 1908.

Les canons appartenant aux matériels visités par l'inspection
du matériel de 75, qui seront l'objet d'un changement de classement, ou qui devront être envoyés en réparation à la suite de la
visite annuelle des bouches à feu, seront inscrits par les capitaines sous-inspecteurs du matériel de 75 sur les procès-verbaux
modèles R et R' de visite trimestrielle.

Ces officiers devront, en conséquence, recevoir communication,
par les soins des établissements gestionnaires, des résumés des
procès-verbaux indiquant la suite donnée aux propositions formulées à la suite de la visite annuelle des bouches à feu.

Les dispositions qui précèdent sont applicables pour les mouvements à effectuer à la suite de la visite annuelle passée en
1907 et annulent celles prises jusqu'à ce jour en ce qui concerne
les canons visités par l'inspection du matériel de 75.

---

*Circulaire concernant les épreuves annuelles de roulement
à faire subir au matériel (1).*

(Direction de l'Artillerie; Bureau du Matériel.)

Paris, le 11 mai 1908.

Le Ministre de la guerre à MM. les Généraux commandant l'artillerie des
corps d'armée; les Généraux commandant l'artillerie de la place et des
forts de Paris et de Lyon; le Colonel commandant l'artillerie et le train
des équipages militaires en Tunisie; les Généraux adjoints aux vice-
amiraux préfets maritimes; les Généraux commandants supérieurs de la
défense des places.

Afin de s'assurer de la bonne conservation des voitures et du
matériel de guerre en dépôt dans les établissements de l'artillerie, on adoptera désormais les dispositions suivantes :

---

(1) Mise à jour par l'incorporation dans le texte des modifications apportées par la circulaire du 6 février 1912.

Les voitures et le matériel dont il s'agit seront soumis, chaque année, à une épreuve de roulement consistant en une marche de 20 kilomètres environ, partie au pas, partie au trot, pour les voitures susceptibles de prendre cette allure (1).

Les attelages seront fournis par les corps de troupe de l'artillerie et du train des équipages militaires de la garnison ou placés à proximité; leur nombre sera réduit au minimum nécessaire pour assurer la traction des voitures.

Au cas où la quantité de matériel serait trop considérable pour que les ressources en chevaux permettent le roulement annuel, l'opération peut être répartie sur deux années consécutives; mais il doit être suppléé aux épreuves par des visites minutieuses permettant d'être fixé sur l'état de conservation du matériel qui n'aurait pas roulé.

Les voitures recevront un chargement équivalent à celui qu'elles doivent porter en temps de guerre. Avant leur réintégration, elles seront visitées minutieusement, et immédiatement remises en bon état, s'il y a lieu.

Le matériel qui aura été mis en service pour les écoles à feu, pour des manœuvres d'automne, des manœuvres de garnison ou des exercices comportant une marche d'une importance au moins égale à celle qui est définie ci-dessus, n'aura pas à subir l'épreuve annuelle de roulement.

Pour que les mouvements des voitures puissent être contrôlés, il importe que les états relatifs à ces mouvements permettent de les suivre et fassent connaître, pour chaque unité ou chaque voiture, la date du dernier roulement.

J'ai l'honneur d'attirer votre attention sur ce point et de vous prier de vouloir bien donner des ordres pour qu'il vous soit adressé, dans les premiers jours de janvier, par chacun des établissements d'artillerie placés sous votre commandement, un compte rendu annuel relatif aux épreuves de roulement exécutées l'année précédente.

Ce compte rendu, dont il vous appartient de déterminer le modèle, devra faire ressortir nettement :

1º Pour chaque unité de mobilisation, le nombre de voitures de cette unité;

2º Les unités et les voitures disponibles (non affectées);

---

(1) Dans les places où il existe une piste pavée avec manège actionné mécaniquement, cette piste pourra être utilisée pour l'épreuve de roulement, qui sera réduite dans ce cas à 15 kilomètres.

3° Pour les voitures de chacune de ces catégories, le nombre de celles qui auront été mises en service dans les conditions susvisées ou soumises à des épreuves de roulement pendant l'année;

4° Pour les voitures qui n'auront pas effectué de roulement, l'époque à laquelle elles ont été, pour la dernière fois, mises en service ou soumises à des épreuves de roulement.

Vous me rendrez compte, le 1er février de chaque année, sous le timbre de la 3e Direction, 2e Bureau, 1re Section, et sans que les établissements aient à m'adresser d'autre compte rendu particulier, de l'exécution des prescriptions de la présente circulaire.

Vous me ferez connaître, en même temps, des observations et les propositions qu'aura pu vous suggérer l'examen des comptes rendus d'épreuves de roulement qui vous seront envoyés.

Circulaire relative à la délivrance des vieux métaux disponibles pour le service des forges.

(Direction de l'Artillerie; Bureau du Matériel.)

Paris, le 12 mai 1908.

À l'avenir, la délivrance des vieux métaux disponibles pour le service des forges s'effectuera conformément aux prescriptions suivantes :

Les demandes de vieux métaux seront envoyées au directeur des forges qui, après les avoir complétées par ses propositions concernant la provenance des métaux, les soumettra au Ministre (3e Direction; 2e Bureau; 1re Section).

Au reçu de l'approbation ministérielle, le directeur des forges fera connaître aux établissements intéressés, les quantités de vieux métaux à expédier, ainsi que le numéro et la date de la dépêche ministérielle qui aura prescrit l'expédition.

Cette notification tiendra lieu d'ordre d'exécution.

Les envois seront effectués aux frais de la 1re section du budget.

Circulaire relative à l'envoi, par les établissements de l'artillerie, d'états annuels de demande de matières et objets nécessaires pour assurer la marche des établissements.

(Direction de l'Artillerie; Bureau du Matériel.)

Paris, le 13 mai 1908.

Les mesures suivantes seront appliquées, à l'avenir, en ce qui concerne l'établissement et l'envoi des états *annuels* de demande des matières et objets nécessaires pour assurer la marche des établissements de l'artillerie :

1° Tous les états de demande (sauf ceux des limes, râpes et carreaux), quelle que soit la nature des objets qui y figurent, devront être conformes au modèle ci-contre;

2° On établira des états distincts, en trois expéditions :

a) Pour les demandes de bronze, cuivre et laiton;

b) Pour les demandes de ferrures confectionnées;

c) Pour les demandes d'objets divers;

d) Pour les demandes de bois débités ou en plateaux;

e) Pour les demandes de manches d'outils;

f) Pour les demandes de pièces de rechange pour bouches à feu.

Il ne sera pas tenu compte, sur ce dernier état, des matériels dont la visite, les réparations et l'entretien font l'objet d'instructions spéciales et sont assurés par les soins de l'inspection du matériel de 75;

3° Les états de demande de limes, râpes et carreaux seront établis en trois expéditions sur imprimés spéciaux et ne devront comprendre, autant que possible, que des limes des dimensions suivantes : 6, 8, 10, 15, 20, 25, 30, 35 et 41 centimètres.

Les autres longueurs seront considérées comme des dimensions exceptionnelles et ne devront être demandées que pour des besoins spéciaux.

A cet état seront joints :

a) Un état des consommations faites pendant l'année précédente;

b) Un état des limes, râpes et carreaux disponibles dans l'établissement. Cet état devra être établi sur l'imprimé spécial visé ci-dessus et être fourni même par les établissements qui ne formuleraient pas de demandes de limes;

4° Les états visés au paragraphe 2 seront distincts pour :

a) Le matériel de l'artillerie de campagne, de montagne, de siège et de place;

b) Le matériel de l'artillerie de côte;

c) Le harnachement et le matériel des équipages militaires.

5° Les états dont il s'agit devront parvenir sous le timbre des sections intéressées, le 1ᵉʳ novembre de chaque année.

Etablissement {

ÉTAT annuel de demande de

NUMÉROS		DÉSIGNATION des OBJETS.	QUANTITÉS			OBSERVA-TIONS.	DÉCISION MINISTÉRIELLE. Établissements expéditeurs.
sommaires.	détaillés.		nécessai-res.	existant en magasin.	à recevoir.		

Circulaire relative à l'allocation de feuilles de la carte de France au 1/80.000° aux corps de troupes de l'artillerie qui se rendent par étapes sur les champs de tir.

(Direction de l'Artillerie. Bureau du Matériel.)

Paris, le 3 octobre 1908.

Il sera alloué, à chaque batterie appartenant aux corps de troupes de l'artillerie qui se rendent par étapes sur les champs de tir, deux jeux de cartes au 1/80.000° comprenant les régions traversées à l'aller et au retour.

Les établissements de l'artillerie adresseront, pour le 15 avril de chaque année au plus tard, au Ministre (3° Direction ; 2° Bureau ; 1re Section), en triple expédition, un état de demande des cartes au 1/80.000° nécessaires aux corps dont ils ont la gestion du matériel.

Les états seront conformes au modèle ci-après ; ils devront faire ressortir le nombre et l'affectation des batteries. Les cartes seront désignées par les numéros et les noms qu'elles portent au tableau d'assemblage et les quarts de feuille, s'il y a lieu, par les indications N.-E., N.-O., S.-E., S.-O.

Les cartes ainsi allouées seront payées par les établissements de l'artillerie et délivrées gratuitement aux corps de troupes. A cet effet les rapports annuels relatifs aux dépenses à faire pour assurer la marche des établissements devront comprendre, s'il y a lieu, une rubrique pour l'achat desdites cartes.

•CORPS D'ARMÉE.

Date du départ des régiments.

(1) Désigner l'établisse-
ment.
(2) Désigner les champs
do tir.

(1)

ÉTAT *de demande des cartes au 1/80,000° nécessaires aux corps de troupes de l'artillerie qui se rendent par étapes sur les champs de tir (aller et retour).*

(2)

DÉSIGNATION des RÉGIMENTS.	NOMBRE de BATTERIES	NOMBRE du COLLEC- TIONS deman- dées.	COMPOSITION DES COLLECTIONS.			RÉPONSE DU MINISTRE.
			NUMÉROS au tableau d'as- semblage.	NOMS des feuilles.	DÉSIGNATION des quarts de feuille.	

Circulaire relative à l'application des filetages du système international aux matériels de l'artillerie et des équipages militaires, à créer à l'avenir.

(Direction de l'Artillerie; Bureau du Matériel.)

Paris, le 27 février 1909.

Dans les matériels nouveaux de l'artillerie et des équipages militaires à créer à l'avenir, on devra faire uniquement usage des boulons, écrous, contre-écrous, rosettes et goupilles définis au paragraphe 1er de l'article 8 du cahier des charges générales approuvé le 27 novembre 1908.

Les établissements chargés de l'étude ou de la confection de nouveaux types de matériel devront être pourvus immédiatement de l'outillage nécessaire à la fabrication des nouveaux boulons.

Dans les autres établissements, cet outillage ne sera créé qu'au fur et à mesure des besoins.

Le peu de différence qui existe entre le nouveau tracé du filet et l'ancien permet d'ailleurs, dans certains cas, de se servir d'un écrou nouveau avec un ancien boulon et d'un écrou ancien avec un nouveau boulon, à la condition de passer le nouveau taraud dans l'écrou.

———————————

Circulaire relative à la fourniture de l'huile oléonaphte et de la graisse consistante aux divers établissements de l'artillerie.

(Direction de l'Artillerie; Bureau du Matériel.)

Paris, le 9 juin 1909.

Aux termes de l'instruction provisoire du 21 avril 1904 sur la prise en charge, l'entretien, la réparation et l'inspection du matériel de 75 modèle 1897 (art. 21), l'huile oléonaphte nécessaire pour ledit matériel, quel que soit l'usage auquel elle est destinée, est fournie par l'atelier de construction de Bourges; la graisse consistante par l'atelier de construction de Puteaux.

Il conviendra, à l'avenir, de considérer cette mesure comme s'appliquant également au matériel autre que celui de 75.

Par suite, les ateliers de construction de Bourges et de Puteaux seront respectivement chargés de la fourniture de l'huile oléonaphte et de la graisse consistante nécessaires aux besoins de tous les établissements de l'artillerie.

Circulaire relative à l'entretien et à la réparation des réseaux électriques du service de l'artillerie.

(Direction de l'Artillerie; Bureau du Matériel.)

Paris, le 11 juin 1909.

L'entretien et la réparation des lignes et des postes des réseaux de l'artillerie seront à l'avenir exécutés dans les conditions suivantes.

I. — LIGNES.

a) Les lignes ou sections de lignes empruntant des appuis du réseau général ou d'autres réseaux entretenus par l'administration des postes et télégraphes continueront à être entretenues par cette administration au taux forfaitaire de 15 francs par kilomètre de fil et par an.

Les réparations de ces lignes ou sections de lignes devront être faites par l'administration des postes et télégraphes sans que le service de l'artillerie ait à intervenir autrement que pour signaler, le cas échéant, le mauvais état des communications.

b) Les autres lignes ou sections de lignes seront entretenues ainsi qu'il suit :

Les établissements de l'artillerie devront exécuter toutes les réparations qu'ils peuvent faire avec le personnel dont ils disposent et le matériel existant dans leurs approvisionnements.

Les demandes de matériel de consommation courante seront établies annuellement en double expédition. Elles devront parvenir sous le timbre de la 3ᵉ Direction, 2ᵉ Bureau, 5ᵉ Section, le 1ᵉʳ novembre.

Les réparations nécessitant un matériel spécial ou des ouvriers spéciaux seront exécutées par l'administration des postes et télégraphes.

Cette administration fournira également le matériel n'existant pas dans les approvisionnements des établissements.

Pour la réparation des lignes ou sections de lignes dont l'entretien par l'administration des postes et télégraphes, contre remboursement des dépenses réellement effectuées et constatées, a été autorisé, le directeur de l'établissement d'artillerie adressera directement sa demande (de travaux ou de matériel) au directeur des postes et télégraphes du département.

Pour la réparation des autres lignes ou sections de lignes, il l'adressera au Ministre (3ᵉ Direction, 2ᵉ Bureau, 5ᵉ Section).

Le remboursement des avances qui auront été faites par l'administration des postes et télégraphes sera, dans tous les cas, opéré par les soins de l'administration centrale de la guerre.

II. — POSTES.

Les recherches des dérangements et les menues réparations des postes seront, autant que possible, effectuées par le personnel même des établissements de l'artillerie et sans aucune intervention étrangère.

a) Les réparations de quelque importance seront effectuées comme il est dit ci-après, savoir :

1° Les appareils télégraphiques et accessoires seront réparés par le service de la télégraphie militaire dans les conditions indiquées par la circulaire n° 37, du 9 août 1907 (*B. O.*, É. M., vol. n° 49).

Le remboursement de la valeur de ces réparations sera effectué par voie de versement au Trésor, au moyen des crédits mis à la disposition des établissements de l'artillerie à titre de budget annuel ;

2° Les appareils téléphoniques, microtéléphoniques et accessoires seront réparés par la manufacture d'armes de Saint-Étienne, conformément aux prescriptions de la circulaire n° 40 du 9 mars 1908.

b) Les demandes de matériel télégraphique de consommation courante seront adressées directement à M. le directeur des services du matériel du génie, hôtel des Invalides, à Paris (circulaire n° 37 du 9 août 1907, *B. O.*, É. M., vol. n° 49).

Le remboursement de la valeur de ce matériel sera effectué comme il est dit ci-dessus au paragraphe *a*), 1°.

c) Les demandes de matériel téléphonique et microtéléphonique seront établies annuellement en triple expédition.

Elles devront parvenir au Ministre (3ᵉ Direction, 2ᵉ Bureau, 1ʳᵉ Section) le 1ᵉʳ novembre.

Circulaire relative à la transformation des parois des caisses ayant contenu du pain de guerre en objectifs de petites dimensions.

(Direction de l'Artillerie; Bureau du Matériel.)

Paris, le 14 octobre 1909.

Les corps de troupe, établissements et services de toutes armes, appelés à préparer, pour les tirs, des objectifs de petites dimensions, tels que tirailleurs à genoux ou couchés, devront utiliser, à l'avenir, dans une mesure aussi large que possible, le bois provenant des caisses ayant contenu du pain de guerre.

Les renseignements nécessaires à la confection de ces objectifs sont donnés ci-après :

A. — DÉMONTAGE DE LA CAISSE.

Démonter la caisse et assembler les parois comme l'indique le croquis ci-après (échelle de 1/10).

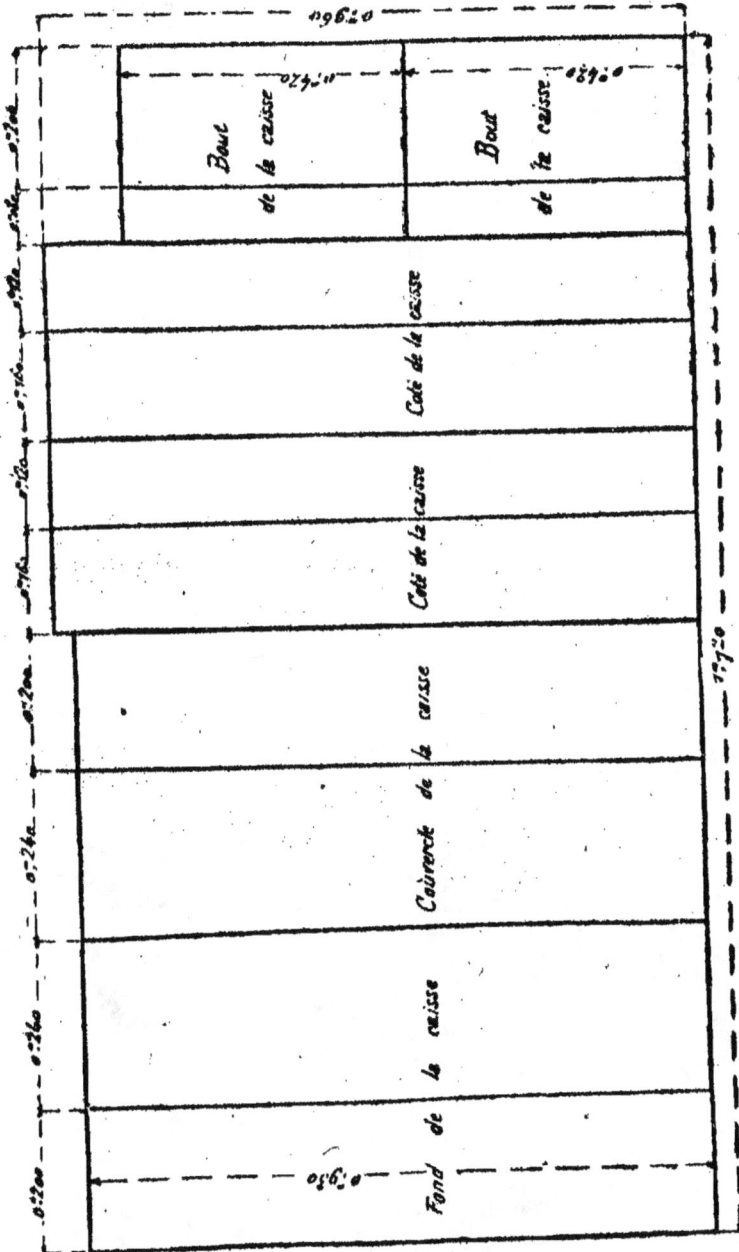

0ᵐ960

0ᵐ420

0ᵐ480

Bout de la caisse

Bout de la caisse

Côté de la caisse

Côté de la caisse

Couvercle de la caisse

Fond de la caisse

0ᵐ950

0ᵐ240

0ᵐ240

0ᵐ200

7ᵐ70

Temps nécessaire pour cette opération : quarante minutes.

B. — CONFECTION DE SILHOUETTES DE TIRAILLEURS A GENOUX.

Sur les parois ainsi disposées, placer trois fois tête-bêche le modèle de silhouette représentant un tirailleur à genoux; tracer les contours et découper.

NOTA. — La longueur des parois étant inférieure de 4 à 7 centimètres à celle de la silhouette, il y a lieu de rapporter une chute pour compléter la tête; celle-ci est maintenue en place par un tasseau cloué.

Les tasseaux provenant de la caisse à pain de guerre ne sont pas utilisés pour la confection de ce genre d'objectif.

Le temps nécessaire à la confection de ces trois silhouettes est d'environ une heure et demie; elles nécessitent l'emploi de 66 clous d'épingle n° 14-35, soit 90 grammes environ.

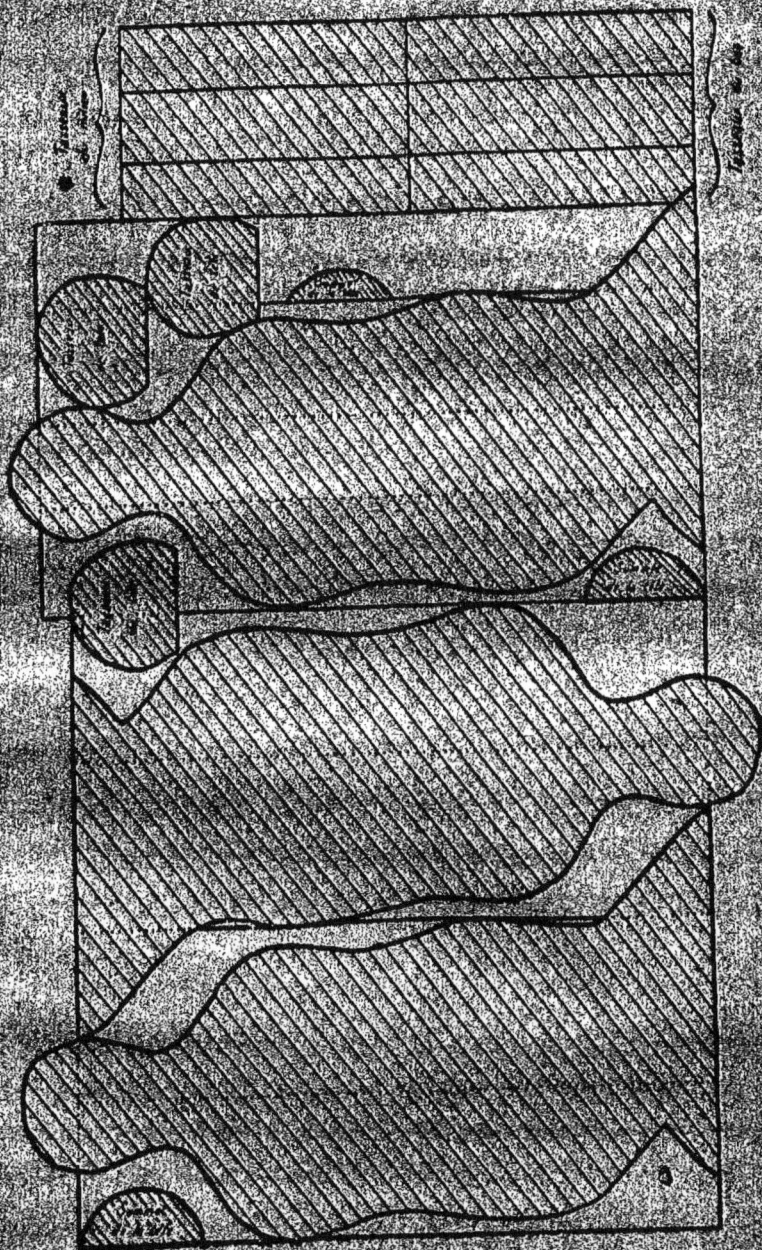

C. — CONFECTION DE SILHOUETTES DE TIRAILLEURS COUCHÉS.

Les parois étant disposées comme dans le cas précédent, placer successivement le modèle de silhouette représentant un tirailleur couché dans les cinq positions indiquées par le croquis ci-après, tracer les contours et découper.

Les chutes des parois étant insuffisantes pour la confection des tasseaux des cinq objectifs, il y a lieu d'en choisir deux parmi les plus longs provenant du démontage de la caisse.

Le temps nécessaire à la confection de ces cinq silhouettes est d'environ une heure et demie. Elles nécessitent l'emploi de 90 clous d'épingle n° 14-35, soit environ 120 grammes.

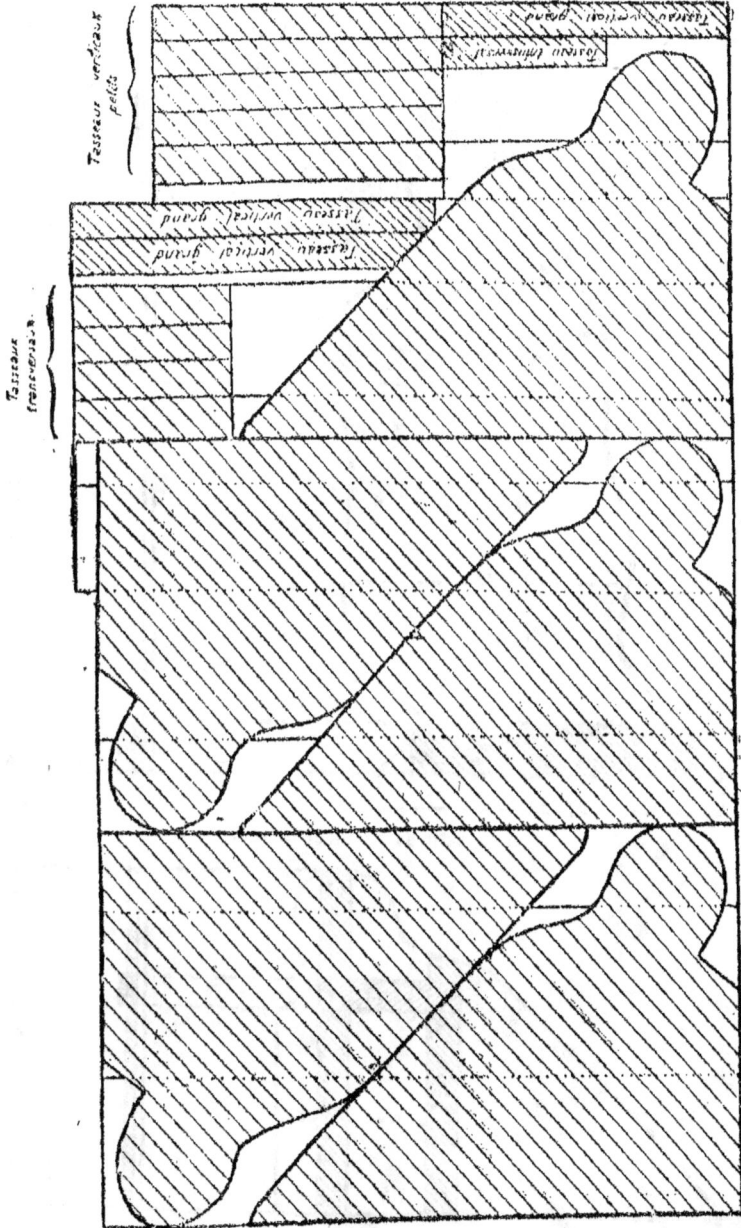

Les dimensions principales des silhouettes de tirailleurs à genoux et couché sont données par les deux croquis suivants :

Silhouette de tirailleur à genoux.

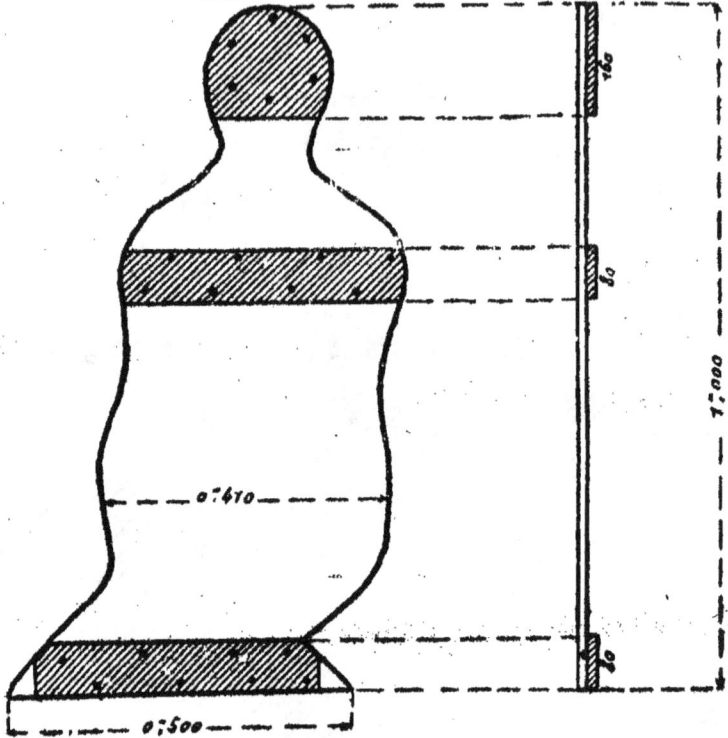

Silhouette de tirailleur couché.

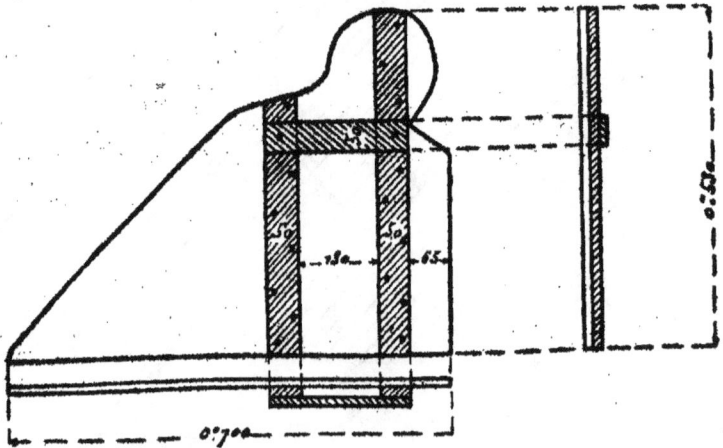

Circulaire relative aux demandes de bois débités faites par les établissements de l'artillerie (1).

(Direction de l'Artillerie: Bureau du Matériel.)

Paris, le 22 octobre 1909.

Les états de demande de bois débités adressés par les divers établissements d'artillerie ont souvent donné lieu aux observations ci-après :

1° Il est exigé, pour les *bois en plateaux*, des dimensions exceptionnelles qui ne sont pas proportionnées aux besoins réels. Par suite l'établissement acheteur ne peut se procurer ces bois que difficilement et à des prix élevés, notamment en ce qui concerne le frêne, le noyer, le hêtre et l'acacia.

Il semble qu'il n'y ait aucun inconvénient à réduire les dimensions des plateaux de bois de ces essences, attendu qu'ils sont généralement destinés à la confection d'objets pouvant être obtenus au moyen de bois de faible équarrissage ;

3° Sur certains états, il paraît n'exister aucune corrélation entre les quantités demandées, les existants en magasin et les quantités consommées l'année précédente.

En vue d'obvier aux inconvénients signalés ci-dessus, les établissements de l'artillerie devront se conformer aux dispositions suivantes :

a) Pour les bois en plateaux, madriers ou planches, les dimensions à indiquer sur les états de demande correspondront à des données minima.

De plus, pour faciliter à l'établissement expéditeur le choix des bois, il conviendra de mentionner sommairement, dans la colonne « Observations », l'emploi prévu des bois demandés ;

Dans le même ordre d'idées, il y aura lieu de spécifier la qualité et l'épaisseur des planches et voliges demandées. Les qualités seront celles prévues par le cahier des charges générales du 12 juillet 1907, pour les fournitures de bois à faire aux établissements de l'artillerie, savoir : 1er, 2e ou 3e choix.

Quant aux épaisseurs, elles devront être celles admises le plus généralement dans le commerce, savoir :

11, 18, 22, 27, 34 et 41 millimètres.

_____

(1) Mise à jour par l'incorporation dans le texte de la notification du 6 mai 1910.

b) Afin d'éviter la formation d'approvisionnements peu utiles, les quantités comprises dans les demandes annuelles devront être réduites au strict nécessaire. En cas d'insuffisance, des états de demande supplémentaires pourront toujours être adressés à l'administration centrale dans le courant de l'année, suivant les besoins.

Lettre collective relative aux archives des gardiens de batterie.

(Direction de l'Artillerie; Bureau du Matériel.)

Paris, le 16 février 1910.

Le Ministre de la guerre à MM. les Généraux commandant les corps d'armée.

J'ai l'honneur de vous prier d'inviter MM. les directeurs des établissements et services de l'artillerie du corps d'armée à m'adresser, sous le timbre de la présente dépêche, pour le 15 avril prochain au plus tard, un état indiquant les documents nécessaires pour compléter les archives des gardiens de batterie, conformément aux indications données par le règlement du 8 mai 1912 sur le service des gardiens de batterie dans les ouvrages de fortification de terre et de côte.

Cet état — qui devra m'être envoyé chaque année pour la date précitée (1) — ne devra comprendre que les documents entrant dans la composition desdites archives, énumérés à l'annexe n° 1 du règlement susvisé.

Il sera établi dans l'ordre ci-après :

a) Documents relatifs aux ouvrages;
b) Lois, décrets et instructions d'ordre général;
c) Comptabilité, registres et inventaires;
d) Manœuvres et tir;
e) Service des munitions;
f) Questions diverses (communications électriques, etc.).

Je vous prie de veiller à ce que ces différentes demandes soient réduites au strict nécessaire.

---

(1) A adresser sans passer par la voie hiérarchique. (Circulaire du 9 octobre 1912. B. O., p. 1604.)

Circulaire relative aux mesures à prendre pour assurer le transport dans les magasins des matières et objets expédiés, par les fournisseurs du service des forges, franco en gare des établissements destinataires.

(Direction de l'Artillerie, Bureau du Matériel.)

Paris, le 6 juin 1910.

Les cahiers des charges spéciales relatifs aux fournitures mises en adjudication publique par le service des forges spécifient généralement que les livraisons doivent être faites par les adjudicataires franco en gare des établissements destinataires.

Lorsqu'il en est ainsi, il appartient à ces établissements d'assurer, à l'aide du personnel et du matériel dont ils disposent (chevaux de trait, camions automobiles, etc.), le transport de la gare dans leurs magasins, des matières dont il s'agit. En cas d'impossibilité, ils peuvent, soit faire diriger les wagons sur les embranchements particuliers des établissements lorsque l'importance du chargement justifie cette mesure, soit faire camionner à l'arrivée, par la compagnie du chemin de fer, conformément aux dispositions contenues dans le traité du 15 juillet 1891 (*B. O.*, E. M., vol. n° 100[4]).

A l'avenir, les établissements destinataires seront avisés que le soin de procéder ou de faire procéder au camionnage leur incombe, par la mention suivante qui devra être portée, par les soins du service des forges, sur l'état des objets expédiés (modèle n° 2 de l'instruction sur le service des forges [*B. O.*, E. M., vol. n° 13]) :

« Expédition faite aux frais du fournisseur franco en gare de l'établissement destinataire, conformément aux prescriptions du cahier des charges spéciales approuvé le   . »

Notification d'une addition à la circulaire du 23 janvier 1908, relative à l'établissement des états de demande de munitions destinées aux écoles à feu de campagne, de montagne, de siège.

(Direction de l'Artillerie; Bureau du Matériel.)

Paris, le 2 juillet 1910.

Le Ministre de la guerre à MM. les Généraux commandant l'artillerie des corps d'armée, la 19ᵉ brigade d'artillerie, l'artillerie en Algérie, l'artillerie de la place et des forts de Paris et de Lyon; au Colonel commandant l'artillerie et le train, en Tunisie; au Général commandant l'École d'application de l'artillerie et du génie; à l'Inspecteur permanent des fabrications de l'artillerie.

Les établissements d'artillerie auxquels seront envoyées des munitions de 155 court modèle 1904 T. R. pour les écoles à feu recevront, en plus des douilles chargées (à la charge normale de 900 grammes de poudre B. S.), un tiers environ d'appoints de 200 grammes en boîtes d'appoints (8 appoints par boîte).

A l'issue des écoles à feu, les établissements intéressés devront renvoyer à la poudrerie militaire du Bouchet (1) les appoints extraits des douilles pour l'exécution des tirs à charge réduite, ainsi que ceux des appoints de 200 grammes qui se trouveraient encore dans des boîtes d'appoints ayant été ouvertes. Toutes les boîtes d'appoints vides seront expédiées à l'École centrale de pyrotechnie, qui est chargée de les reconfectionner.

Les boîtes d'appoints non entamées seront conservées disponibles et figureront comme telles à l'état modèle n° 16.

Circulaire concernant la délivrance aux régiments d'infanterie de pétards pour tir simulé (2).

(Direction de l'Artillerie; Bureau du Matériel.)

Paris, le 10 août 1910.

GÉNÉRALITÉS.

Une allocation de 100 pétards pour tir simulé pourra être attribuée annuellement à chaque régiment d'infanterie et à cha-

---

(1) Aux frais de la 1ʳᵉ section du budget.
(2) Addition du 20 juin 1914 (B. O., p. 1120).
(3) Mise à jour par l'incorporation dans le texte de l'erratum inséré au B. O., P. R., 2ᵉ semestre 1910, page 1844, et des modifications contenues dans la circulaire du 16 mai 1911 (B. O., p. 600).

que bataillon formant corps. La demande sera adressée directement à l'établissement d'artillerie le plus voisin, qui devra procéder à la confection des pétards (1).

Les pétards seront remboursés au service de l'artillerie, au prix unitaire de 0 fr. 20 par pétard et 0 fr. 04 par étoupille, la dépense étant imputée aux crédits mis à la disposition des corps d'armée au titre des manœuvres de garnison.

Les accessoires (piquets, cordeaux, tire-feu, etc.) seront fournis, une première fois, à titre gratuit, par les établissements d'artillerie chargés de délivrer les pétards. Les régiments d'infanterie auront ensuite à conserver et à entretenir ces accessoires.

DESCRIPTION, EMPLOI, MODE DE TRANSPORT DES PÉTARDS
POUR TIR SIMULÉ.

Description. — Le pétard pour tir simulé se compose d'un tube en carton mince d'un diamètre intérieur de 37 millimètres et de 130 millimètres de longueur, renfermant environ 130 grammes de poudre noire MC 30. Les extrémités du tube sont fermées par des rondelles de même carton ; l'une d'elles est munie d'une douille d'amorçage en papier pour l'introduction de l'étoupille (2).

Emploi. — On emploie pour la mise de feu :

1° Des piquets en fer plat percés d'une fente dans laquelle peut passer la boucle d'une étoupille ;

2° Des étoupilles anciennes, allongées ou ordinaires ;

3° Des cordes munies de crochets tire-feu en fil de fer.

Enfoncer les piquets, la face perpendiculaire à la direction de la traction de la corde, jusqu'à ce que le fond de la fente soit à 1 ou 2 centimètres au-dessus du sol. Mettre en place, pour chaque piquet, un pétard et une étoupille en redressant la boucle de l'étoupille et en la passant dans la fente. Introduire ensuite le tube de l'étoupille dans la douille d'amorçage du pétard.

(1) On n'a prévu que l'emploi des pétards munis d'une douille d'amorçage parce qu'ils sont d'un emploi plus commode et plus sûr que ceux non pourvus de ce dispositif. Les établissements d'artillerie ne devront délivrer aux régiments d'infanterie que ce modèle d'artifice.

(2) Cet établissement devra envoyer les pétards à destination dans les caisses à poudre qui doivent les loger. Les caisses à poudre, les boîtes à pétards, ainsi que les matériaux d'emballage, seront renvoyés à l'établissement dès qu'ils ne seront plus utiles. Les expéditions seront effectuées soit par voie de terre, soit par voie ferrée, aux frais de la 1re section du budget.

Transport des pétards. — Les pétards pour tir simulé, placés dans des boîtes spéciales (1), doivent être logés dans des caisses à poudre modèle 1875, que l'on transportera à l'aide de fourgons ou de voitures analogues, *dans lesquelles ne devra prendre place aucun homme.*

En aucun cas, les pétards pour tir simulé ne devront être chargés dans les coffres des voitures contenant des munitions ou des explosifs, ni portés directement par des hommes de troupe.

De plus, les pétards ne devront être retirés des caisses que lorsque celles-ci auront été déposées à terre et on aura soin de faire reposer les caisses sur un prélart, soit dans la voiture de transport, soit à terre. Les étoupilles doivent être transportées à part et en dehors des caisses renfermant les pétards.

La présente circulaire reproduit les dispositions faisant l'objet des dépêches-circulaires nᵒˢ 35137-2/3, du 17 novembre 1903, adressée à MM. les généraux commandant l'artillerie, et 13415-2/3, du 22 avril 1904, adressée à MM. les généraux commandant les corps d'armée, au sujet de l'emploi des pétards pour le tir simulé de l'artillerie, mais rapporte, toutefois, la prescription aux termes de laquelle lesdits pétards devraient être toujours mis en œuvre par les troupes de l'artillerie.

Circulaire relative aux états de demande de matériel.

(Direction de l'Artillerie; Bureau du Matériel.)

Paris, le 7 mars 1911.

Dorénavant, les états de demande de matériel, munitions, poudres, etc., produits par les établissements et commissions du service de l'artillerie devront être *rigoureusement* conformes, comme tracé et comme format, au modèle joint à la présente circulaire.

Exception sera faite :

a) Pour les états de demande de poudres, explosifs et matières premières analogues nécessaires aux *établissements construc- teurs* qui continueront à produire des états du modèle annexé à la dépêche nᵒ 3421-2/3 du 25 janvier 1909 ;

---

(1) Ces boîtes sont construites par les établissements de l'artillerie d'après les données des tables de construction du 16 mai 1911.

b) Pour les états de demande concernant les *munitions pour armes portatives* ; ces demandes seront conformes aux modèles n°s 1 et 2 annexés à la circulaire n° 93 du 22 décembre 1904 ;

c) Pour les états de demande visés par des décisions spéciales (demandes annuelles, états généraux des munitions nécessaires pour les écoles à feu, etc.).

Les états visés au 1er alinéa de la présente circulaire seront établis distinctement pour chacune des catégories de matériel énumérées ci-après :

Sections du 2e bureau auxquelles seront adressées les demandes.

1° Matériel de toute nature (à l'exception de celui indiqué ci-dessous) et munitions afférentes. Munitions d'écoles à feu.......... 1re section (1).

2° Matériel et munitions de 75 et de 65 de M. Poudres et explosifs ; caisses à poudre ; artifices se rapportant à l'emploi des explosifs.. 1re section bis.

3° Harnachement ; matériel des équipages militaires. .... 2e section.

4° Matériel de mitrailleuses.................. 4e section.

5° Armes portatives......................... 4e section.

6° Machines, organes de transmission de mouvement ; matériel de lignes électriques fixes ; matériel pour paratonnerres ; matériel de chemin de fer (sauf le matériel de chemin de fer à voie de 0^m,60).......... 5e section.

Il conviendra de calculer avec soin les quantités à inscrire dans les colonnes 5 et 6 de ces états ; ces quantités devront être *centralisées* par le parc principal pour les établissements qui réunissent plusieurs parcs ou parcs annexes *comptables*.

_____

(1) Des états de demande *distincts* devront être établis :
    a) Pour le matériel et les munitions de campagne, de montagne et de siège et place ;
    b) Pour le matériel et les munitions de côte.

e CORPS D'ARMÉE.

PARC D'ARTILLERIE
d (1)

*Exécution des prescriptions de la dépêche n°
du (2)*

N°

ÉTAT DE DEMANDE D(3)

Numéros		DÉSIGNATION des OBJETS.	QUANTITÉS				OBSER-VATIONS.	DÉCISION du Ministre. Établissements expéditeurs.
S.	D.		néces-saires	existant dispo-nible dans l'*ensemble* de l'établis-sement. R. S. — S. C.		à cob-voir		
1	2	3	4	5	6	7	8	9
		Parc d'artillerie d (5)						(4)
		Parc annexe d (5)						

A le 19
Le Commandant du parc ou Directeur.

NOTA. — Ces renvois ne seront pas reproduits sur les états de demande.
(1) Indiquer l'établissement.
(2) Numéro et date du document ministériel qui a motivé la demande.
(3) Établir des états distincts pour chacune des catégories de matériel énumérées dans la circulaire.
(4) La colonne 9 doit avoir 0m 04 de largeur.
(5) Si l'état concerne des parcs et parcs-annexes *complets*, les b soins de chacun d'eux seront inscrits successivement sur un état *unique*.

Circulaire relative aux demandes d'éléments pour la réparation des roues et limons n° 7 pour matériel de 75^mm.

(Direction de l'Artillerie; Bureau du Matériel.)

Paris, le 27 mars 1911.

Dorénavant, les établissements de l'artillerie désignés pour exécuter les réparations des roues et limons n° 7 (paragraphe XXII de l'instruction provisoire du 21 avril 1904 sur la prise en charge, l'entretien, la réparation et l'inspection du matériel de 75) adresseront directement à l'inspecteur permanent des fabrications de l'artillerie les demandes d'éléments de roues et de limons de ce modèle qui leur seront nécessaires pour reconstituer les approvisionnements.

Instruction relative à la délivrance des munitions allouées pour les écoles à feu et à la destination à donner aux cartouches de 75 de campagne et de 65 de montagne reconnues défectueuses ou ayant donné lieu à des ratés de percussion.

(Direction de l'Artillerie; Bureau du Matériel.)

Paris, le 9 mai 1911.

a) Avant de délivrer aux corps de troupe les munitions qui leur sont allouées pour les écoles à feu, les établissements doivent avoir préalablement procédé à l'examen des fusées dans les conditions prescrites par l' « instruction sur la visite annuelle », afin d'éliminer toutes celles dont le fonctionnement ne paraîtrait pas assuré.

Pour les tirs dans les champs de tir de circonstance, le transport dans les caissons de cartouches munies de *fusées débouchées* est autorisé, sous la réserve expresse que toutes ces cartouches seront consommées dans la journée. Le débouchage préalable de l'évent à une distance supérieure à celle de la distance probable des objectifs n'est pas imposé, cette mesure n'étant pas d'une efficacité certaine.

b) Les cartouches à blanc de 75, ainsi que les cartouches de 75 (1) et de 65 (2) qui auront donné lieu à des ratés de per-

---

(1) A obus ordinaires, ou à obus simili-explosifs, ou à obus à balles ou à obus explosifs.
(2) A obus ordinaires, ou à obus à balles, ou à obus explosifs.

cussion, ou auront été signalées comme ne pouvant être intro-
duites dans la chambre du canon en raison, soit d'une défor-
mation ou d'une bosselure de la douille, soit d'une fente importante au collet, devront être mises de côté et conservées provisoirement par les établissements détenteurs.

Le 1ᵉʳ septembre de chaque année, ces établissements adresseront au Ministre (3ᵉ Direction, 2ᵉ Bureau, 1ʳᵉ Section) un état
de demande d'autant de douilles amorcées que de cartouches
défectueuses mises de côté et d'autant de fusées qu'il en sera
trouvé de *débouchées* sur ces mêmes cartouches.

Au reçu de ces douilles et de ces fusées, les établissements
intéressés procéderont à la démolition des cartouches à blanc
et des cartouches à obus mises de côté.

Les charges de poudre BCNL des cartouches à blanc seront
incinérées si leur nombre est inférieur à 5. Dans le cas contraire, les établissements détenteurs devront provoquer des
ordres au sujet de la destination à donner à la poudre BCNL
recueillie.

Les charges de poudre BSP et de poudre BG seront,
ainsi que les projectiles provenant de la démolition des cartouches à obus, utilisées pour la confection d'autres cartouches,
au moyen des nouvelles douilles, des fusées qui auront été
reçues et des fusées non *débouchées* provenant de ladite démolition. *Ces cartouches devront être tirées aux plus prochaines
écoles à feu.* Il n'y aura pas lieu, en conséquence, d'inscrire
sur les douilles les lotissements des charges.

Les fusées *débouchées* provenant des cartouches défectueuses devront être démolies en prenant les précautions indiquées
par l'instruction du 7 juillet 1908 sur la visite annuelle des
poudres, munitions, artifices et explosifs.

Les douilles de démolition seront expédiées conformément
aux indications du tableau ci-après, à l'établissement chargé
d'en assurer la réfection. Cet envoi sera effectué aux frais de
la 1ʳᵉ section du budget. Toutefois, en vue d'éviter des dépenses inutiles, il sera sursis à l'expédition des douilles vides dont
il s'agit, si le nombre est inférieur à 10. Dans ce cas, les
douilles seront mises de côté pour être comprises dans le
plus prochain envoi, à l'établissement destinataire, d'objets de
même catégorie au point de vue du tarif de transport,

DÉSIGNATION DES ÉTABLISSEMENTS auxquels devront être renvoyées les douilles à réfectionner.	DÉSIGNATION DES RÉGIONS ou corps d'armée dont les parcs devront expédier ces douilles à chaque établissement.
Ateliers de construction { de Rennes......	4°, 9°, 10°, 11°,
de Douai.......	1°, 2°, 6°,
de Puteaux.....	3°, 5°, 20°, gouvern. milit. de Paris,
de Lyon........	7°, 8°, 13°, 14°, 15°, gouv. milit. de Lyon.
de Tarbes......	12°, 16°, 17°, 18°.
Cartoucherie d'Alger...........	Algérie, Tunisie, Maroc.

Dispositions spéciales. — En raison des inconvénients que peut présenter le transport des cartouches de 75 et de 65 munies de *fusées débouchées* ayant donné lieu à des *ratés dans un champ de tir de circonstance*, par suite de l'éloignement des établissements auxquels doivent être versées ces munitions, il conviendra de détruire sur place ces cartouches.

Circulaire relative à l'utilisation des appareils de mise de feu électrique du service de l'artillerie.

(Direction de l'Artillerie, Bureau du Matériel.)

Paris, le 4 juillet 1911.

Des états de demande d'appareils de mise de feu électrique employés dans le service de l'artillerie (exploseurs Boulanger, coups de poing Bréguet) sont assez fréquemment adressées à l'administration centrale (3° Direction), par les directeurs des établissements de cette arme.

Les approvisionnements en exploseurs étant limités et, d'autre part, les corps d'armée, dans l'ensemble de leur territoire, étant actuellement pourvus d'un nombre de ces appareils qui paraît suffisant pour satisfaire à leurs besoins, en général momentanés, il appartiendra, à l'avenir, au général commandant le corps d'armée de donner les ordres nécessaires pour répartir, temporairement ou d'une façon définitive, au mieux des intérêts du service, les appareils dont il s'agit existant dans les établissements de l'artillerie placés sous leur commandement.

Toutefois, les commissions d'études et les établissements constructeurs de l'artillerie conserveront leur dotation actuelle.

Ce n'est que dans le cas de besoins exceptionnels que les demandes d'exploseurs seraient transmises au Ministre.

Circulaire relative à la conservation des approvisionnements de glycérine.

(Direction de l'Artillerie; Bureau du Matériel.)

Paris, le 18 juillet 1911.

Par suite de l'impossibilité pour les établissements de l'artillerie de se procurer, dans le commerce, des récipients en bois suffisamment étanches pour conserver la glycérine, les prescriptions de la circulaire n° 40 du 28 février 1910 (B. O., p. r., p. 399) sont rapportées.

Il conviendra donc de revenir, au moins provisoirement, à l'ancien état de choses.

En vue de retarder l'altération de la glycérine, les mesures suivantes devront être prises :

1° S'assurer que la glycérine est neutre ou même très légèrement alcaline (1);

2° Utiliser le plus possible des touries en verre ou en grès pour l'emmagasiner;

3° Placer dans des locaux froids les récipients métalliques contenant la glycérine.

Circulaire relative aux achats de livres et aux demandes annuelles de publications périodiques et de cartes à faire par les divers établissements ou corps de troupe de l'artillerie (2).

(Direction de l'Artillerie; Bureau du Matériel.)

Paris, le 15 janvier 1912.

I. — LIVRES.

Les établissements et corps de troupe de l'artillerie qui figurent aux catégories A et B de la liste ci-après sont autorisés à se procurer directement, au fur et à mesure des besoins, les

---

(1) Voir la note du 15 mars 1904 sur la méthode à suivre pour neutraliser les glycérines acides.
(2) Modifiée conformément à la circulaire n° 95, du 9 octobre 1912 (vol. 74).

ouvrages dont la consultation leur semblera nécessaire, notamment en vue d'études ou de fabrications à entreprendre.

Ils ne devront acheter que des livres traitant des matières scientifiques, techniques ou militaires intéressant le service de l'artillerie, à l'exclusion des ouvrages de littérature, d'histoire militaire ou de géographie, qui trouvent place dans les bibliothèques de garnison.

Le montant des achats effectués annuellement (y compris, s'il y a lieu, la reliure des livres) ne devra pas excéder *cent francs* pour les établissements de la catégorie A et *cinquante francs* pour ceux de la catégorie B.

II. — PUBLICATIONS PÉRIODIQUES.

Les établissements et corps de troupe qui figurent aux catégories A, B et C de la liste ci-après sont autorisés à adresser annuellement une demande d'abonnement aux publications périodiques qui leur sont nécessaires (1).

La liste des publications demandées sera arrêtée, dans les parcs d'artillerie de corps d'armée et dans les parcs d'artillerie de place, par une commission présidée par le directeur, et qui comprendra des membres désignés par le général commandant l'artillerie du corps d'armée. Chacun des établissements et corps de troupe d'artillerie de la place où fonctionne cette commission devra y être représenté. Dans les autres établissements ou dans les corps de troupe, cette liste sera arrêtée par le directeur ou par le chef de corps.

Lorsque plusieurs établissements sont situés dans une même place, les états de demande de publications périodiques seront centralisés et revisés par le général commandant l'artillerie, de façon à éviter qu'à moins de nécessité reconnue, certaines publications soient demandées en plusieurs expéditions dans la même place. Il reste entendu que les officiers appartenant aux établissements précités auront la faculté d'aller consulter dans un autre établissement de la place, ou de demander en communication, les ouvrages qui leur feraient défaut.

En raison des crédits restreints affectés aux abonnements, tout abonnement nouveau devra être entièrement justifié, et les demandes de cette espèce seront limitées au strict minimum.

---

(1) La *Revue d'artillerie* continuera à être envoyée aux parties prenantes d'artillerie qui la reçoivent actuellement et qui ne figurent pas sur la liste ci-après.

Les demandes de publications périodiques seront établies sur un état conforme au modèle n° 1 joint à la présente circulaire; elles seront adressées directement (1) et devront parvenir au Ministre (3° Direction; 2° Bureau; 6° Section) le *1er octobre* de chaque année.

Nota. — Toute réclamation concernant un retard dans la réception d'une publication périodique doit être adressée directement à la section technique de l'artillerie *aussitôt que le numéro suivant est arrivé à destination.* Exception est faite pour le *Bulletin des lois,* dont l'envoi est effectué par l'Imprimerie nationale, 87, rue Vieille-du-Temple, à Paris; c'est à ce dernier établissement que la réclamation doit être adressée, dans l'intervalle de la réception d'un numéro à l'autre.

III. — CARTES.

Les établissements et corps de troupe énumérés sur la liste ci-après (catégories A, B, C) sont autorisés à demander les cartes du *service géographique de l'armée* et du *service hydrographique de la marine* qui leur sont nécessaires.

Ces demandes seront établies sur un état conforme du modèle n° 2 joint à la présente circulaire; elles seront adressées directement (1) et devront parvenir au Ministre (3° Direction; 2° Bureau; 6° Section) le *1er octobre* de chaque année.

Les cartes dont l'envoi aura été autorisé seront adressées aux destinataires par les soins de la section technique de l'artillerie.

Les cartes géologiques de la France et les cartes publiées par le ministère de l'intérieur ne doivent pas figurer sur les demandes annuelles de cartes.

Liste des établissements ou corps de troupe qui ont qualité pour acheter des ouvrages ou pour faire des demandes annuelles de publications périodiques et de cartes (2).

CATÉGORIE A.

Parcs d'artillerie de corps d'armée.

Angoulême.	Castres.
Besançon.	Châlons-sur-Marne.
Bourges.	Clermont-Ferrand.

(1) Sans passer par la voie hiérarchique. (Circulaire du 9 octobre 1912, *B. O.,* p. 1664.)

(2) Cette liste tient compte : 1° du décret du 8 novembre 1911 portant réorganisation des établissements et commandements de l'artillerie; 2° de la circulaire du 27 novembre 1911 relative à l'application du décret précité (*B. O.,* p. 1478 et 1570.)

Douai.	Poitiers.
Grenoble.	Rennes.
La Fère.	Tarbes.
Le Mans.	Toulouse.
Mailly.	Vannes.
Nîmes.	Versailles.
Orléans.	Vincennes.

Parc annexe d'artillerie de corps d'armée.

Valence.

Parcs d'artillerie de place.

Alger.	La Rochelle.
Bastia.	Le Havre.
Belfort.	Lille.
Bizerte.	Lorient.
Brest.	Lyon.
Briançon.	Marseille.
Cherbourg.	Maubeuge.
Constantine.	Nice.
Dijon.	Oran.
Dunkerque.	Toul.
Epinal.	Toulon.
Langres.	Verdun.

Ateliers de construction.

Bourges.	Puteaux.
Lyon.	Tarbes.

Manufactures d'armes.

Châtellerault.	Tulle.
Saint-Etienne.	

Ecole centrale de pyrotechnie.

Bourges.

Poudrerie militaire.

Le Bouchet.

Inspections des forges.

Lyon.	Paris.

CATÉGORIE B.

Parcs annexes d'artillerie de corps d'armée.

Angers.	Montpellier.
Bordeaux.	Nantes.
Camp de Châlons.	Orange.
Fontainebleau.	Vernon.
Laon.	

Ateliers de construction.

Douai.	Rennes.

Ateliers de fabrication.

Besançon.	Vincennes.
Toulouse.	

Entrepôt de réserve générale et de munitions.

Bourges.

Commissions d'expériences.

Bourges.	Calais.

Commission d'études pratiques de tir de campagne.

Troyes.

Corps de troupe.

8ᵉ régiment d'artillerie, à Nancy.
40ᵉ régiment d'artillerie, à Saint-Mihiel.
43ᵉ régiment d'artillerie, à Rouen.
47ᵉ régiment d'artillerie, à Héricourt.

CATÉGORIE C.

Inspection permanente des fabrications de l'artillerie.
Commission des poudres de guerre, à Versailles.
Commission d'études pratiques du service de l'artillerie dans
  l'attaque et la défense des places, à Toul.
Commission d'études pratiques d'artillerie de côte, à Toulon.

Corps de troupe.

Artillerie de la 2ᵉ division de cavalerie, à Lunéville.
Artillerie de la 4ᵉ division de cavalerie, à Stenay.
Groupe de batteries d'artillerie, à Bruyères.
Groupe de batteries d'artillerie, à Charleville.
Groupe de batteries d'artillerie, à Eu.
Groupe de batteries d'artillerie, à La Chapelle-Saint-Mesmin.
Groupe de batteries d'artillerie, à Périgueux.
Groupe de batteries d'artillerie, à Remiremont.
Groupe de batteries d'artillerie, à Rueil.
Groupe de batteries d'artillerie, à Salbonay.
Groupe de batteries d'artillerie, à Sissonne.

MODÈLE N° 1.

ARTILLERIE.

Format : 21 sur 32.

Désignation
de l'établissement
ou
corps de troupe.

État de demande de publications périodiques
pour la bibliothèque.

(Se reporter à la circulaire du 16 janvier 1912.)

DÉSIGNATION DES PUBLICATIONS.	NOMBRE DE VOLUMES par an.	PRIX DE L'ABONNEMENT.	OBSERVATIONS
		fr. c.	
Revue d'artillerie	2 in-8°	12.00	
Journal des sciences militaires.	6 in-8°	34.00	
TOTAL		46.00	

A , le 19

Vu :

Le Général commandant l'artillerie.

MODÈLE N° 2.

ARTILLERIE.

Format : 2t sur 32.

Désignation
de l'établissement
ou
corps de troupe.

État de demande de cartes pour la bibliothèque.

(Se reporter à la circulaire du 15 janvier 1912.)

CARTES.	DÉSIGNATION des FEUILLES.	NOMBRE		OBSERVATIONS.
		de feuilles.	d'exemplaires.	
France au 80,000°	Feuilles nos 49, 50, 54 S. E., N. E. 81....	14 quarts	1	Service géographique de l'armée.
Afrique au 3,000,000°	Les feuilles publiées	6	1	Id.
Algérie au 300,000°	Feuille C. 20....	2	1	Id.
Rade de Calais...	Feuille n° 3010....	1	2	Service hydrographique de la marine.
Baie d'Ajaccio...	Feuille n° 3760....	1	1	Id.

A le 19 .

Vu :

Le *Général commandant l'artillerie.*

Circulaire relative à la fourniture, aux divers établissements de l'artillerie, des ingrédients nécessaires pour assurer le fonctionnement et l'entretien des véhicules automobiles.

(Direction de l'Artillerie; Bureau du Matériel.)

Paris, le 9 octobre 1912.

A partir du 1er janvier 1913, les établissements d'artillerie ayant en compte des camions automobiles (véhicules affectés aux établissements ou aux escadrons du train des équipages militaires) se procureront directement dans le commerce l'essence, le benzol et l'huile demi-fluide nécessaires au fonctionnement de ces voitures.

Pour avoir toute garantie au sujet de la nature et de la qualité du produit livré, les établissements précités devront envoyer, d'une part à la section technique de l'artillerie, pour analyse, et, d'autre part, à l'atelier de fabrication de Vincennes, pour épreuve au ban d'essai, des échantillons des matières dont il s'agit; les livraisons devront être conformes aux échantillons admis.

Note relative à la délivrance, par les établissements d'artillerie métropolitaine des munitions nécessaires aux corps de troupe coloniaux pour leurs tirs d'exercice.

(Direction de l'Artillerie; Bureau du Matériel.)

Paris, le 19 décembre 1912.

Les parcs d'instruction des régiments d'artillerie coloniale n'étant pas en mesure d'assurer la confection, la garde, la manutention et la visite des munitions nécessaires aux tirs d'instruction, les dispositions suivantes devront être prises à partir du 1er janvier 1913 :

1° Les munitions cédées aux corps de troupe coloniaux ne comprendront, en principe, que des munitions confectionnées;

2° Ces munitions seront conservées, jusqu'à leur emploi, par les établissements d'artillerie métropolitaine, responsables de leur entretien et de leur conservation;

3° Les comptables des établissements d'artillerie métropolitaine seront constitués gérants d'annexe vis-à-vis des corps de troupe intéressés, et tiendront les écritures relatives à cette gérance;

4° Les munitions de côte destinées aux tirs à la mer seront transportées dans les ouvrages par les soins des parcs de place dont ils dépendent; les munitions de campagne et de montagne seront délivrées aussi près que possible des points où elles doivent être consommées et au moment de leur consommation;

5° Les dépenses relatives à la garde, à la manutention et au transport des munitions cédées aux troupes coloniales devront être remboursées au service de l'artillerie métropolitaine par les soins de l'administration centrale.

En vue de ce remboursement, les établissements de l'artillerie adresseront au Ministre (3° Direction; 2° Bureau; 1re Section), le 15 du premier mois de chaque trimestre, un état décompté (double expédition) des dépenses effectuées revêtu de la mention d'acceptation du service intéressé.

Circulaire relative à la création d'un bureau de réception et d'expédition du matériel d'artillerie en transit à Marseille.

Paris, le 25 novembre 1913.

Le transit, à Marseille, du matériel ressortissant au service de l'artillerie, dont est actuellement chargé le parc d'artillerie de cette place, sera, à partir du 1er janvier 1914, assuré par un bureau de réception et d'expédition du matériel de l'artillerie.

Le personnel permanent affecté à ce bureau comprendra :

Un officier d'administration du service de l'artillerie, adjoint au commandant du port de ravitaillement, chef du bureau;

Deux gardiens de batterie;

Deux manœuvres civils;

Un ouvrier militaire en bois;

Un secrétaire militaire.

L'officier d'administration chef du bureau et les gardiens de batterie seront désignés par les soins de l'administration centrale; les manœuvres civils; l'ouvrier militaire en bois et le secrétaire militaire seront désignés par les soins du commandant du parc d'artillerie de place de Marseille, par prélèvement sur le personnel actuel de cet établissement.

Circulaire relative à l'envoi par les établissements de l'artillerie d'un état global du montant des ventes par les domaines de vieilles matières et objets réformés.

Paris, le 4 décembre 1913.

Les commandants des parcs d'artillerie et les directeurs des établissements ou services spéciaux de l'artillerie adresseront à l'administration centrale (3ᵉ Direction; 2ᵉ Bureau; 7ᵉ Section), au plus tard le 5 janvier de chaque année, un état global, par établissement, du montant des ventes de vieilles matières et objets réformés du service de l'artillerie, faites par l'administration des domaines pendant l'année écoulée. Toutefois, le produit de la vente des armes ne figurera pas sur cet état.

Si aucune vente d'effets réformés n'a été effectuée avant le 31 décembre, il ne sera pas envoyé d'état « Néant ».

Circulaire relative au tir des salves d'honneur et de réjouissance.

Paris, le 29 avril 1914.

L'emploi, pour le tir en blanc, des bouches à feu se chargeant par la bouche est et reste formellement interdit.

Pour le tir des salves d'honneur ou de réjouissance, le personnel désigné ne pourra utiliser qu'un des matériels qu'il a l'habitude de servir, et de préférence un matériel comportant des munitions à blanc en douilles.

Le personnel désigné, qui sera dans tous les cas commandé par un officier, devra être au complet réglementaire autour de chaque bouche à feu, chacune de celles-ci étant surveillée par un chef de pièce.

On ne devra pas chercher à accélérer la vitesse du tir en profitant de la rapidité de tir que peut présenter un matériel.

Il sera pris toutes dispositions utiles pour s'opposer à l'approche des curieux. Les commandants d'armes devront, si l'emplacement désigné pour les bouches à feu ainsi que la zone à évacuer en avant et autour des pièces peuvent être, à un moment donné, envahis par le public, commander un détachement d'ordre d'importance suffisante pour assurer la complète indépendance des troupes d'artillerie chargées du tir.

La disposition du matériel sur le terrain ne devra pas différer de celle prévue, pour le tir, par les règlements en vigueur. En particulier, les munitions resteront dans les coffres ou caisses à munitions et n'en seront extraites qu'une à une au moment du besoin.

Les « mesures de sécurité », prescrites dans la 5ᵉ partie de la 19ᵉ annexe à l'instruction du 17 décembre 1896 sur la confection et sur la démolition des gargousses, seront appliquées dans tous les cas.

L'officier, commandé pour diriger le tir, recevra, sous la responsabilité du commandement, communication de la présente circulaire et de la 5ᵉ partie de la 19ᵉ annexe à l'instruction du 17 décembre 1896 sur la confection et sur la démolition des gargousses (dispositions spéciales concernant l'exécution du tir en blanc).

Dans le cas où les munitions à blanc seraient constituées par des *gargousses chargées en poudre B*, la mesure prescrivant d'écouvillonner la pièce après chaque coup tiré avec des gargousses chargées en poudre noire sera également appliquée.

Le tir des salves d'honneur ou de réjouissance ne pourra être effectué que si ces diverses prescriptions peuvent être observées.

Les établissements de l'artillerie adresseront, pour le 1ᵉʳ juin de chaque année, au Ministre (6ᵉ Direction, 2ᵉ Bureau, 1ʳᵉ Section), en double expédition, un état de demande des munitions qui leur seront nécessaires pour l'exécution des salves de réjouissance du 14 juillet.

Circulaire prescrivant l'envoi, par les généraux commandant les corps d'armée, de comptes rendus semestriels sur l'état général du matériel de mobilisation de l'artillerie de campagne et de montagne.

Paris, le 12 juin 1914.

Par application de l'article 2 de l'instruction du 8 janvier 1913, sur l'entretien et l'inspection du matériel d'artillerie de campagne, les généraux commandant les corps d'armée et la division d'occupation de Tunisie adresseront au Ministre (3ᵉ Direction; 2ᵉ Bureau; 1ʳᵉ Section bis), le 1ᵉʳ mai et le 1ᵉʳ novembre de chaque année, un rapport *personnel* sommaire sur l'état général du matériel d'artillerie de campagne et de montagne dans les corps et établissements sous leurs ordres, et sur l'aptitude de ce matériel à faire un bon service de guerre.

Lettre d'envoi et modèles-types de marchés du service de l'artillerie à passer de gré à gré pour : 1° fourniture de métaux et pièces métalliques; 2° fourniture de matières et objets; 3° travaux de construction; 4° fourniture de matériel automobile (application des prescriptions de l'annexe n° 1 à l'instruction du 18 janvier 1916 sur la décentralisation administrative et la simplification des écritures (1).

Paris, le 5 juin 1916.

L'instruction du 18 janvier 1916 sur la décentralisation administrative et la simplification des écritures a délégué (annexe n° 1) aux directeurs de service la faculté d'approuver les marchés dont l'importance ne dépasse pas 200.000 francs.

Cette faculté est toutefois subordonnée à la condition que les marchés seront strictement conformes, sans addition ni suppression, à des modèles-types établis par l'administration centrale.

En conséquence, la rédaction de tous les marchés de gré à gré du service de l'artillerie relatifs : 1° à la fourniture de métaux et pièces métalliques; 2° à la fourniture de matières et objets divers; 3° à la fourniture de matériel automobile; 4° à des travaux de construction, devra être conforme au modèle-type ci-après spécial à chacune des catégories de marchés visées ci-dessus.

---

(1) Mise à jour par l'incorporation dans le texte des modifications qui ont été apportées par la feuille rectificative n° 1 du 18 août 1916 (B. O., p. 700).

Marché-type n° 1 pour fourniture de métaux et pièces métalliques.

Expédition.

MINISTÈRE
DE LA GUERRE.

*Sous-Secrétariat d'État
de l'artillerie
et des munitions.*

Section.

EXERCICE 191.

Chap. Art. Par.

État de prévision
n°
approuvé le

RÉPUBLIQUE FRANÇAISE.

N°

Format : 0,270 × 0,210.

Marché approuvé le

(Établissement)

Marché (*Sans appel à la concurrence* (1),
de gré à gré (*Avec appel à la concurrence.*
passé par application de l'article 18 Par
*du décret du 18 novembre 1882, pour la fourniture
de
de la commande n° du* 191

Je soussigné demeurant à
département de me soumets et m'engage envers
M. le Ministre de la Guerre à effectuer, aux prix et conditions
ci-après, les fournitures dont le détail suit :

1° CLAUSES TECHNIQUES ET FINANCIÈRES.

Objet et prix du marché. — L'objet et le prix du marché sont
fixés ainsi qu'il suit :

DÉSIGNATION DES OBJETS COMMANDÉS.	QUANTITÉS	PRIX		OBSERVATIONS.
		UNITAIRE.	TOTAL.	
				Les objets ci-contre devront être rendus franco sur wagon en gare de
				ou franco dans les magasins de l'Établissement de

(1) Biffer l'une des deux mentions.

Le montant total de la fourniture s'élève à

Délais de livraison. — Les livraisons partielles seront effectuées dans les conditions suivantes :

La fourniture devra être entièrement terminée le

Conditions techniques de la fourniture.

Reprises des déchets (1). — L'administration de la guerre se réserve le droit de reprise des déchets de fabrication de toute nature provenant du présent marché, droit qu'elle exercera par un simple préavis d'un mois donné au titulaire.

La livraison de ces déchets se fera sur wagon en gare de ou sur bateau dans le port de

Le prix de reprise des déchets, exempts de toute impureté, sur wagon en gare ou sur bateau, est fixé à forfait aux 100 kilos à...

Le fournisseur s'engage à ne distraire, sans autorisation de l'administration de la guerre, aucune partie des déchets.

Les débris et tournures de cuivre feront, dans tous les cas, retour gratuitement à la Guerre.

Règlement du prix des déchets (1). — Le montant de la balance entre la valeur des fournitures faites par la guerre au titulaire du marché et celle des déchets repris par l'administration de la guerre sera précompté, au fur et à mesure, sur les acomptes qui pourraient être payés au titulaire au cours de son marché, et, en dernier lieu, sur le montant du règlement définitif.

---

(1) A biffer lorsque l'administration de la guerre ne désire pas reprendre les déchets.

— 154 —

2ᵉ CLAUSES ADMINISTRATIVES.

A. — CLAUSES SPÉCIALES.

Art. 1ᵉʳ. *Importations d'Angleterre* (1). — Le fournisseur s'engage à ne faire venir d'Angleterre, pour l'exécution du présent marché, aucun objet ni aucune matière première dont l'exportation de ce pays est interdite. L'inexécution par le fournisseur de cet engagement entraînera la résiliation du marché à ses risques et périls.

Art. 2. *Emploi du personnel mobilisé* (circ. du 15 octobre 1915, B. O., p. s., p. 433). — Si l'exécution du marché le rend indispensable, et sur la demande expresse du titulaire, l'administration de la guerre mettra à la disposition de ce dernier de la main-d'œuvre militaire, aux conditions ci-après et sans que la présente clause puisse constituer de la part de l'administration un engagement dont l'inexécution serait susceptible de donner ouverture à une indemnité au profit du titulaire du marché, ou d'autoriser celui-ci à retarder les livraisons.

Préalablement à tout commencement d'exécution, le titulaire remettra à l'inspection des forges la liste du personnel mobilisé qui sera employé tant par lui que par ses sous-traitants, ledit personnel devant être employé exclusivement à l'exécution des commandes intéressant la défense nationale. Ces listes seront jointes au dossier du marché dans les inspections des forges et celles-ci devront être avisées de toute modification apportée aux listes dont il s'agit.

L'administration de la guerre aura un contrôle permanent de tout le personnel militaire; elle se réserve le droit de répartir ce personnel à sa convenance, et même de le retirer, en totalité ou en partie, au cas où elle jugerait son utilisation insuffisante.

Le nombre de jours de travail pour le personnel mobilisé sera d'au moins vingt-cinq jours par mois, sauf cas de maladie ou de force majeure.

Tout employé ou ouvrier mobilisé qui s'absenterait indûment devra être signalé au contrôle.

(1) Dépêche ministérielle n° 31721 2/3 du 17 mars 1915. Au cas où il y aurait lieu de faire des importations d'Angleterre, cette clause serait à remplacer par la clause A indiquée dans la dépêche ministérielle ci-dessus visée.

Le titulaire et ses sous-traitants sont responsables, chacun en ce qui le concerne, vis-à-vis de l'administration de la guerre, de l'emploi de leur personnel mobilisé.

Le titulaire est tenu de payer à ses ouvriers le salaire normal et courant des ouvriers de la même profession occupés dans la région. Il est responsable des accidents qui peuvent survenir, au cours des travaux qui leur sont confiés, aux ouvriers mis à sa disposition par l'autorité militaire. En cas de maladie provenant d'un accident du travail, il est tenu de supporter les frais d'hospitalisation et de traitement dans les hôpitaux militaires.

Toute infraction aux clauses du présent paragraphe entraînera de droit, pour celui qui l'aura commise, la suppression de la commande ou sous-commande et le retrait du personnel mobilisé qui lui était affecté, sans préjudice de toutes autres poursuites ou sanctions.

Art. 2 bis (1). *Assurance-retraite.* — Le titulaire du marché justifiera, en ce qui concerne le personnel occupé, qu'il se conforme aux obligations de la loi des retraites ouvrières et paysannes; qu'à cet effet, il effectue le précompte de la cotisation ouvrière lors de chaque paye, dans les conditions prévues par l'article 3 de la loi du 5 avril 1910-17 août 1915, et appose les timbres représentant la double contribution sur les cartes de ses salariés.

Pour les salariés qui ne présenteraient pas leur carte, le titulaire du marché usera des moyens de se libérer que lui offre l'article 23 (§ 2), en versant, à la fin de chaque mois, directement ou par la poste, ses contributions patronales au greffe de la justice de paix ou à l'organisme reconnu par la loi auquel serait affilié l'assuré. Sur la demande de l'administration, il produira les récépissés constatant qu'il a usé de cette faculté.

A défaut, il justifiera avoir dans sa comptabilité un compte spécial d'assurance-retraite où il inscrira, avec affectations nominatives, celles de ses contributions patronales qui ne sont pas acquittées en timbres; à cet effet, sur la demande de l'administration, il devra faire la preuve que le total des sommes inscrites mensuellement au crédit de ce compte spécial correspond globalement au nombre des ouvriers qui n'ont pas présenté leur carte, et qu'à la fin de chaque année le total de ces sommes figure en passif au bilan.

---

(1) Feuille rectificative n° 1 du 18 août 1916.

Art. 3. *Avances* (A).

Art. 4. *Acomptes sur matières premières ou pour paiement de salaire* (B) (décret du 21 janvier 1916, instruct. du 16 mars 1916). — Des acomptes pour paiement des salaires et des acomptes sur matières premières seront, dans les conditions du décret du 21 janvier 1916, délivrés au fournisseur qui déclare avoir pleine connaissance de ce texte et s'engage à se soumettre à ses dispositions.

Au cas où les acomptes ayant été délivrés sur matières premières ou pour paiement des salaires, aucune fourniture n'aura été faite à la date du...., ou dans un délai de..... après la date prévue pour la livraison du lot de fourniture déterminé, le fournisseur sera, pour la seule échéance du terme, en demeure de rembourser les sommes à lui versées par l'Etat, qui pourra en poursuivre le recouvrement par les voies de droit à l'expiration d'un délai d'un mois accordé audit fournisseur pour se libérer.

En outre, le fournisseur s'engage à ne pas céder, warranter ou employer les matières approvisionnées pour lesquelles des acomptes lui ont été payés, à un autre objet qu'à l'exécution du marché, sans l'autorisation spéciale du Ministre de la guerre, sous peine de résiliation du marché, à ses risques et périls et d'une pénalité égale à la valeur des marchandises cédées, warrantées ou détournées de leur emploi. Le détournement d'emploi sera constaté par l'administration; il résultera de la simple impossibilité de représenter des matières ou de justifier de l'emploi à leur destination au contrat sur la requête de l'officier délégué du Ministre de la guerre.

Il est d'ailleurs rappelé que la vente des matières appartenant ainsi à l'Etat constitue la vente de la chose d'autrui déclarée nulle par la loi et ouvrant le droit à des dommages-intérêts en cas de bonne foi de l'acheteur (art. 1599. C. C.)

(A) Au cas exceptionnel où il serait jugé opportun de délivrer des avances au fournisseur, un feuillet spécial comportant les clauses nécessaires sera ajouté au marché. Ces clauses seront rédigées suivant les clauses-types figurant dans les documents ci-après :

a) Avances pour achats de matières premières (application du décret du 21 janvier 1916) : instruction du 16 mars 1916, paragraphe II-B;

b) Avances pour création d'outillage (application de la loi du 28 septembre 1915) : annexes n°° 1, 2 et 3 du décret du 17 février 1916.

(B) A rayer dans le cas où il ne serait pas délivré d'acomptes de cette nature. Il est rappelé que la concession de ces acomptes devra être motivée par la situation spéciale du fournisseur et devra, en principe, se traduire par un avantage de prix fait à l'Etat, correspondant à l'escompte consenti dans le commerce pour les paiements au comptant.

Art. 5. *Prorogation du marché* (1). — Deux mois au moins avant la date fixée pour l'expiration normale du marché, le titulaire, s'il désire proroger le marché, devra demander par lettre recommandée adressée au directeur des forges si ce dernier entend consentir une prorogation dudit marché aux mêmes conditions.

L'administration aura le droit d'opter par une simple lettre pour une prorogation d'un mois. Le silence gardé par elle pendant la quinzaine écoulée depuis la réception de la demande du titulaire du marché équivaudra de sa part à une acceptation de cette prorogation.

Si le marché est ainsi prorogé, le titulaire devra, de mois en mois, poser par écrit la même question au service des forges dont le silence, dans le même délai de quinze jours, sera interprété comme une nouvelle prorogation.

Les fournitures faites jusqu'à l'expiration normale du contrat constitueront un premier lot donnant lieu à un règlement définitif; les fournitures effectuées au cours des prorogations successives seront considérées chacune comme constituant un lot séparé au point de vue des règlements.

Art. 6. *Clauses de résiliation pour le cas de cessation des hostilités.* — A partir du jour où le gouvernement aura, soit par une déclaration publique, soit par un acte public, fait connaître qu'il y a suspension ou cessation des hostilités entre la France et l'Allemagne, l'administration aura la faculté de résilier en tout ou en partie le marché.

Il sera tenu compte au titulaire des dépenses engagées par lui et des approvisionnements en magasin ou à pied d'œuvre, ou bien en cours de constitution, dans la mesure où ces dépenses ou approvisionnements, reconnus indispensables à l'exécution de la commande, ne seraient pas susceptibles d'application pour les besoins ordinaires de l'industrie du titulaire.

B. — APPLICATION DU CAHIER DES CLAUSES ET CONDITIONS GÉNÉRALES DU 16 FÉVRIER 1903.

Art. 7. Le fournisseur s'engage à se conformer au cahier des charges générales communes à la fourniture de métaux et pièces métalliques faite au service de l'artillerie, approuvé le 27 mai

_____

(1) Cet article ne devra figurer que sur les marchés qui doivent être considérés comme conventions. A biffer sur les autres marchés.

1907 et au cahier des clauses et conditions générales applicables aux marchés de fournitures du Département de la guerre (16 février 1903) et dont il déclare avoir pleine connaissance, ainsi qu'à l'instruction du 6 juillet 1909, relative aux marchés du Département de la guerre.

Art. 8. *Vérifications et essais* (art. 18, 27 et 33 du C. C. C. G. du 16 février 1903 et art. 106 de l'instruct. du 6 juillet 1909). — Pour l'exécution des vérifications et essais, l'administration de la guerre se réserve de faire appel à la fois aux établissements de l'artillerie et au laboratoire d'essais du Conservatoire national des arts et métiers.

Art. 9. *Interdiction de s'associer ou de rétrocéder* (art. 14 et 40, paragraphe 5 du C. C. C. G. du 16 février 1903). — Le titulaire ne pourra contracter aucune association après l'approbation de son marché; il lui est interdit de rétrocéder à un moment quelconque une partie complète des fournitures faisant l'objet du marché.

Art. 10. *Sous-traitants* (art. 14 du C. C. C. G. du 16 février 1903). — Par dérogation à l'article 14 du cahier des clauses et conditions générales du 16 février 1903, le titulaire soumettra, avant l'approbation du marché, à l'administration de la guerre, la liste des sous-traitants qu'il se propose d'employer avec leurs noms et adresses, la nature du travail qu'ils auront à effectuer et leurs moyens de production en matériel et personnel.

La liste des sous-traitants une fois approuvée par l'administration de la guerre, aucune adjonction ne pourra y être faite au cours du marché sans son autorisation préalable.

L'administration de la guerre aura le droit de se faire communiquer le texte de tous les sous-traités.

Art. 11. *Conditions du travail* (1) (art. 13 du C. C. C. G. du 16 février 1903). — Sont applicables aux fournitures visées par le présent marché, les dispositions des décrets concernant les conditions du travail dans les marchés de travaux et de fournitu-

___

(1) Cette clause peut être supprimée lorsqu'il s'agit d'ouvrages ou de produits d'un emploi courant susceptibles d'être livrés indifféremment soit à l'Etat, soit à d'autres clients.
Il est rappelé que la suppression de ladite clause ne suspend pas l'application des lois réglant les conditions du travail et notamment celle de la loi du 17 août 1915 (loi Dalbiez) sur l'emploi de la main-d'œuvre mobilisée.

res passés au nom de l'État. Le titulaire du marché prend l'engagement de se conformer à ces dispositions.

Art. 12. *Tolérances dans les quantités à livrer* (art. 22 du C. C. C. G. du 16 février 1903). — Les quantités totales commandées seront égales à celles qui font l'objet du marché; mais dans le cas où toutes les livraisons ne seraient pas faites par le fournisseur exactement dans les délais prévus au contrat, l'administration de la guerre aurait le droit, sans mise en demeure préalable, par application de l'article 22 du cahier des clauses et conditions générales du 16 février 1903, et indépendamment des mesures prévues par l'article 40 du même cahier, de modifier les quantités à livrer dans les conditions suivantes :

1° L'administration pourra refuser tout objet qui n'aurait pas été présenté en recette : à la date fixée pour l'expiration normale du contrat (1), un mois après la date fixée pour l'expiration normale du contrat (1).

Dans ce cas, le montant du marché serait réduit aux quantités effectivement reçues, et le règlement définitif serait effectué sur cette base;

2° Si les quantités reçues avaient atteint avant l'expiration du délai contractuel les quantités prévues, les quantités supplémentaires fabriquées pourraient : avant l'expiration de ce délai (1), dans le mois qui suivra l'expiration de ce délai (1), avec l'agrément de l'administration, être présentées en recette, jusqu'à concurrence de dix pour cent en plus, et le paiement de ce supplément serait effectué d'après le prix unitaire du présent marché.

Art. 13. *Rebuts* (art. 34 et 35 du C. C. C. G. du 16 février 1903). — Les rebuts prononcés par l'établissement destinataire devront avoir lieu au plus tard dans les trois mois à partir de la dernière livraison.

Le remplacement des objets rebutés devra être effectué dans le délai de trente jours à partir de la notification des rebuts.

L'enlèvement des objets rebutés devra être effectué dans le délai de trente jours à partir de la notification des rebuts.

Si le titulaire ne se conforme pas à cette prescription après une mise en demeure régulière, et à l'expiration du délai de quinze jours, l'administration a la faculté de faire vendre aux enchères par le ministère d'un officier public les matières, denrées ou objets rebutés qui n'auraient pas été enlevés dans le délai

(1) Biffer l'une des deux mentions.

fixé; le produit de la vente, déduction faite des frais, serait déposé à la Caisse des dépôts et consignations au nom du fournisseur.

Art. 14. *Résiliation* (art. 40 du C. C. C. G. du 16 février 1903).
— Le marché pourra être résilié dans les conditions prévues à l'article 40 du cahier des clauses et conditions générales du 16 février 1903 :
Si les retards apportés dans la livraison de la fourniture ou dans le remplacement des rebuts dépassent trente jours à partir de la date fixée pour la livraison ou de celle fixée pour le remplacement des rebuts;
Si les rebuts prononcés sont supérieurs à   p. 100 du poids total ou du nombre des objets composant la fourniture.

Art. 15. *Garanties* (1) (art. 47 du C. C. C. G. du 1er juillet 1909).
— Le titulaire garantit l'Etat contre toute malfaçon d'usinage ou défaut de matières premières pendant un délai de six mois.
L'administration centrale se réserve le droit d'apporter au marché les modifications que l'expérience des premiers spécimens construits aura montrées nécessaires, sous réserve d'un prix à débattre avec le constructeur.
Ces modifications feront l'objet d'une convention additionnelle au marché.

Art. 16. *Cautionnement* (2) (art. 8 du C. C. C. G. du 16 février 1903 et art. 64 de l'instruct. du 6 juillet 1909). — Le titulaire consent à la retenue du dixième de la valeur des fournitures livrées jusqu'à l'expiration du délai de garantie de six mois.

Art. 17. *Caution* (3) (art. 11 du C. C. C. G. du 16 février 1903).
— Pour assurer plus complètement l'exécution des dispositions qui précèdent et dont il déclare avoir pleine et entière connais-

---

(1) A biffer pour les marchés de fournitures qui ne nécessitent pas une garantie.
(2) La retenue du dixième dont il s'agit à cet article, indépendante de 1/5 (ou 1/12, selon les stipulations du marché) faite par application de l'article 51 du C. C. C. G. sur les paiements d'acomptes.
Lorsqu'il n'est pas exigé de cautionnement, remplacer la rédaction de l'article 16 : « Cautionnement », par les mots : « Dispensé de cautionnement. »
(3) Cet article est à biffer dans les marchés où il n'est pas exigé de caution.

sance, le fournisseur présente comme caution
M.
qui s'engage solidairement avec lui à remplir toutes les conditions du marché.

Article 18. *Paiement.* (Décret du 20 juin 1916.)

« *a)* (1) L'État se libérera des sommes dues en exécution du présent marché en en faisant porter le montant, conformément aux dispositions du décret du 20 juin 1916, au crédit du compte ouvert dans les écritures de la caisse centrale du Trésor public (ou de la trésorerie générale de....), au nom de...., sous le n°......»

« *b)* (1) L'État se libérera des sommes dues en exécution du présent marché, en en faisant donner, conformément aux dispositions du décret du 20 juin 1916, crédit à la banque de ....., à charge par elle d'en imputer le montant au compte ouvert dans ses écritures au nom de ....., sous le n°.....»

Fait en minute et triple expédition, à   , le   191 .

Le Soumissionnaire,

(2)

Le Chef de l'établissement,

APPROUVÉ :

Notifié aux intéressés, le   191 .

Enregistré à   , le   191 .

Fº   Cᵃ

Reçu.

---

(1) Suivant le cas, biffer l'une des deux clauses *a)* et *b)*. Cette clause n'est applicable qu'à la métropole. (Feuille rectificative n° 1 du 18 août 1916).

(2) « Vu et approuvé » si le marché ne doit pas être communiqué au Ministre ou bien « accepté et transmis au Ministre » en cas contraire.

Marché-type n° 2 pour fourniture de matières et objets divers.

<table>
<tr><td>• Expédition.</td><td></td><td>N°</td></tr>
<tr><td>MINISTÈRE
DE LA GUERRE.</td><td>RÉPUBLIQUE FRANÇAISE,</td><td>Format : 0,270 × 0,210.</td></tr>
<tr><td>Sous-Secrétariat d'État
de l'artillerie
et des munitions.</td><td>(Établissement)</td><td>Marché approuvé le</td></tr>
<tr><td>• Section.</td><td></td><td></td></tr>
</table>

EXERCICE 191

Chap. Art. Par.

État de prévision
n°
approuvé le

Marché   (Sans appel à la concurrence (1).
de gré à gré (Avec appel à la concurrence.
passé par application de l'article 18   Par.
du décret du 18 novembre 1882, pour la fourniture
de
de la commande n°   du   191 .

Je soussigné   demeurant à
département d   me soumets et m'engage envers
M. le Ministre de la guerre à effectuer aux prix et conditions
ci-après les fournitures dont le détail suit :

1° CLAUSES TECHNIQUES ET FINANCIÈRES.

Objet et prix du marché. — L'objet et le prix du marché sont
fixés ainsi qu'il suit :

DÉSIGNATION des MATIÈRES OU OBJETS A LIVRER.	QUANTITÉS	PRIX		OBSERVATIONS.
		UNITAIRE.	TOTAL.	
				Les objets ci-contre devront être rendus franco sur wagon en gare de
				on franco dans les magasins de l'établissement de

(1) Biffer l'une des deux mentions.

Le montant total de la fourniture s'élève à

Délais de livraison. — Les livraisons partielles seront effectuées dans les conditions suivantes :

La fourniture devra être entièrement terminée le

Conditions techniques de la fourniture (1).

2° CLAUSES ADMINISTRATIVES.

A. — CLAUSES SPÉCIALES.

Art. 1er. *Importations d'Angleterre* (1). — Le fournisseur s'engage à ne faire venir d'Angleterre, pour l'exécution du présent marché aucun objet, ni aucune matière première dont l'exportation de ce pays est interdite.

L'inexécution par le fournisseur de cet engagement entraînera la résiliation du marché à ses risques et périls.

Art. 2. *Emploi du personnel mobilisé* (2) (circ. du 15 octobre 1915, B. O., P. S.-P., p. 433). — Si l'exécution du marché le rend indispensable, et sur la demande expresse du titulaire, l'administration de la guerre mettra à la disposition de ce dernier de la main-d'œuvre militaire, aux conditions ci-après et sans que la présente clause puisse constituer de la part de l'administration un engagement dont l'inexécution serait susceptible de donner ouverture à une indemnité au profit du titulaire du marché, ou d'autoriser celui-ci à retarder les livraisons.

Préalablement à tout commencement d'exécution, le titulaire remettra au chef de l'établissement la liste du personnel mobilisé qui sera employé tant par lui que par ses sous-traitants, ledit personnel devant être employé exclusivement à l'exécution des commandes intéressant la défense nationale. Ces listes seront jointes au dossier du marché dans les établissements de l'artillerie, et ceux-ci devront être avisés de toute modification apportée aux listes dont il s'agit.

L'administration de la guerre aura un contrôle permanent de tout le personnel militaire; elle se réserve le droit de répartir le personnel à sa convenance, et même de le retirer, en totalité ou en partie, au cas où elle jugerait son utilisation insuffisante.

Le nombre de jours de travail pour le personnel mobilisé sera

---

(1) Dépêche ministérielle n° 91721 2/5 du 17 mars 1915. Au cas où il y aurait lieu de faire des importations d'Angleterre, cette clause serait à remplacer par la clause A indiquée dans la dépêche ministérielle ci-dessus visée.

(2) Article à laisser subsister sur les marchés relatifs à la confection de voitures et objets divers dont les livraisons doivent se faire à des dates assez éloignées (fabriqués spécialement pour l'exécution du marché).

A biffer sur les marchés comportant livraison dans des délais très rapprochés et qui se rapportent à l'achat de fournitures existant en magasin.

d'au moins vingt-cinq jours par mois, sauf le cas de maladie ou de force majeure.

Tout employé ou ouvrier mobilisé qui s'absenterait indûment devra être signalé au contrôle.

Le titulaire et ses sous-traitants sont responsables, chacun en ce qui le concerne, vis-à-vis de l'administration de la guerre, de l'emploi de leur personnel mobilisé.

Le titulaire est tenu de payer à ses ouvriers le salaire normal et courant des ouvriers de la même profession occupés dans la région. Il est responsable des accidents qui peuvent survenir, au cours des travaux qui leur sont confiés, aux ouvriers mis à sa disposition par l'autorité militaire. En cas de maladie provenant d'un accident de travail, il est tenu de supporter les frais d'hospitalisation et de traitement dans les hôpitaux militaires.

Toute infraction aux clauses du présent paragraphe entraînera de droit, pour celui qui l'aura commise, la suppression de la commande ou sous-commande, et le retrait du personnel mobilisé qui lui était affecté sans préjudice de toutes autres poursuites ou sanctions.

Art. 2 *bis* (1). *Assurance-retraite.* — Le titulaire du marché justifiera, en ce qui concerne le personnel occupé, qu'il se conforme aux obligations de la loi des retraites ouvrières et paysannes; qu'à cet effet, il effectue le précompte de la cotisation ouvrière lors de chaque paye, dans les conditions prévues par l'article 3 de la loi du 5 avril 1910-17 août 1915, et appose les timbres représentant la double contribution sur les cartes de ses salariés.

Pour les salariés qui ne présenteraient pas leur carte, le titulaire du marché usera des moyens de se libérer que lui offre l'article 23 (§ 2), en versant, à la fin de chaque mois, directement ou par la poste, ses contributions patronales au greffe de la justice de paix ou à l'organisme reconnu par la loi auquel serait affilié l'assuré. Sur la demande de l'administration, il produira les récépissés constatant qu'il a usé de cette faculté.

A défaut, il justifiera avoir dans sa comptabilité un compte spécial d'assurance-retraite où il inscrira, avec affectations nominatives, celles de ses contributions patronales qui ne sont pas acquittées en timbres; à cet effet, sur la demande de l'administration, il devra faire la preuve que le total des sommes inscri-

_____

(1) Feuille rectificative n° 1 du 18 août 1916.

lés mensuellement au crédit de ce compte spécial correspond globalement au nombre des ouvriers qui n'ont pas présenté leur carte, et qu'à la fin de chaque année le total de ces sommes figure en passif au bilan.

Art. 3. *Avances* (a).

Art. 4. *Acomptes sur matières premières ou pour paiement de salaires* (b) (décr. du 21 janvier 1916, instruct. du 16 mars 1916). — Des acomptes pour paiement des salaires et des acomptes sur matières premières seront, dans les conditions du décret du 21 janvier 1916, délivrés au fournisseur qui déclare avoir pleine connaissance de ce texte et s'engage à se soumettre à ses dispositions.

Au cas où les acomptes ayant été délivrés sur matières premières ou pour paiement des salaires, aucune fourniture n'aura été faite à la date du..... ou dans un délai de....., après la date prévue pour la livraison du lot de fourniture déterminé, le fournisseur sera, pour la seule échéance du terme, en demeure de rembourser les sommes à lui versées par l'Etat, qui pourra en poursuivre le recouvrement par les voies de droit à l'expiration d'un délai d'un mois accordé audit fournisseur pour se libérer.

En outre, le fournisseur s'engage à ne pas céder, warranter ou employer les matières approvisionnées pour lesquelles des acomptes lui ont été payés, à un autre objet qu'à l'exécution du marché, sans l'autorisation spéciale du Ministre de la guerre, sous peine de résiliation du marché à ses risques et périls et d'une pénalité égale à la valeur des marchandises cédées, warrantées ou détournées de leur emploi. Le détournement d'emploi sera constaté par l'administration; il résultera de la simple im-

---

(a) Au cas exceptionnel où il serait jugé opportun de délivrer des avances au fournisseur, un feuillet spécial comportant les clauses nécessaires sera ajouté au marché. Ces clauses seront rédigées suivant les clauses types figurant dans les documents ci-après :
  a) Avances pour achats de matières premières (application du décret du 21 janvier 1916) : instruction du 10 mars 1916, paragraphe II-B;
  b) Avances pour création d'outillage (application de la loi du 28 septembre 1915) : annexes nos 1, 2 et 3 du décret du 17 février 1916.
  (b) A rayer dans le cas où il ne serait pas délivré d'acomptes de cette nature. Il est rappelé que la concession de ces acomptes devra être motivée par la situation spéciale du fournisseur et devra, en principe, se traduire par un avantage de prix fait à l'Etat, correspondant à l'escompte consenti dans le commerce pour les paiements au comptant.

possibilité de représenter des matières ou de justifier de l'emploi
à leur destination au contrat sur la requête de l'officier délégué
du Ministre de la guerre.

Il est d'ailleurs rappelé que la vente des matières appartenant
ainsi à l'Etat constitue la vente de la chose d'autrui, déclarée
nulle par la loi, et ouvrant le droit à des dommages-intérêts en
cas de bonne foi de l'acheteur (art. 1599 C. C.).

Art. 5. *Prorogation du marché* (1). — Deux mois au moins
avant la date fixée pour l'expiration normale du marché, le titulaire s'il désire proroger le marché devra demander par lettre
recommandée adressée au chef de l'établissement si ce dernier
entend consentir une prorogation dudit marché aux mêmes conditions.

L'administration aura le droit d'opter, par simple lettre, pour
une prorogation d'un mois. Le silence gardé par elle pendant la
quinzaine écoulée depuis la réception de la demande du titulaire
du marché équivaudra de sa part à une acceptation de cette prorogation.

Si le marché est ainsi prorogé, le titulaire devra, de mois en
mois, poser par écrit la même question au chef de l'établissement, dont le silence dans le même délai de quinze jours sera
interprété comme une nouvelle prorogation.

Les fournitures faites jusqu'à l'expiration normale du contrat
constitueront un premier lot donnant lieu à un règlement définitif, les fournitures effectuées au cours des prorogations successives seront considérées chacune comme constituant un lot séparé au point de vue des règlements.

Art. 6. *Clause de résiliation pour le cas de cessation des hostilités.* — A partir du jour où le gouvernement aura, soit par une
déclaration publique, soit par un acte public, fait connaître qu'il
y a suspension ou cessation des hostilités entre la France et l'Allemagne, l'administration aura la faculté de résilier en tout ou
en partie le marché.

Il sera tenu compte au titulaire des dépenses engagées par
lui et des approvisionnements en magasin ou à pied d'œuvre,

---

(1) Cet article ne devra figurer que sur les marchés qui doivent être
considérés comme conventions.
Article à biffer sur les autres marchés.

ou bien en cours de constitution, dans la mesure où ces dépenses ou approvisionnements, reconnus indispensables à l'exécution de la commande, ne seraient pas susceptibles d'application pour les besoins ordinaires de l'industrie du titulaire.

B. — Application du cahier des clauses et conditions générales du 16 février 1903.

Art. 7. — Le fournisseur s'engage à se conformer au cahier des clauses et conditions générales applicables aux marchés de fourniture du Département de la guerre (16 février 1903) et dont il déclare avoir pleine connaissance, ainsi qu'à l'instruction du 6 juillet 1909 relative aux marchés du Département de la guerre.

Art. 8. *Vérifications et essais* (art. 18, 27 et 33 du C. C. C. G. du 16 février 1903 et art. 106 de l'instruct. du 6 juillet 1909). — Pour l'exécution des vérifications et essais, l'administration de la guerre se réserve de faire appel à la fois aux établissements de l'artillerie et au laboratoire d'essais du Conservatoire national d'arts et métiers.

Art. 9. *Interdiction de s'associer ou de rétrocéder* (art. 14 et 40, paragr. 5 du C. C. C. G. du 16 février 1903). — Le titulaire ne pourra contracter aucune association après l'approbation de son marché, il lui est interdit de rétrocéder à un moment quelconque une partie complète des fournitures faisant l'objet du marché.

Art. 10. *Sous-traitants* (art. 14 du C. C. C. G. du 16 février 1903). — Par dérogation à l'article 14 du cahier des clauses et conditions générales du 16 février 1903, le titulaire soumettra, avant l'approbation du marché, à l'administration de la guerre, la liste des sous-traitants qu'il se propose d'employer avec leurs noms et adresses, la nature du travail qu'ils auront à effectuer et leurs moyens de production en matériel et personnel.

La liste des sous-traitants, une fois approuvée par l'administration de la guerre, aucune adjonction ne pourra y être faite au cours du marché sans son autorisation préalable.

L'administration de la guerre aura le droit de se faire communiquer le texte de tous les sous-traités.

Art. 11. *Conditions du travail* (1) (art. 13 du C. C. C. G. du 16 février 1903). — Sont applicables aux fournitures visées par le présent marché, les dispositions des décrets concernant les conditions du travail dans les marchés de travaux et de fourniture passés au nom de l'État. Le titulaire du marché prend l'engagement de se conformer à ces dispositions.

Art. 12. *Tolérances dans les quantités à livrer* (2) (art. 22 du C. C. C. G. du 16 février 1903). — La proportion qui pourra être admise en plus ou en moins des quantités commandées est fixée à   p. 100 en plus, à   p. 100 en moins.

Art. 13. *Pénalités* (art. 39 du C. C. C. G. du 16 février 1903). — Dans le cas où les livraisons ne seraient pas faites dans les délais fixés au marché, le titulaire sera passible d'une retenue qui sera calculée à raison de cinquante centimes par mille francs et par jour de retard, pendant les trente premiers jours, et d'un franc à partir du trente et unième jour, sur la valeur des objets livrés en retard ou non livrés, sans que la pénalité totale puisse dépasser le dixième de la valeur de la fourniture en souffrance.

Art. 14. *Rebuts* (1) (art. 34 et 35 du C. C. C. G. du 18 février 1903). — Les rebuts prononcés par l'établissement destinataire devront avoir lieu au plus tard dans les trois mois à partir de la dernière livraison.

Le remplacement des objets rebutés devra être effectué dans le délai de trente jours à partir de la notification des rebuts.

L'enlèvement des objets rebutés devra être effectué dans le délai de trente jours à partir de la notification des rebuts. Si le titulaire ne se conforme pas à cette prescription après une mise en demeure régulière, et à l'expiration d'un délai de quinze jours, l'administration a la faculté de faire vendre par le ministère d'un officier public les matières, denrées ou objets rebutés qui n'auraient pas été enlevés dans le délai fixé; le produit

---

(1) Cette clause peut être supprimée lorsqu'il s'agit d'ouvrages ou de produits d'un emploi courant susceptibles d'être livrés indifféremment soit à l'État, soit à d'autres clients.

Il est rappelé que la suppression de ladite clause ne suspend pas l'application des lois réglant les conditions du travail, et notamment celles de la loi du 17 août 1915 (loi Dalbiez) sur l'emploi de la main-d'œuvre mobilisée.

(2) Clause à biffer sur les marchés comportant la livraison d'un nombre déterminé de fournitures.

de la vente, déduction faite des frais, est déposé à la Caisse des dépôts et consignations, au nom du fournisseur.

Art. 15. *Résiliation* (art. 40, paragr. 3 et 4 du C. C. C. G. du 16 février 1903). — Le marché pourra être résilié dans les conditions prévues à l'article 40 du cahier des clauses et conditions générales du 16 février 1903 :

Si les retards apportés dans la livraison de la fourniture ou dans le remplacement des rebuts dépassent trente jours à partir de la date fixée pour la livraison ou de celle fixée pour le remplacement des rebuts;

Si les rebuts prononcés sont supérieurs à   p. 100 du poids total ou du nombre des objets composant la fourniture.

Art. 16. *Garantie* (1) (art 47 du C. C. C. G. du 1er juillet 1909). — Le titulaire garantit l'État contre toute malfaçon d'usinage ou défaut de matières premières pendant un délai de six mois.

L'administration centrale se réserve le droit d'apporter au marché les modifications que l'expérience des premiers spécimens construits aura montrées nécessaires, sous réserve d'un prix à débattre avec le constructeur.

Ces modifications feront l'objet d'une convention additionnelle au marché.

Art. 17. *Cautionnement* (2) art. 3 du C. C. C. G. du 16 février 1903 et 64 de l'instruct. du 6 juillet 1909). — Le titulaire consent à la retenue du dixième de la valeur des fournitures livrées jusqu'à l'expiration du délai de garantie de six mois.

Art. 18. *Caution* (3) (art. 11 du C. C. C. G. du 16 février 1903. — Pour assurer plus complètement l'exécution des dispositions qui précèdent et dont il déclare avoir pleine et entière connaissance, le fournisseur présente comme caution M..... qui s'engage solidairement avec lui à remplir toutes les conditions du marché.

---

(1) A biffer pour les marchés de fournitures qui ne nécessitent pas une garantie.

(2) La retenue du dixième dont il s'agit à cet article, indépendante de la retenue de 1/6 (ou 1/12, selon les stipulations du marché), faite par application de l'article 51 du C. C. C. G. sur les paiements d'acomptes.

Lorsqu'il n'est pas exigé de cautionnement, remplacer la rédaction de l'article 17 « Cautionnement », par les mots « Dispensé de cautionnement ».

(3) Cet article est à biffer dans les marchés où il n'est pas exigé de caution.

Art. 19. *Paiement.* — (Décret du 20 juin 1916.) »

a) (1) L'État se libérera des sommes dues en exécution du présent marché en en faisant porter le montant, conformément aux dispositions du décret du 20 juin 1916, au crédit du compte ouvert dans les écritures de la caisse centrale du Trésor public (ou de la trésorerie générale de .....), au nom de ....., sous le n° .....

b) (1) L'État se libérera des sommes dues en exécution du présent marché, en en faisant donner, conformément aux dispositions du décret du 20 juin 1916, crédit à la banque de ....., à charge par elle d'en imputer le montant au compte ouvert dans ses écritures au nom de ....., sous le n° .....

Fait en minute et triple expédition, à   , le   191 .

Le Soumissionnaire,

(2)

Le Chef de l'établissement,

APPROUVÉ :

Notifié aux intéressés, le   191 .

Enregistré à   , le   191 .

F°   C°°.

Reçu.

---

(1) Suivant le cas, biffer l'une des deux clauses *a*) et *b*). Cette clause n'est applicable qu'à la métropole. (Feuille rectificative n° 1 du 18 août 1916.)

(2) « Vu et approuvé » si le marché ne doit pas être communiqué au Ministre, ou bien « accepté et transmis au Ministre » en cas contraire.

Marché-type n° 3 pour travaux de construction.

Expédition.

RÉPUBLIQUE FRANÇAISE.

N°

MINISTÈRE
DE LA GUERRE.

Marché approuvé le

Sous-Secrétariat d'État
de l'artillerie
et des munitions.

(Établissement)

Section

EXERCICE 191

Chap. Art. Par.

Marché   (Sans appel à la concurrence (1).
de gré à gré (Avec appel à la concurrence.

État de prévision
n°
approuvé le

passé par application de l'article 18.   Par
du décret du 18 novembre 1882, pour travaux de
construction

Je soussigné   demeurant à
département d   me soumets et m'engage envers
M. le Ministre de la guerre à effectuer aux prix et conditions
ci-après les travaux de   (2)

---

(1) Biffer l'une des deux mentions.
(2) Donner la désignation sommaire de l'entreprise.

CHAPITRE Ier.

DISPOSITIONS GÉNÉRALES.

Art. 1er. Le présent marché a pour objet
conformément aux dispositions d'ensemble et de détail indiquées
ci-après et dans les documents suivants, ci-annexés :

1°   devis estimatif   des ouvrages;

2°   feuille   de dessin;

3° La   série de prix arrêtée par le service du génie
le
pour (1)

4° Le cahier des prescriptions générales des travaux militaires du 23 décembre 1908;

5° Le cahier des clauses et conditions générales applicables
aux marchés de travaux de constructions militaires, du 1er juillet
1909;

6° L'instruction du 1er juillet 1909 pour l'application du cahier
des clauses et conditions générales des marchés de travaux militaires;

7° L'instruction du 6 juillet 1909 relative aux marchés du Département de la guerre (titres II, V et VIII);

8° Le décret du 10 août 1899 sur les conditions du travail dans
les marchés passés au nom de l'Etat.

Art. 2. Le montant de l'entreprise est évalué à la somme
de. . . . .

(2). . . . .

Par suite, le montant net de l'entreprise est de. .

Art. 3. Les travaux dont les prix ne sont pas portés au devis
estimatif et qui seront commandés à l'entrepreneur lui seront

---

(1) Désigner la place, la chefferie ou la direction du génie.

(2) Mettre, suivant le cas : { dont il y a lieu de déduire pour le rabais
de   p. 100 consenti par l'entrepreneur.
à laquelle il y a lieu d'ajouter pour la
surenchère de   p. 100 faite par l'entrepreneur.

payés au prix de la série du service du génie ci-dessus visée, affectés (1) d   stipulé   à l'article 2.

Art. 4. L'entrepreneur sera tenu de remettre les travaux complètement achevés et les lieux en l'état dans un délai de (2) à dater de la notification de l'ordre d'exécution.

Art. 5. Il ne sera pas donné suite aux demandes de sursis qui seraient formées après l'expiration du délai fixé pour l'achèvement des travaux ni aux demandes de remise des pénalités encourues lorsque le montant de ces pénalités aura été arrêté par le sous-secrétaire d'État.

Art. 6. A partir du jour où le gouvernement aura, soit par une déclaration publique, soit par un acte public, fait connaître qu'il y a suspension ou cessation des hostilités entre la France et l'Allemagne, l'administration aura la faculté de résilier en tout ou en partie le marché.

Il sera tenu compte au titulaire des dépenses engagées par lui et des approvisionnements en magasin ou à pied d'œuvre, ou bien en cours de constitution, dans la mesure où ces dépenses ou approvisionnements, reconnus indispensables à l'exécution de la commande, ne seraient pas susceptibles d'application pour les besoins ordinaires de l'industrie du titulaire.

Art. 7. Le délai de garantie sera (3)

Art. 8. Les acomptes qui pourront être délivrés à l'entrepreneur ne devront pas dépasser les (4)   des droits constatés.

Art. 9. Dispositions relatives à l'application du décret du 10 août 1899 (5) :

a) L'entrepreneur ne pourra employer (6)

---

(1) Du rabais ou de la surenchère.

(2) Jours ou mois.

(3) Trois années pour les travaux de couverture en tuiles mécaniques; une année pour les autres ouvrages.

(4) 5/6 ou 11/12.

(5) Les dispositions de ce décret ne sont pas applicables à l'Algérie ni à la Tunisie. Pour l'Algérie, mettre le texte de l'article 10 en concordance avec le décret du 21 mars 1902 et la circulaire du 9 avril 1902 relative à l'application de ce dernier décret.

(6) Mettre, suivant le cas : { L'entrepreneur ne pourra employer des ouvriers étrangers que dans la proportion de   p. 100 dans chaque profession. L'entrepreneur ne pourra employer que des ouvriers de nationalité française.

Sur la demande de l'autorité militaire, il sera tenu de fournir pour les ouvriers de nationalité française une pièce établissant d'une façon incontestable cette nationalité (1);

b) Il s'engage, par application de l'article 54 des clauses et conditions générales, à se conformer aux durées de travail et aux fixations de salaires portées sur le bordereau ci-après :

Bordereau des salaires normaux (2)

NUMÉRO du BORDEREAU	PROFESSIONS ET CATÉGORIES	PRIX de L'HEURE.	DURÉE NORMALE de la journée de travail.	OBSERVATIONS.
				NOTA. — Le bordereau est affiché sur les chantiers et dans les ateliers par les soins de l'entrepreneur dans la forme et aux endroits fixés par le directeur de l'établissement.

L'entrepreneur reste libre de payer un taux supérieur ou de faire exécuter le travail à la tâche, pourvu que, dans ce dernier cas, le gain journalier de l'ouvrier soit au moins égal au taux prévu pour sa catégorie;

c) L'entrepreneur ne pourra déroger aux règles qui concernent le repos hebdomadaire que dans les conditions prévues par le décret du 10 août 1899 et le chapitre IV du titre Ier du livre II du

---

(1) Entre autres pièces, on peut citer : 1° certificat de l'autorité civile constatant que l'intéressé jouit de ses droits civils et politiques; 2° certificat d'inscription sur les listes électorales; 3° carte d'électeur; 4° certificat de l'autorité militaire établissant que le candidat a satisfait aux obligations de la loi sur le recrutement.

(2) Une copie de ce bordereau est envoyée à l'administration centrale, en même temps que la première expédition du marché approuvé (circ. n° 72 du 11 décembre 1899).

code du travail et de la prévoyance sociale, et seulement dans les limites fixées par ce chapitre;

d) En cas d'emploi, par l'entrepreneur, d'ouvriers que leurs aptitudes physiques mettent dans des conditions d'infériorité notoire sur les ouvriers de la même catégorie, la proportion maxima de ces ouvriers par rapport au total des ouvriers de la même catégorie sera de 10 p. 100 et la réduction à faire subir aux salaires normaux sera de 10 p. 100 au maximum.

Art. 10. Les notifications prévues à l'article 8 du cahier des clauses et conditions générales seront faites, le cas échéant, à la mairie d

Art. 11. Le titulaire du marché est tenu de fournir un cautionnement de

CHAPITRE II.

DISPOSITIONS PARTICULIÈRES.

Art. 1er. *Importations d'Angleterre* (dép. minist. n° 31721 2/3 du 17 mars 1915). — Le fournisseur s'engage à ne faire venir d'Angleterre, pour l'exécution du présent marché aucun objet ni aucune matière première dont l'exportation de ce pays est interdite.

L'inexécution par le fournisseur de cet engagement entraînera la résiliation du marché à ses risques et périls.

Art. 2. *Emploi du personnel mobilisé* (circ. du 15 octobre 1915, B. O., v. s.-r., p. 433). — Si l'exécution du marché le rend indispensable, et sur la demande expresse du titulaire, l'administration de la guerre mettra à la disposition de ce dernier de la main-d'œuvre militaire, aux conditions ci-après, et sans que la présente clause puisse constituer de la part de l'administration un engagement dont l'inexécution serait susceptible de donner ouverture à une indemnité au profit du titulaire du marché, ou d'autoriser celui-ci à retarder les livraisons.

Préalablement à tout commencement d'exécution, le titulaire remettra au chef de l'établissement la liste du personnel mobilisé qui sera employé, tant par lui que par ses sous-traitants, ledit personnel devant être employé exclusivement à l'exécution des commandes intéressant la défense nationale.

Ces listes seront jointes au dossier du marché dans les établissements de l'artillerie, et ceux-ci devront être avisés de toute modification apportée aux listes dont il s'agit.

L'administration de la guerre aura un contrôle permanent de tout le personnel militaire, elle se réserve le droit de répartir le personnel à sa convenance, et même de le retirer, en totalité ou en partie, au cas où elle jugerait son utilisation insuffisante.

Le nombre de jours de travail pour le personnel mobilisé sera d'au moins vingt-cinq jours par mois, sauf le cas de maladie ou de force majeure.

Tout employé ou ouvrier mobilisé qui s'absenterait indûment devra être signalé au contrôle.

Le titulaire et ses sous-traitants sont responsables, chacun en ce qui le concerne, vis-à-vis de l'administration de la guerre, de l'emploi de leur personnel mobilisé.

Le titulaire est tenu de payer à ses ouvriers le salaire normal et courant des ouvriers de la même profession occupés dans la région. Il est responsable des accidents qui peuvent survenir, au cours des travaux qui leur sont confiés, aux ouvriers mis à sa disposition par l'autorité militaire. En cas de maladie provenant d'un accident de travail, il est tenu de supporter les frais d'hospitalisation et de traitement dans les hôpitaux militaires.

Toute infraction aux clauses du présent paragraphe entraînera, de droit, pour celui qui l'aura commise, la suppression de la commande ou sous-commande, et le retrait du personnel mobilisé qui lui était affecté sans préjudice de toutes autres poursuites ou sanctions.

Art. 2 *bis* (1). *Assurance-retraite.* — Le titulaire du marché justifiera, en ce qui concerne le personnel occupé, qu'il se conforme aux obligations de la loi des retraites ouvrières et paysannes; qu'à cet effet, il effectue le précompte de la cotisation ouvrière lors de chaque paye, dans les conditions prévues par l'article 3 de la loi du 5 avril 1910-17 août 1915, et appose les timbres représentant la double contribution sur les cartes de ses salariés.

Pour les salariés qui ne présenteraient pas leur carte, le titulaire du marché usera des moyens de se libérer que lui offre l'article 23 (§ 2), en versant, à la fin de chaque mois, directement ou par la poste, ses contributions patronales au greffe de la justice de paix ou à l'organisme reconnu par la loi auquel serait affilié l'assuré. Sur la demande de l'administration, il produira les récépissés constatant qu'il a usé de cette faculté.

_____

(1) Feuille rectificative n° 1 du 18 août 1916.

A défaut, il justifiera avoir dans sa comptabilité un compte spécial d'assurance-retraite où il inscrira, avec affectations nominatives, celles de ses contributions patronales qui ne sont pas acquittées en timbres; à cet effet, sur la demande de l'administration, il devra faire la preuve que le total des sommes inscrites mensuellement au crédit de ce compte spécial correspond globalement au nombre des ouvriers qui n'ont pas présenté leur carte, et qu'à la fin de chaque année le total de ces sommes figure en passif au bilan.

Art. 3. *Vérifications et essais.* — Pour l'exécution des vérifications et essais faisant l'objet de l'article 21 du cahier des clauses et conditions générales du 1er juillet 1909 et de l'article 106 de l'instruction du 6 juillet 1909, l'administration de la guerre se réserve le droit de faire appel à la fois aux établissements de l'artillerie et au laboratoire d'essais du Conservatoire national des arts et métiers.

Art. 4. *Interdiction de s'associer ou de rétrocéder.* — Le titulaire ne pourra contracter aucune association après l'approbation de son marché, il lui est interdit de rétrocéder à un moment quelconque une partie des travaux faisant l'objet du marché.

Art. 5. *Sous-traitants.* — Par dérogation à l'article 9 du cahier des clauses et conditions générales du 1er juillet 1909, le titulaire soumettra, avant l'approbation du marché, à l'administration de la guerre, la liste des sous-traitants qu'il se propose d'employer avec leurs noms et adresses, la nature du travail qu'ils auront à effectuer et leurs moyens de production en matériel et personnel.

La liste des sous-traitants, une fois approuvée par l'administration de la guerre, aucune adjonction ne pourra y être faite au cours du marché sans autorisation préalable.

L'administration de la guerre aura le droit de se faire communiquer le texte de tous les sous-traités.

Art. 6. *Paiement.* — (Décret du 20 juin 1916.) »

a) (1) L'État se libérera des sommes dues en exécution du présent marché en en faisant porter le montant, conformément aux dispositions du décret du 20 juin 1916, au crédit du compte ouvert dans les écritures de la caisse centrale du Trésor public (ou de la trésorerie générale de ....), au nom de .... sous le n° ....

b) (1) L'État se libérera des sommes dues en exécution du présent

(1) Suivant le cas, biffer l'une des deux clauses a) et b). Cette clause n'est applicable qu'à la métropole. (Feuille rectificative n° 1 du 18 août 1916.)

marché, en en faisant donner, conformément aux dispositions du décret du 20 juin 1916, crédit à la banque de ....., à charge par elle d'en imputer le montant au compte ouvert dans ses écritures au nom de ....., sous le n° ....

Fait en minute et triple expédition, à   , le   191 .

Le *Soumissionnaire,*

(1)

Le Chef de l'établissement,

Approuvé :

Notifié aux intéressés, le   191 .

Enregistré à   , le   191 .

F°   C°

Reçu

(1) « Vu et approuvé » si le marché ne doit pas être communiqué au Ministre ou bien « accepté et transmis au Ministre » en cas contraire.

Marché-type n° 4.

Expédition.

MINISTÈRE
DE LA GUERRE.

Sous-Secrétariat d'État
de l'Artillerie
et des Munitions.

SERVICE AUTOMOBILE
MATÉRIEL.

Exercice 191 .

RÉPUBLIQUE FRANÇAISE.

Marché N°

INSPECTION DES FABRICATIONS
DU SERVICE AUTOMOBILE.

MARCHÉ passé de gré à gré par application de l'art. 18 (§ 10) *du décret du 18 novembre 1882, pour la fourniture de*

(*Commande* N°   *du*   191   *Lettre de l'Inspection des fabrications* n°   *du*   191   .)

Je soussigné   demeurant
à   département d
me soumets et m'engage envers M. le Ministre de la guerre à effectuer aux prix et conditions ci-après, les fournitures dont le détail suit :

1° CLAUSES TECHNIQUES ET FINANCIÈRES.

Objet et prix du marché. — L'objet et le prix du marché sont fixés ainsi qu'il suit :

DÉSIGNATION des MATIÈRES OU OBJETS A LIVRER.	QUANTITÉS.	PRIX UNITAIRE	PRIX TOTAL	OBSERVATIONS.
				Les objets ci-contre devront être rendus franco sur wagon en gare de ou franco dans les Magasins de l'Établissement de
A reporter.				

DÉSIGNATION des MATIÈRES OU OBJETS À LIVRER.	QUANTI-TÉS.	PRIX		OBSERVATIONS.
		UNITAIRE.	TOTAL.	
Report.				

Le montant total de la fourniture s'élève à *(en toutes lettres)*.

Délais de livraison. — Les livraisons partielles seront effectuées dans les conditions suivantes :

La fourniture devra être entièrement terminée le

Conditions techniques de la fourniture.

2° CLAUSES ADMINISTRATIVES.

A. — CLAUSES SPÉCIALES.

Art. 1ᵉʳ *Importations d'Angleterre* (dép. minist. n° 31721 2/3 du 17 mars 1915) (1). — Le fournisseur s'engage à ne faire venir d'Angleterre, pour l'exécution du présent marché, aucun objet ni aucune matière première dont l'exportation de ce pays est interdite.

L'inexécution par le fournisseur de cet engagement entraînera la résiliation du marché à ses risques et périls.

(1) Au cas où il y aurait lieu de faire des importations d'Angleterre, cette clause serait à remplacer par la clause A indiquée dans la dépêche ministérielle ci-dessus visée.

Art. 2. *Emploi du personnel mobilisé.* — Si l'exécution du marché le rend indispensable, et sur la demande expresse du titulaire, l'administration de la guerre mettra à la disposition de ce dernier la main-d'œuvre militaire, aux conditions ci-après, et sans que la présente clause puisse constituer de la part de l'administration un engagement dont l'exécution serait susceptible de donner ouverture à une indemnité au profit du titulaire du marché, ou d'autoriser celui-ci à retarder ses livraisons.

Préalablement à tout commencement d'exécution, le titulaire remettra au chef de l'établissement la liste du personnel mobilisé qui sera employé tant par lui que par ses sous-traitants, ledit personnel devant être employé exclusivement à l'exécution des commandes intéressant la défense nationale. Ces listes seront jointes au dossier du marché dans les établissements du service automobile, et ceux-ci devront être avisés, pendant le cours de la fabrication, de toute modification apportée aux listes dont il s'agit.

L'administration de la guerre aura un contrôle permanent de tout le personnel militaire; elle se réserve le droit de répartir ce personnel à sa convenance, et même de le retirer, en totalité ou en partie, au cas où elle jugerait son utilisation insuffisante.

Le nombre de jours de travail pour le personnel mobilisé sera d'au moins vingt-cinq jours par mois, sauf le cas de maladie ou de force majeure.

Tout employé ou ouvrier mobilisé qui s'absenterait indûment devra être signalé au contrôle.

Le titulaire et ses sous-traitants sont responsables, chacun en ce qui le concerne, vis-à-vis de l'administration de la guerre, de l'emploi de leur personnel mobilisé.

Le titulaire est tenu de payer à ses ouvriers le salaire normal et courant des ouvriers de la même profession occupés dans la région. Il est responsable des accidents qui peuvent survenir, au cours des travaux qui leur sont confiés, aux ouvriers mis à sa disposition par l'autorité militaire.

En cas de maladie provenant d'un accident du travail, le titulaire est tenu de supporter les frais d'hospitalisation et de traitement dans les hôpitaux militaires.

Toute infraction aux clauses du présent paragraphe entraînera de droit, pour celui qui l'aura commise, la suppression de la commande ou sous-commande, et le retrait du personnel mobilisé qui lui était affecté sans préjudice de toutes autres poursuites ou sanctions.

Art. 2 bis (1). *Assurance-retraite.* — Le titulaire du marché justifiera, en ce qui concerne le personnel occupé, qu'il se conforme aux obligations de la loi des retraites ouvrières et paysannes; qu'à cet effet, il effectue le précompte de la cotisation ouvrière lors de chaque paye, dans les conditions prévues par l'article 3 de la loi du 5 avril 1910-17 août 1915, et appose les timbres représentant la double contribution sur les cartes de ses salariés.

Pour les salariés qui ne présenteraient pas leur carte, le titulaire du marché usera des moyens de se libérer que lui offre l'article 23 (§ 2), en versant, à la fin de chaque mois, directement ou par la poste, ses contributions patronales au greffe de la justice de paix ou à l'organisme reconnu par la loi auquel serait affilié l'assuré. Sur la demande de l'administration, il produira les récépissés constatant qu'il a usé de cette faculté.

A défaut, il justifiera avoir dans sa comptabilité un compte spécial d'assurance-retraite où il inscrira, avec affectations nominatives, celles de ses contributions patronales qui ne sont pas acquittées en timbres; à cet effet, sur la demande de l'administration, il devra faire la preuve que le total des sommes inscrites mensuellement au crédit de ce compte spécial correspond globalement au nombre des ouvriers qui n'ont pas présenté leur carte, et qu'à la fin de chaque année le total de ces sommes figure en passif au bilan.

Art. 3, *Avances* (2).

Art. 4. *Acomptes sur matières premières ou pour paiement de salaires* (3) (décr. du 21 janvier 1916, instruc. du 16 mars 1916). — Des acomptes pour paiement des salaires et des acomptes sur matières premières seront, dans les conditions du décret du 21 janvier 1916, délivrés au fournisseur qui déclare avoir pleine

---

(1) Feuille rectificative n° 1 du 18 août 1916.

(2) Au cas exceptionnel où il serait jugé opportun de délivrer des avances au fournisseur, un feuillet spécial comportant les clauses nécessaires sera ajouté au marché. Ces clauses seront rédigées suivant les clauses types figurant dans les documents ci-après :

a) Avances pour achats de matières premières (application du décret du 21 janvier 1916) : instruction du 16 mars 1916, paragraphe II-B;

b) Avances pour création d'outillage (application de la loi du 28 septembre 1915) : annexes n° 1, 2 et 3 du décret du 17 février 1916.

(3) A rayer dans le cas où il ne serait pas délivré d'acomptes de cette nature. Il est rappelé que la concession de ces acomptes devra être motivée par la situation spéciale du fournisseur et devra, en principe, se traduire par un avantage de prix fait à l'Etat, correspondant à l'escompte consenti dans le commerce pour les paiements au comptant.

connaissance de ce texte et s'engage à se soumettre à ses dispositions.

Au cas où les acomptes ayant été délivrés sur matières premières ou pour paiement des salaires, aucune fourniture n'aura été faite à la date du .... ou dans un délai de...., après la date prévue pour la livraison du lot de fourniture déterminé, le fournisseur sera, par la seule échéance du terme, en demeure de rembourser les sommes à lui versées par l'Etat, qui pourra en poursuivre le recouvrement par les voies de droit à l'expiration d'un délai d'un mois accordé audit fournisseur pour se libérer.

En outre, le fournisseur s'engage à ne pas céder, warranter ou employer les matières approvisionnées pour lesquelles des acomptes lui ont été payés, à un autre objet qu'à l'exécution du marché, sans autorisation spéciale du Ministre de la guerre, sous peine de résiliation du marché à ses risques et périls, et d'une pénalité égale à la valeur des marchandises cédées, warrantées ou détournées de leur emploi.

Le détournement d'emploi sera constaté par l'administration; il résultera de la simple impossibilité de représenter des matières ou de justifier de l'emploi à leur destination au contrat sur la requête de l'officier délégué du Ministre de la guerre.

Il est d'ailleurs rappelé que la vente de matières appartenant ainsi à l'Etat constitue la vente de la chose d'autrui, déclarée nulle par la loi, et ouvrant le droit à des dommages-intérêts en cas de bonne foi de l'acheteur. (Art. 1599, C. C.)

Art. 5. *Prorogation du marché* (1). — Deux mois au moins avant la date fixée pour l'expiration normale du marché, le titulaire s'il désire proroger le marché devra demander par lettre recommandée, adressée à l'inspecteur des fabrications du service automobile, si ce dernier entend consentir une prorogation dudit marché aux mêmes conditions.

L'administration aura le droit d'opter, par simple lettre, pour une prorogation d'un mois. Le silence gardé par elle pendant la quinzaine écoulée depuis la réception de la demande du titulaire du marché équivaudra de sa part à une acceptation de cette prorogation.

Si le marché est ainsi prorogé, le titulaire devra, de mois en mois, poser par écrit la même question à l'inspection des fabri-

---

(1) Cet article ne devra figurer que sur les marchés qui doivent être considérés comme conventions. A biffer sur les autres marchés. (Feuille rectificative n° 1 du 18 août 1916.)

cations du service automobile dont le silence, dans le même délai de quinze jours, sera interprété comme une nouvelle prorogation;

Les fournitures faites jusqu'à l'expiration normale du contrat constitueront un premier lot donnant lieu à un règlement définitif, les fournitures effectuées au cours des prorogations successives seront considérées chacune comme constituant un lot séparé au point de vue des règlements.

Art. 6. *Clauses de résiliation pour le cas de cessation des hostilités.* — A partir du jour où le gouvernement aura, soit par une déclaration publique, soit par un acte public, fait connaître qu'il y a suspension ou cessation des hostilités entre la France et l'Allemagne, l'administration aura la faculté de résilier en tout ou en partie le marché.

Il sera tenu compte au titulaire des dépenses engagées par lui et des approvisionnements en magasin ou à pied d'œuvre, ou bien en cours de constitution, dans la mesure où ces dépenses ou approvisionnements, reconnus indispensables à l'exécution de la commande, ne seraient pas susceptibles d'application pour les besoins ordinaires de l'industrie du titulaire.

B. — APPLICATION DU CAHIER DES CLAUSES ET CONDITIONS GÉNÉRALES.

Art. 7. — Le fournisseur s'engage à se conformer au cahier des clauses et conditions générales applicables aux marchés des fournitures du Département de la guerre (16 février 1903) et dont il déclare avoir pleine connaissance, ainsi qu'à l'instruction du 9 juillet 1909 relative aux marchés du Département de la guerre.

Art. 8. *Vérifications et essais* (art. 18, 27 et 33 du C. C. C. G. du 16 février 1903). — Pour l'exécution des vérifications et essais, l'administration de la guerre se réserve de faire appel à la fois aux établissements de l'artillerie et au laboratoire du Conservatoire national des arts et métiers.

Art. 9. *Interdiction de s'associer ou de rétrocéder* (art. 14, paragr. 5 du C. C. C. G. du 16 février 1903). — Le titulaire ne pourra contracter aucune association après l'approbation de son marché; il lui est interdit de rétrocéder à un moment quelconque une partie complète des fournitures faisant l'objet du marché.

Art. 10. *Sous-traitants* (art. 14 du C. C. C. G. du 16 février 1903). — Par dérogation à l'article 14 du cahier des clauses et conditions générales du 16 février 1903, le titulaire soumettra, avant l'approbation du marché, à l'administration de la guerre, la liste des sous-traitants qu'il se propose d'employer, avec leurs noms et adresses, la nature du travail qu'ils auront à effectuer et leurs moyens de production en matériel et personnel.

La liste des sous-traitants une fois approuvée par l'administration de la guerre aucune adjonction ne pourra y être faite au cours du marché sans son autorisation préalable.

L'administration de la guerre aura le droit de se faire communiquer le texte de tous les sous-traités.

Art. 11. *Conditions du travail* (art. 33 du C. C. C. G. du 16 février 1903). — Sont applicables aux fournitures visées par le présent marché les dispositions des décrets concernant les conditions du travail dans les marchés de travaux et de fournitures passés au nom de l'Etat. Le titulaire du marché prend l'engagement de se conformer à ces dispositions (1).

Art. 12. *Tolérances dans les quantités à livrer* (art. 22 du C. C. C. G. du 16 février 1903). — La proportion qui pourra être admise en plus ou en moins dans les quantités commandées est fixée à   p. 100 en plus et à   p. 100 en moins.

Art. 13. *Pénalités* (art. 39 du C. C. C. G. du 16 février 1903). — Dans le cas où les livraisons ne seraient pas faites dans les délais fixés au marché, le titulaire sera passible d'une retenue qui sera calculée à raison de cinquante centimes par mille francs et par jour de retard, pendant les trente premiers jours, et d'un franc à partir du trente et unième jour, sans que la pénalité totale puisse dépasser le dixième de la valeur de la fourniture en souffrance.

Art. 14. *Rebuts* (art. 34 et 35 du C. C. C. G. du 16 février 1903). — Les rebuts prononcés par l'établissement destinataire

_____

(1) Cette clause peut être supprimée lorsqu'il s'agit d'ouvrages ou de produits d'un emploi courant susceptibles d'être livrés indifféremment soit à l'Etat, soit à d'autres clients.
Il est rappelé que la suppression de ladite clause ne suspend pas l'application des lois réglant les conditions du travail et notamment celles de la loi du 17 août 1915 (loi Dalbiez) sur l'emploi de la main d'œuvre mobilisée.

devront avoir lieu au plus tard dans les trois mois à partir de la dernière livraison.

Le remplacement des objets rebutés devra être effectué dans le délai de trente jours à partir de la notification des rebuts.

L'enlèvement des objets rebutés devra être effectué dans le délai de trente jours à partir de la notification des rebuts. Si le titulaire ne se conforme pas à cette prescription après une mise en demeure régulière et à l'expiration d'un délai de quinze jours, l'administration a la faculté de faire vendre par le ministère d'un officier public les matières, denrées ou objets rebutés qui n'auraient pas été enlevés dans le délai fixé; le produit de la vente, déduction faite des frais, est déposé à la Caisse des dépôts et consignations au nom du fournisseur.

Art. 15. *Résiliation* (art. 40 du C. C. C. G. du 16 février 1903). — Le marché pourra être résilié dans les conditions prévues à l'article 40 du cahier des clauses et conditions générales du 16 février 1903 :

Si les retards apportés dans la livraison de la fourniture ou dans le remplacement des rebuts dépassent trente jours à partir de la date fixée pour la livraison ou de celle fixée pour le remplacement des rebuts;

Si les rebuts prononcés sont supérieurs à   p. 100 du poids total ou du nombre des objets composant la fourniture.

Art. 16. *Garantie.* — Le titulaire garantit l'État contre toute malfaçon d'usinage ou défaut de matières premières pendant un délai de

L'administration centrale se réserve le droit d'apporter au marché les modifications que l'expérience des premiers spécimens construits aura montrées nécessaires, sous réserve d'un prix à débattre avec le constructeur.

Ces modifications feront l'objet d'une convention additionnelle au marché.

Art. 17. *Cautionnement* (1) (art. 3 du C. C. C. G. du 16 février 1903 et 64 de l'instruct. du 6 juillet 1909). — Le titulaire consent

---

(1) La retenue du dixième dont il s'agit à cet article est indépendante de la retenue de 1/6 (ou 1/12, selon les stipulations du marché), faite par application de l'article 51 du C. C. C. G. sur les paiements d'acomptes.

Lorsqu'il n'est pas exigé de cautionnement, remplacer la rédaction de l'article 17 « Cautionnement » par les mots « Dispensé de cautionnement ».

à la retenue du dixième de la valeur des fournitures livrées jusqu'à l'expiration du délai de garantie de

Art. 18. *Paiement.* — (Décret du 20 juin 1916.)

a) (1) L'État se libérera des sommes dues en exécution du présent marché en en faisant porter le montant, conformément aux dispositions du décret du 20 juin 1916, au crédit du compte ouvert dans les écritures de la caisse centrale du Trésor public (ou de la trésorerie générale de ....), au nom de ...., sous le n° ....

b) (1) L'État se libérera des sommes dues en exécution du présent marché, en en faisant donner, conformément aux dispositions du décret du 20 juin 1916, crédit à la banque de ...., à charge par elle d'en imputer le montant au compte ouvert dans ses écritures au nom de ...., sous le n° ....

Fait en   originaux à   , le   191 .

Le Soumissionnaire,

(2)

Le Chef de l'établissement.

APPROUVÉ :

Notifié aux intéressés, le   191 .

Enregistré à   , le   191

F°   C°°

Reçu.

Vu :

Le Directeur du service de l'ordonnancement.

_____

(1) Suivant le cas, biffer l'une des deux clauses *a)* et *b)*. Cette clause n'est applicable qu'à la métropole. (Feuille rectificative n° 1 du 18 août 1916.)

(2) « *Vu et approuvé* » si le marché ne doit pas être communiqué au Ministre, ou bien « *Accepté et transmis au Ministre* » en cas contraire.

Circulaire relative à la délivrance aux dépôts des corps de troupe des revolvers M^{le} 1873, des cartouches à blanc et des ampoules au bromure de benzyle.

Paris, le 2 juin 1917.

La notice du 19 avril 1917 (1) sur l'instruction à l'intérieur pour la protection contre les gaz asphyxiants prescrit l'emploi d'ampoules au bromure de benzyle pour la création d'atmosphères infectées.

Les dépôts des corps de troupe recevront sur leur demande, du dépôt du parc d'artillerie du corps d'armée de leur région (2), des ampoules au bromure de benzyle.

Il leur sera attribué en outre :

a) Un ou deux revolvers modèle 1873;

b) Des cartouches à blanc pour revolvers modèle 1873.

Les dépôts des P. A. de C. A. seront approvisionnés en ampoules par l'établissement central du matériel chimique de guerre (120, rue d'Assas, à Paris). Les demandes à adresser à cet établissement comprendront leurs besoins pour trois mois.

Les revolvers modèle 1873 et les cartouches à blanc seront prélevés sur les approvisionnements des dépôts. A défaut, ils seront demandés par les dépôts au général de la région qui les fera délivrer par un établissement d'artillerie.

Les établissements d'artillerie désignés pour effectuer les délivrances demanderont, s'il y a lieu, au Ministre de l'armement et des fabrications de guerre, Direction de l'Organisation et du Matériel de l'artillerie, 2° Bureau, 4° Section, les revolvers modèle 1873 et les cartouches à blanc qui leur feraient défaut. Les demandes devront spécifier l'usage auquel les revolvers et les cartouches seront destinés.

---

(1) Cette notice a été envoyée directement aux intéressés.
(2) Pour l'Afrique du Nord et le Maroc, les parcs d'artillerie de place d'Alger, d'Oran, de Constantine, de Bizerte, de Casablanca et d'Oudjda.

IIIe PARTIE.

Documents concernant la comptabilité-finances.

Circulaire au sujet de la caisse renfermant les fonds d'Etat (1).

(3e Direction, Artillerie et Equipages militaires;
2e Bureau, Matériel; 6e Section.)

Versailles, le 23 décembre 1878.

Monsieur le Directeur, une circulaire du 22 février 1861 a prescrit de déposer chez les chefs des établissements de l'artillerie, qu'ils soient ou non logés dans les bâtiments de l'Etat, la caisse renfermant les fonds destinés à l'acquittement des dépenses.

La conservation des fonds de l'Etat ne peut être garantie que par leur dépôt dans un lieu sûr, constamment surveillé; et, à cet effet, je crois devoir vous rappeler le dispositif tout spécial de la circulaire précitée; à savoir, que la caisse doit être placée « dans votre domicile particulier », et que, par suite, vous demeurez personnellement responsable de tout événement résultant d'un défaut de surveillance.

Dans le cas où des circonstances tout exceptionnelles pourraient s'opposer à ce que ce dépôt fût fait à votre domicile, vous voudriez bien me les faire connaître, en exposant les dispositions spéciales qu'il vous semblerait convenable de prendre par substitution aux prescriptions de la circulaire.

Je tiens essentiellement à l'application de ces diverses mesures.

---

(1) Voir le règlement provisoire sur le service intérieur des établissements constructeurs de l'artillerie, approuvé le 15 novembre 1904 (annexe n° 1, art. 10).

Lettre collective n° 7, relative au mode de remboursement des dépenses occasionnées par la fabrication de matériel d'artillerie destiné au Département de la marine (1).

(Direction de l'Artillerie; Bureau du Matériel.)

Paris, le 19 octobre 1887.

Monsieur le directeur, les dépenses occasionnées par la fabrication du matériel d'artillerie destiné à être cédé à la marine seront remboursées par ce Département suivant le mode indiqué ci-après :

Le remboursement aura lieu d'après des états d'avances produits par les établissements de l'artillerie chargés de l'exécution des commandes.

Il sera établi par vos soins, en fin d'année, et au titre de chacune des commandes en cours, deux états en triple expédition, un pour les avances en main-d'œuvre, l'autre pour les avances en matières.

Ces états indiqueront le numéro et la date de la commande. Ils donneront le détail des dépenses en main-d'œuvre et en matières effectuées pour cette fabrication dans le courant de l'exercice.

L'état des avances en main-d'œuvre portera une certaine somme, en dehors des journées d'ouvriers spécialement affectées à la fabrication du matériel de la cession, pour les frais accessoires de la main-d'œuvre tels que salaires des chefs d'atelier, mécaniciens, chauffeurs, surveillants, etc.

L'état des avances en matières portera de même une certaine somme pour les frais généraux de fabrication, combustibles pour les machines et l'éclairage, usure et amortissement des machines, outillage, etc. Sur ce même état, on portera d'ailleurs en diminution la valeur des résidus de la fabrication.

Ces états, dont le modèle est ci-joint, arrêtés à la date du

_____

(1) Mise à jour d'après les modifications apportées par le circulaire du 9 décembre 1908 (voir p. 303.)

31 décembre, devront être adressés à l'administration centrale le 15 janvier, terme de rigueur.

Le remboursement du matériel prélevé sur les approvisionnements existants pour être cédé à la marine continuera à être effectué d'après les factures de livraison de ce matériel, qui sera décompté aux prix fixés par la nomenclature.

CORPS D'ARMÉE.

(Indication de l'établissement.)

SERVICE
DE L'ARTILLERIE.

EXERCICE 19

ÉTAT des avances en matières faites au Département de la marine par (Indiquer l'établissement).

MOTIFS DES AVANCES.

(Indiquer la nature de la commande.)

DATES DES DÉPÊCHES du Ministre de la marine, demandant la cession et numéro de la commande.	NUMÉROS de la CLASSIFICATION		DÉSIGNATION des MATIÈRES EMPLOYÉES.	POIDS RÉGLEMENTAIRE.	QUANTITÉS CÉDÉES.	PRIX DE L'UNITÉ (1)	VALEUR PAR UNITÉ		OBSERVATIONS.
	sommaire	décimale					décimes	sommaire	
			TOTAL						
			Part afférente dans les frais généraux de la fabrication.						
			TOTAL						
			À déduire les résidus						
			RESTE à rembourser.						

(1) D'après les marchés pour les matières achetées.
D'après le prix de la nomenclature pour les matières prélevées sur les approvisionnements.

ARRÊTÉ le présent état à la somme de
À   le   19

Le Sous-Directeur,

VU et CERTIFIÉ :
Le Directeur,

SERVICE

DE L'ARTILLERIE.

ETAT des avances en main-d'œuvre faites au Département de la marine par (Indiquer l'établissement).

MOTIFS DES AVANCES

(Indiquer la nature de la commande.)

DATES des décembre ou militaire de la marine demandant l'occasion et numéro de la commande.	NATURE DES AVANCES.	SOMMES AVANCÉES.	OBSERVATIONS.
Part afférente dans les frais accessoires de la main-d'œuvre.			
TOTAL.			

ARRÊTÉ le présent état à la somme de

A . . . . . . le 19

Le Sous-Directeur,

VU et CERTIFIÉ :

Le Directeur.

Lettre collective n° 19-2, concernant l'établissement des états d'avances relatifs au remboursement des dépenses occasionnées par la fabrication de matériel d'artillerie destiné à la marine.

(Direction de l'Artillerie; Bureau du Matériel.)

Paris, le 24 mars 1888.

Le Ministre de la guerre à MM. les Directeurs des établissements de l'artillerie.

Monsieur le Directeur, il arrive fréquemment qu'à l'occasion d'une commande pour le compte de la marine, l'établissement chargé de la confection du matériel à céder reçoit d'un autre établissement ou du service des forges, des matières et objets destinés à être utilisés dans cette commande.

Dans ce cas, il y a lieu de se conformer aux indications suivantes :

1° Matières et objets fournis à l'établissement chargé de la confection du matériel à céder par un autre établissement qui se les est procurés par voie d'achats directs ou par marchés passés dans l'industrie. (Le service des forges se trouve toujours dans ce dernier cas.)

L'établissement chargé de la confection du matériel à céder porte ces matières ou objets sur les états d'avances afférents au trimestre pendant lequel il les a reçus. Il y porte également, après les avoir décomptés lui-même, les frais de transport qu'ils ont occasionnés.

La valeur des matières et objets est décomptée au prix d'achat, majoré de 4 p. 100 lorsqu'il s'agit de matières et objets fabriqués dans l'industrie sous la surveillance du service de l'artillerie (commandes du service des forges, commandes de la fonderie de Bourges à certains établissements industriels, commandes de harnachements dans l'industrie, etc.) et de 2 p. 100 dans les autres cas, c'est-à-dire lorsque la réception n'a donné lieu qu'à des opérations de simple manutention.

L'établissement expéditeur (ou le service des forges) fait connaître ces renseignements au destinataire, soit directement, soit en les indiquant dans la colonne « observations » de la facture d'expédition.

Dans le cas où l'établissement expéditeur (ou le service des forges), non prévenu de l'emploi définitif réservé aux matières et objets qu'il envoie, n'aurait pas fourni ces renseignements au destinataire, c'est à ce dernier à les provoquer auprès de l'expéditeur.

2° Objets fournis à l'établissement chargé de la confection du matériel à céder par un autre établissement qui a dû, en vue de cette commande, les confectionner lui-même.

L'établissement chargé de la confection du matériel à céder porte ces objets sur les états d'avances afférents au trimestre pendant lequel il les a reçus en les décomptant au *prix de revient*. Ce prix, fourni par l'établissement qui a fabriqué ces objets, est majoré du montant des frais de transport, dont le décompte est effectué par l'établissement chargé de la confection du matériel à céder.

3° Matières et objets fournis à l'établissement chargé de la confection du matériel à céder par un autre établissement qui les a prélevés sur ses approvisionnements.

L'établissement chargé de la confection du matériel à céder opère comme si ces matières et objets étaient prélevés sur ses propres approvisionnements.

Enfin, lorsqu'en vue d'une commande pour la marine, l'établissement chargé de la confection du matériel à céder achète lui-même, dans l'industrie, des matières ou objets nécessaires à l'exécution de cette commande, il doit les faire figurer également sur les états d'avances afférents au trimestre pendant lequel il les a reçus. Le décompte en est effectué au prix d'achat majoré de 4 p. 100 ou de 2 p. 100 comme il a été dit plus haut. Sur ces états d'avances figurent également, s'il y a lieu, les frais de transport.

Les états d'avances ne sont pas fournis « Néant ».

Circulaire relative à l'application des dispositions du décret du 11 juillet 1896 relatif aux avances à percevoir par les agents spéciaux.

(3º Direction, Artillerie et Equipages militaires; 2º Bureau, Matériel; 6º Section.)

Paris, le 12 août 1896.

Le Ministre de la guerre à MM. les Directeurs des établissements de l'artillerie.

Monsieur le Directeur, aux termes du décret en date du 11 juillet 1896 (1), les agents spéciaux des services dépendant du ministère de la guerre sont autorisés à recevoir, sur mandats des ordonnateurs secondaires, des avances qui peuvent s'élever à 50,000 francs lorsqu'elles sont destinées au payement des salaires des ouvriers des établissements militaires.

D'après l'article 2 de ce décret, les pièces justificatives des avances devront être produites au payeur dans le délai de 15 jours, et aucune nouvelle avance ne pourra être faite, dans cette limite de 50.000 francs, pour le payement des salaires, qu'autant que l'avance précédente aura été justifiée en totalité ou que la portion de cette avance, dont il restera à justifier, aura moins de quinze jours de date.

Comme conséquence de ces nouvelles dispositions, les payements des salaires des ouvriers des établissements militaires seront payés réglementairement par quinzaine.

J'ai à cet effet décidé que les ordonnateurs secondaires délivreront deux séries de mandats d'avances sur les crédits des différents chapitres intéressés; les premiers mandats seront émis avant la fin de la première quinzaine du mois, à titre d'acompte sur les salaires des ouvriers; le solde de ces mêmes salaires fera l'objet de la seconde série de mandats qui sera émise à la fin du mois.

L'agent spécial justifiera de la dépense afférente à la première quinzaine par la production au payeur d'un décompte par chapitre du nombre d'heures payées aux ouvriers et conforme au modèle nº 1. Cette pièce devra porter le mot « acompte ».

A l'appui de la dépense de la seconde quinzaine, il devra être produit, au payeur, pour chacun des chapitres intéressés

_____

(1) Article 109 du règlement du 3 avril 1869 (vol. 24).

un décompte conforme au modèle 1 bis, indiquant le nombre total d'heures payées pendant le mois sur les crédits du chapitre et rappelant le numéro et le montant du mandat d'acompte.

Enfin il sera produit et rattaché à l'un des mandats de la seconde quinzaine un état nominatif conforme au modèle n° 2 émargé par les ouvriers et comprenant l'intégralité des salaires mensuels. Cet état présentera le calcul des droits acquis, la répartition de la dépense totale entre les divers chapitres, et les retenues opérées pour la caisse des retraites. Une mention de référence à cet état récapitulatif sera portée sur les autres mandats de la seconde quinzaine.

Les timbres de 0 fr. 10 dus par les ouvriers civils pour chaque quittance excédant 10 francs seront apposés sur l'état récapitulatif, suivant la marche adoptée pour justifier le payement du même droit par les officiers des corps de troupe.

J'ai décidé, en outre, que sur les justifications produites aux payeurs, les travaux à la tâche seront confondus sans distinction aucune parmi les travaux effectués à l'heure.

Par suite, le prix de l'heure pour les travaux à la tâche sera un prix moyen tant sur le décompte que sur l'état nominatif.

Le payement des salaires aux agents employés au mois pourra être compris dans les décomptes et états nominatifs concernant les ouvriers ou faire l'objet de décomptes et états distincts modifiés en conséquence.

D'après l'article 3 du décret susvisé, le chiffre de 50.000 fr. ne pourra être modifié, pour quelque cause que ce soit, qu'en vertu de décrets spéciaux pris dans chaque cas particulier et contresignés par les Ministres de la guerre et des finances.

Afin de ne recourir que dans le cas d'absolue nécessité aux dispositions de ce dernier article, j'ai arrêté, en outre, que, dans les établissements de l'artillerie où le chiffre de la paye s'élève, par quinzaine, à une somme supérieure à 50.000 francs, les ouvriers seront groupés en autant de séries distinctes qu'il sera nécessaire pour que le montant des salaires à payer en une fois ne dépasse jamais le montant de l'avance.

Par ce moyen et en supposant les ouvriers d'un même établissement divisés en deux séries, donnant lieu à une échéance de quinzaine toutes les semaines, avec l'avance de 50.000 francs, les justifications fournies au payeur, pendant un même mois, peuvent s'élever à 200.000 francs.

Les dispositions de la présente dépêche sont applicables à partir du 1er août courant.

Dans le cas où vous vous trouveriez dans l'impossibilité absolue d'assurer le service avec l'avance de 50,000 francs, vous voudrez bien me faire des propositions motivées pour justifier la mise à votre disposition d'une avance supérieure.

Circulaire donnant des renseignements complémentaires pour l'application des dispositions relatives au payement des salaires.

(3e Direction, Artillerie et Équipages militaires;
2e Bureau, Matériel; 6e Section.)

Paris, le 20 septembre 1890.

Le Ministre de la guerre à MM. les Directeurs des établissements de l'artillerie.

Monsieur le Directeur, quelques observations ayant été formulées par des établissements de l'artillerie au sujet de l'application des dispositions de la dépêche ministérielle du 12 août dernier, je vous adresse ci-après des renseignements complémentaires pour la mise en pratique du nouveau mode de comptabilité-finances s'appliquant au service des avances à faire aux agents spéciaux pour le payement des salaires.

I. Dans certains établissements, on croit qu'il y a lieu de faire figurer sur les formules nos 1 et 1 bis le décompte particulier de chacun des ouvriers ayant travaillé à la tâche.

Le travail à la tâche ne doit donner lieu qu'à une inscription unique sur lesdites formules, avec un seul prix moyen applicable, comme décompte, à tous les ouvriers ayant travaillé à la tâche et la corrélation entre les états 1 et 1 bis et l'état n° 2 ne portera que sur les totaux.

II. Par suite de la production au payeur du décompte n° 1 certains comptables qui, avec le précédent système, ne tenaient qu'une feuille de journées par mois, croient devoir remplacer cette feuille mensuelle par une feuille de quinzaine donnant lieu à un surcroît de travail et créant certaines difficultés, notamment pour les travaux à la tâche.

Il y a lieu de remarquer à ce sujet que le décompte n° 1

est établi pour payer un acompte puisque le décompte n° 1 bis (payement du solde) reprend toutes les opérations du mois. Il n'en résulte pas que le payement des acomptes doive représenter, d'une façon absolue, le montant des salaires gagnés par les ouvriers pendant la première quinzaine, mais plutôt une somme moindre. Rien ne s'oppose donc à ce que la feuille de journées continue à embrasser le travail de tout le mois, sauf à justifier des acomptes payés au moyen des écritures auxiliaires dont il est parlé dans la circulaire du 10 juin 1901 (comptabilité des retenues et majorations, etc.).

Circulaire relative à l'établissement des demandes mensuelles de fonds.

(3° Direction, Artillerie et Equipages militaires; 2° Bureau, Matériel; 0° Section.)

Paris, le 15 février 1897.

Le Ministre de la guerre à MM. les Directeurs des établissements de l'artillerie.

Monsieur le Directeur, d'après la contexture des formules de demande de fonds, les chiffres des crédits demandés chaque mois, pour faire face aux besoins du mois suivant, ne doivent pas dépasser le montant des dépenses à acquitter pendant cette période.

J'ai constaté que ces dispositions ne sont pas toujours observées.

Par suite de la majoration des demandes de certains établissements de l'artillerie, des crédits délégués aux ordonnateurs secondaires se trouvent momentanément sans emploi et ne sont plus à ma disposition.

Il importe de faire cesser cet état de choses.

Je vous invite, en conséquence, à prendre des mesures pour que chacune de vos demandes mensuelles de délégation de crédits, au titre de chaque chapitre et article du budget, ne comprenne que les sommes strictement nécessaires pour assurer la marche du service jusqu'à la délégation suivante.

Circulaire relative au traitement des gardiens de batterie auxiliaires.

(3° Direction, Artillerie et Équipages militaires;
2° Bureau, Matériel); 1re Section.)

Paris, le 3 mars 1897.

Le Ministre de la guerre à MM. les Généraux commandant l'artillerie des corps d'armée.

Général, j'ai décidé, le 29 juin 1896, que les gardiens de batterie auxiliaires non pourvus d'une pension de retraite recevront les traitements respectifs des gardiens de batterie titulaires de 2° et de 1re classe après 10 ans et 20 ans de service dans les fonctions de gardien de batterie auxiliaire (1).

Cette mesure est applicable à partir du 1er janvier 1897.

J'ai l'honneur de vous prier de vouloir bien notifier les dispositions qui précèdent aux directeurs des établissements placés sous votre commandement et inviter en même temps ces officiers supérieurs à me soumettre des états de prévision en conséquence, au titre de la 1re section du budget, « Frais généraux des établissements ».

A chaque état de prévision sera joint un état nominatif des gardiens de batterie auxiliaires qui réunissaient 10 ou 20 ans de services dans ces fonctions à la date du 1er janvier et de ceux qui atteindront ces durées de service dans le courant de la présente année.

Circulaire fixant le traitement des gardiens de batterie auxiliaires jouissant d'une pension de retraite.

(3° Direction, Artillerie et Équipages militaires;
2° Bureau, Matériel; 1re Section.)

Paris, le 8 avril 1897.

Le Ministre de la guerre à MM. les Généraux commandant l'artillerie des corps d'armée.

Général, j'ai décidé, à la date du 30 mars dernier, que le traitement mensuel des gardiens de batterie auxiliaires pourvus d'une pension de retraite sera porté respectivement à 114 francs et 129 francs au bout de 10 ans et de 20 ans de services dans les fonctions de gardien de batterie auxiliaire (1).

Cette mesure sera applicable à partir du 1er janvier 1898.

J'ai l'honneur de vous prier de vouloir bien notifier les dispositions qui précèdent aux directeurs des établissements placés sous votre commandement.

---

(1) Modifié par le décret du 25 septembre 1914 (vol. 90).

La dépense à prévoir sera comprise dans les états annuels
de prévision des dépenses à faire pour assurer la marche de
ces établissements pendant l'année 1898, chapitre 44, « Frais
généraux » (personnel).

Circulaire relative à la justification du payement des salaires.

(3° Direction, Artillerie et Equipages militaires;
2° Bureau, Matériel; 6° Section.)

Paris, le 2 décembre 1897.

Le Ministre de la guerre à MM. les Directeurs des établissements
de l'artillerie.

Monsieur le Directeur, je vous informe que pour l'application
des dispositions du paragraphe 9 de l'instruction (A) du 23 octobre 1897, faisant suite au décret du 27 février précédent, les
comptables du service de l'artillerie continueront, pour le payement des salaires, à faire usage de l'état récapitulatif et des
décomptes dont les modèles sont annexés à la circulaire ministérielle du 12 août 1890.

---

*Circulaire concernant l'utilisation des bois de chute et de démo-
lition dans les établissements de l'artillerie.*

(Direction de l'Artillerie et des Equipages militaires;
Bureau du Matériel.)

Paris, le 6 août 1900.

D'après les dispositions de l'article 21 du décret du 3 avril
1869, sur la comptabilité des dépenses du département de la
guerre, les bois de chute et de démolition des établissements
de l'artillerie étant susceptibles d'être remployés comme bois
de chauffage peuvent être utilisés par le service producteur,
sans qu'il y ait lieu d'en ordonnancer la valeur au profit
du Trésor.

Or, l'utilisation directe des vieilles matières est incontesta-
blement plus avantageuse pour l'Etat que la vente par les
Domaines; en conséquence, il conviendra, à l'avenir, d'employer les bois de chute et de démolition dans la plus large
mesure pour le chauffage des ateliers, des fours et des chau-
dières et pour toutes les opérations où ils peuvent être mis
en service.

Lorsque, par suite d'une surproduction normale ou acci-
dentelle, l'approvisionnement en bois de chute ou de démo-

lition d'un établissement dépassera notablement sa consommation annuelle, les quantités en excédent devront être réparties autant que possible dans les autres places ou établissements susceptibles de les utiliser, s'il en existe à proximité. Les ordres d'expédition nécessaires seront donnés, sur la proposition de l'établissement producteur, par le général commandant l'artillerie du corps d'armée, qui devra s'assurer préalablement que les dépenses nécessitées par le transport demeurent au-dessous de la valeur réelle d'utilisation des matières dont il s'agit.

Les bois de chute et de démolition seront employés, en outre, pour le chauffage des bureaux des places secondaires.

A cet effet, les rapports annuels sur les dépenses à faire pour assurer la marche des établissements devront comprendre, « Pour mémoire », une somme représentant, au prix de la nomenclature, la valeur des bois de chute et de démolition à consommer dans le cours de l'exercice pour le chauffage des bureaux des places secondaires; des crédits spéciaux pour le même objet ne devront être demandés qu'en cas d'insuffisance des ressources de cette nature.

Les dispositions de la circulaire du 26 novembre 1872 sont abrogées.

Circulaire relative à la comptabilité des retenues et majorations à verser à la caisse nationale des retraites pour la vieillesse et à la tenue des écritures correspondantes par les établissements de l'artillerie.

(Direction de l'Artillerie, Bureau du Matériel.)

Paris, le 10 juin 1901.

En vue de l'application du système des versements à la Caisse des retraites pour la vieillesse effectués par le personnel civil des établissements de l'artillerie, avec part contributive de l'Etat, les dispositions suivantes devront être observées pour la tenue de la comptabilité qui en découle.

I. — Dans chaque établissement, il sera tenu une feuille de journées par quinzaine ou par mois, dont le modèle sera arrêté par le directeur ou le commandant, suivant les exigences spéciales du service, mais cette feuille de journées devra, dans tous les cas, faire ressortir :

1° Le nombre d'heures de présence journalière de chaque ouvrier ;

2° Le salaire à la journée et à la tâche; si le nombre des numéros de devis auxquels travaille un ouvrier est trop considérable pour que l'on puisse sans inconvénient en donner le détail sur la feuille de journées, ce compte devra pouvoir se retrouver facilement dans des écritures auxiliaires, carnet de l'ouvrier, registre auxiliaire du chef d'atelier, etc., etc. Le résultat de ces écritures auxiliaires devra toujours concorder avec le total reporté à la feuille de journées. Le sous-directeur ou les officiers délégués devront faire avec soin cette vérification dont les éléments devront être fournis, sur leur demande, aux fonctionnaires du contrôle ;

3° La répartition entre chaque commande du salaire des ouvriers, de façon à permettre la vérification des feuilles d'ouvrage, au moyen de ces feuilles de journées ;

4° L'émargement de l'ouvrier pour le salaire total du mois; cet émargement est d'autant plus indispensable qu'il constituera la seule preuve de paiement conservée dans l'établissement.

II. — Le paiement des indemnités ne devant pas être confondu avec celui des salaires, les établissements de l'artillerie devront, pour cet objet, se servir de la formule n° 1 ter de la nomenclature des imprimés du service de l'artillerie.

III. — Les versements à la Caisse nationale des retraites pour la vieillesse devront toujours être faits entre les mains du Trésorier-Payeur général détenteur des crédits ouverts à un établissement, quand même cet établissement aurait à opérer pour des ouvriers ou agents des annexes situées dans d'autres départements.

Il sera fait exception à cette règle pour les établissements du département de la Seine qui traiteront directement avec la Caisse des dépôts et consignations.

IV. — Les primes de travail à payer à certaines catégories de sous-officiers devront, comme les salaires payés aux ouvriers civils, figurer sur les décomptes 1 et 1 bis, et sur l'état modèle 2 de la nomenclature des imprimés du service de l'artillerie.

Quant aux gratifications mensuelles payées aux ouvriers militaires, elles devront figurer sur les états d'indemnités modèle 1 ter.

Circulaire relative à l'application, par les établissements de l'artillerie, des dispositions de l'article 48, § III b) de l'instruction du 30 décembre 1902 sur la comptabilité-matières, relatives au remboursement des avances et des cessions faites entre les divers services du Département de la guerre.

(Direction de l'Artillerie et des Équipages militaires;
Bureau du Matériel.)

Paris, le 30 juin 1908.

L'article 48, § III *b*) de l'instruction du 30 décembre 1902, sur la comptabilité-matières, dispose qu'en principe, le remboursement des cessions entre les divers services du Département de la guerre s'opère à l'intérieur, en Algérie et en Tunisie, par voie de versement au Trésor.

Quant aux remboursements qui n'auraient pu être opérés dans ces conditions, ils sont effectués par les soins de l'administration centrale à l'aide de changements d'imputation.

Comme conséquence de ces dispositions, les établissements de l'artillerie devront, chaque fois qu'ils auront fait une avance ou une cession de matériel à un établissement d'un autre service, en poursuivre le remboursement, auprès du service débiteur, par voie de versement au Trésor, en se conformant aux prescriptions détaillées contenues dans le texte de l'article 48, § III *b*) de l'instruction précitée.

Lorsque, au contraire, un établissement de l'artillerie devra rembourser à un autre service le montant d'avances ou de cessions, le remboursement en sera effectué par voie de versement au Trésor sur la production d'un ordre de reversement émanant du service créancier et après approbation ministérielle de l'état de prévision correspondant ayant autorisé la dépense.

En ce qui concerne les chiffons cédés par le service de l'habillement à celui de l'artillerie, leur valeur devra, dorénavant, être versée au Trésor au titre des « recettes accidentelles à différents titres » non seulement par les établissements de l'artillerie de l'Algérie et de la Tunisie, comme le prescrivait la circulaire du 21 février 1891, mais encore par les établissements de l'intérieur.

Les établissements de l'artillerie ne devront pas perdre de vue que les remboursements à faire par voie de versement au Trésor, au titre d'un exercice, sont arrêtés à partir du 31 mars de la deuxième année de cet exercice.

Les remboursements que les ordonnateurs secondaires n'auront pu opérer avant la date susindiquée ne pourront plus être effectués que par les soins de l'administration centrale.

Ils devront, à cet effet, dès la clôture de leurs opérations, rendre compte au Ministre des remboursements restés en souffrance et lui transmettre les duplicata des pièces justificatives nécessaires pour appuyer les changements d'imputation.

Ces non-payements devront toujours être évités dans la mesure du possible et toute diligence devra être apportée aussi bien dans les opérations concernant les remboursements à faire à un autre service que dans celles concernant les remboursements à poursuivre. Toute difficulté qui viendrait à se produire dans l'application de la nouvelle mesure devra immédiatement être signalée au Ministre.

Sont toutefois exceptées de la nouvelle réglementation les cessions suivantes, pour lesquelles des provisions sont, en raison de leur importance, annuellement constituées par le service débiteur au profit du service créancier, et dont le règlement de compte sera, pour cette raison, opéré par les soins de l'administration centrale, savoir :

I. — Les cessions faites par le service de l'artillerie à celui des troupes coloniales (8ᵉ Direction).

II. — Les cessions faites par le service des poudres et salpêtres au service de l'artillerie.

Les duplicata des factures les concernant devront, comme par le passé, être transmis à l'administration centrale, au fur et à mesure et sans retard (1).

Toute autre exception à appliquer au mode de remboursement par versement au Trésor sera spécialement indiquée, dans chaque cas d'espèce, par les ordres ministériels qui auront prescrit les réceptions ou les délivrances de matériel.

---

(1) D'une façon générale, aussi bien pour les cessions dont il est question ici que pour celles faites à d'autres ministères, les établissements livranciers devront faire le nécessaire auprès des services réceptionnaires pour que ceux-ci leur envoient, *dans le plus bref délai possible*, les pièces relatives des prises en charge; dès que toutes les factures de livraison concernant une cession seront en leur possession, ils auront eux-mêmes à les adresser à l'administration centrale, afin que celle-ci puisse en poursuivre aussitôt le remboursement.

La transmission des récépissés destinés soit à un service créancier, soit à l'administration centrale, suivant le cas, devra toujours être effectuée sans délai; le montant de ces récépissés devant, en effet, couvrir des dépenses à faire au titre du même exercice, il importe que le rétablissement de la somme correspondante au crédit du budget intéressé puisse être opéré en temps utile.

Circulaire pour l'application, par les établissements de l'artillerie, des dispositions de l'article 48, § XIV b) de l'instruction du 30 décembre 1902, sur la comptabilité-matières, relativement à l'utilisation des produits du sol et à l'ordonnancement de la valeur de ces produits au profit du Trésor.

(Direction de l'Artillerie; Bureau du Matériel.)

Paris, le 29 janvier 1904.

L'article 48, § XIV *b*) de l'instruction du 30 décembre 1902, pour l'application du décret du 26 décembre 1902 sur la comptabilité-matières dans les divers services de la guerre, dispose que les bois et autres produits naturels des terrains militaires ne peuvent être utilisés dans les services qu'en vertu d'une décision spéciale du Ministre qui donne les ordres nécessaires pour assurer l'ordonnancement de la valeur au profit du Trésor.

L'utilisation de ces produits représentant une cession faite par un service public, le remboursement de la valeur doit, aux termes des dispositions des articles 49 et 50 du décret du 31 mai 1862, portant règlement général sur la comptabilité publique, en être exclusivement effectué par une ordonnance de virement de comptes de ministère à ministère, émise au profit du Trésor.

Dans ces conditions, les ordonnateurs secondaires de l'artillerie devront adresser, à l'administration centrale de la guerre, le 31 décembre de chaque année, un relevé annuel des certificats administratifs de prise en charge des produits du sol.

Ce relevé devra faire connaître, en même temps que la valeur des produits, le montant des frais de récolte ou d'abatage des bois, l'ordonnancement par les soins de l'administration centrale ne devant concerner que la différence entre ces deux sommes.

Ce document, qui sera fourni même néant, sera adressé au ministère de la guerre sous le timbre de la Direction de l'Artillerie; Bureau du matériel, Comptabilité-finances.

Circulaire portant instruction sur le service des fonds et sur la tenue de la comptabilité en deniers dans les établissements de l'artillerie (1).

(Direction de l'Artillerie; Bureau du Matériel.)

Paris, le 8 décembre 1904.

L'exécution du service des fonds et la tenue de la comptabilité en deniers seront régies à l'avenir, dans tous les établissements de l'artillerie, par les règles ci-après :

TITRE Ier

Service des fonds.

1° *Dispositions générales.*

Toutes les opérations de recettes et de dépenses, qu'elles soient faites par le chef-lieu de l'établissement ou par une annexe, sont centralisées et décrites dans la comptabilité en deniers tenue par l'agent spécial au chef-lieu de l'établissement.

Les dépenses sont payées de deux façons :

Soit par mandats directs émis par l'ordonnateur secondaire au nom des titulaires des créances;

Soit par l'agent spécial, les comptables des places secondaires et les gérants d'annexes, dans les cas prévus par les règlements en vigueur, au moyen des avances de fonds qui leur sont faites pour cet objet.

Les avances faites aux agents spéciaux sur mandats délivrés par le directeur ordonnateur secondaire ne peuvent être supérieures aux limites fixées par le règlement du 3 avril 1869 ou

------

(1) Mise à jour par l'incorporation dans le texte des modifications contenues dans les notifications des 25 juillet 1905, 5 mai et 3 novembre 1909.

par des décrets particuliers; il doit être justifié de leur emploi, auprès des trésoriers-payeurs généraux, dans les délais fixés par le même règlement ou par des décrets spéciaux.

2° Des avances de fonds et des payements.

Les directeurs ou commandants des établissements doivent prendre des mesures pour que les avances pour lesquelles ils émettent des mandats soient suffisantes pour l'acquittement, dans le plus bref délai, des dépenses faites au chef-lieu et dans les annexes qui en dépendent.

A cet effet, dans les premiers jours de chaque mois, ils se font rendre compte des besoins présumés de chaque chef-lieu ou annexe et, au reçu des bons provisoires dont il sera question plus loin, ils adressent aux commandants des annexes les sommes nécessaires à l'acquittement des dépenses du mois pour les fournitures ou travaux et, en principe, d'une quinzaine pour les salaires.

Ainsi pourvus des fonds nécessaires, les commandants des annexes pourront payer leurs dépenses sur quittance immédiate des intéressés, sans avoir recours, d'une part, à leurs deniers personnels, mode qui est formellement interdit, et, d'autre part, aux acquits anticipés des parties prenantes, comme cela a été souvent constaté.

3° Délivrance des avances.

Pour assurer le service des payements au chef-lieu et dans les annexes, les agents spéciaux et les comptables sont dans l'obligation de faire des avances de fonds.

Ces avances, de quelque nature qu'elles soient, devront, dans tous les cas, être représentées en caisse par un bon provisoire extrait du carnet modèle n° 3 ci-joint, des imprimés du service de l'artillerie.

Tout officier ou agent appelé à recevoir des avances devra être détenteur du carnet à souche modèle n° 3.

4° Envoi de fonds aux comptables des annexes.

Les envois de fonds aux comptables des annexes se font toujours par mandats sur le Trésor ou par mandats sur divers comptables. Le bon provisoire, appuyé par la déclaration d'émission de mandat, servira de pièce justificative de dépense jusqu'au moment de la réception des pièces établies dans les formes réglementaires

5° Envoi de fonds aux fournisseurs.

Les envois de fonds aux fournisseurs ont lieu par mandats sur la poste. Les frais d'envoi sont imputés sur les mêmes fonds qui ont à supporter le payement de la fourniture.

Les talons des mandats-poste serviront de pièces justificatives des dépenses jusqu'à la réception des factures régulièrement acquittées.

6° Envoi du montant des salaires dus à des ouvriers et agents civils, dans des cas spéciaux.

a) Les salaires des ouvriers et agents civils qui, en position d'absence, ne peuvent se présenter ou se faire représenter valablement à la caisse de l'établissement et qui demandent à recevoir à domicile les sommes qui leur sont dues, leur sont adressés, à leurs frais, par mandats sur la poste, dans les conditions prévues dans l'alinéa précédent.

La justification du payement est faite sur l'état récapitulatif des salaires au moyen d'un reçu préparé par le comptable en deniers et renvoyé émargé par l'ouvrier, préalablement à tout envoi de fonds.

b) Les envois de salaires sont encore faits par mandats sur la poste, aux agents et ouvriers civils qui, employés à des travaux de longue durée à l'extérieur, sont, en raison des difficultés des communications, dans l'obligation de résider à proximité ou sur les lieux mêmes des travaux. Dans ce cas, l'envoi des fonds a lieu aux frais de l'État.

7° Dépenses pour achat de timbres-poste et de feuilles d'expédition de colis postaux et pour envois de fonds.

Pour l'application de la circulaire d'ordre général du 31 juillet 1902, relative à l'affranchissement de la correspondance commerciale des services et établissements militaires et pour la régularisation des dépenses faites pour transports par colis postaux et pour envois de fonds par voie de mandats sur la poste, on se conformera, à l'avenir, aux dispositions suivantes :

Les dépenses pour achat de timbres-poste, de feuilles d'expédition de colis postaux et celles d'envois de fonds prévus à l'alinéa b) ci-dessus sont imputées aux frais généraux d'établissement; elles sont payées au moyen d'avances faites mensuellement aux comptables en deniers, sur la production de bons provisoires, et régularisées trimestriellement au moyen d'une pièce de dépense émargée par ces comptables.

Il est tenu, à titre de comptabilité auxiliaire, un compte d'emploi qui fait connaître jour par jour le montant des achats, la valeur des timbres et des feuilles d'expédition consommés, les noms et qualités des destinataires des lettres et des colis et le détail des frais d'envois de fonds.

8° Des vérifications de caisse.

Dans les chefs-lieux d'établissement et dans les annexes, la caisse est régulièrement vérifiée par le directeur local du service au moment de l'arrêté mensuel de la comptabilité.

Elle peut être vérifiée inopinément, à tout instant, par le directeur local et par toutes les autorités qualifiées pour procéder à des opérations de cette nature.

Sont considérés comme valeur en caisse :

Les pièces justificatives de dépenses régulièrement établies et non encore inscrites au registre-journal des recettes et des dépenses;

Les bons provisoires non annulés, appuyés, le cas échéant, des diverses pièces énumérées dans les paragraphes précédents (talons des mandats sur la poste, déclarations d'émission de mandats sur le Trésor);

En cas de reversement d'avances non justifiées dans les délais réglementaires, les déclarations de versement.

TITRE II.

Registres et documents de comptabilité.

1° Registre de fonds de l'ordonnateur secondaire.

A l'avenir, la deuxième partie du registre de fonds, du modèle n° 48 annexé au règlement du 3 avril 1869, fera connaître distinctement : les mandats directs et les mandats d'avance émis par l'ordonnateur secondaire; à cet effet, deux colonnes seront, pour chaque chapitre, réservées à l'inscription des sommes ordonnancées au moyen de ces deux espèces de mandats.

Les numéros des mandats continueront d'ailleurs à se suivre, par exercice, suivant un numérotage ininterrompu partant de l'unité.

2° Registre-journal des recettes et des dépenses.

Au chef-lieu de l'établissement et dans chaque annexe, il est tenu un registre-journal des recettes et des dépenses, d'après les indications contenues dans l'instruction placée en tête du modèle n° 18, ci-joint, des imprimés du service de l'artillerie.

On n'inscrira sur ce registre aucun mandat direct de payement émis par le directeur ordonnateur secondaire.

Comme ce document est exclusivement destiné à recevoir l'inscription des recettes et des dépenses réelles, justifiées par des pièces établies dans les formes prescrites par le règlement du 3 avril 1869, les inscriptions faites jusqu'à ce jour à l'encre rouge sous la dénomination de recettes et de dépenses d'ordre sont définitivement supprimées.

3° Carnets des comptes courants avec le Trésor.

a) Les agents spéciaux des chefs-lieux d'établissement tiendront un compte des avances de fonds du modèle n° 36 annexé au règlement du 3 avril 1869, suivant les indications que comportent ce modèle et l'article 175 du règlement précité.

Les renseignements à consigner dans ce compte doivent être donnés avec la plus grande exactitude et complétés, dans la colonne intitulée : « Payements justifiés au trésorier-payeur général », par l'indication du bordereau des pièces et quittances remises à cet agent pour la justification des avances faites.

b) Dans les annexes, il est tenu un carnet d'enregistrement du modèle n° 3, ci-joint, destiné à recevoir l'inscription, faite par les agents du Trésor, du montant de toutes les sommes touchées par les comptables en deniers. Ce carnet, renouvelé le 1er janvier de chaque année, est vérifié et arrêté en fin d'année ou de gestion par le directeur local du service.

4° Comptabilité contradictoire du chef-lieu de l'établissement et des annexes.

Indépendamment des registres divers déjà mentionnés, il est tenu, savoir :

a) Au chef-lieu de tout établissement et dans toute annexe, une comptabilité spéciale faisant ressortir, à chaque instant, la situation des fonds confiés aux comptables en deniers qui dépendent du chef-lieu de l'établissement ou de l'annexe.

A cet effet :

L'agent spécial tient un registre du modèle n° 4, ci-joint, sur lequel il ouvre un compte particulier à chacun des comptables des annexes rattachées au chef-lieu de l'établissement.

Les comptables en deniers des annexes tiennent un registre analogue pour les annexes qui leur sont rattachées.

Les comptes particuliers sont débités des avances faites à leurs titulaires, ils sont crédités du montant des dépenses dont ces titulaires ont régulièrement justifié; ils sont balancés mensuellement et à chaque mutation de comptable en deniers ou de l'agent spécial.

b) Dans les annexes :

Pour les salaires, un registre-contrôle, à garder sur place et comportant, comme les états n° 2 pour servir au payement, les noms, professions, etc., des ouvriers qui en recevant les sommes qui leur sont dues émargeront sur ce registre et sur l'état n° 2 à transmettre au chef-lieu de l'établissement;

Un bordereau modèle A récapitulant les avances reçues et les dépenses payées et faisant ressortir, au moyen d'une balance d'écritures, le restant en caisse;

Un bordereau modèle B comprenant les pièces justificatives envoyées au chef-lieu en vue de l'émission des mandats directs.

Ces bordereaux, conformes aux modèles ci-joints, sont établis mensuellement en double expédition.

5° *Arrêtés mensuels de la comptabilité.*

Les registres-journaux des recettes et des dépenses, les registres des comptes courants avec les comptables en deniers des annexes, et les bordereaux modèles A et B sont arrêtés et balancés au commencement de chaque mois, assez tôt pour que l'agent spécial puisse justifier des avances qu'il a reçues dans les délais réglementaires; il appartient aux directeurs des établissements de donner aux commandants de l'artillerie les instructions nécessaires.

En vue de procéder à cet arrêté, les bordereaux modèles A et B sont adressés à la place chef-lieu avec les pièces justificatives. L'une des expéditions de ces bordereaux est, après vérification et dans le plus bref délai possible, renvoyée à la place secondaire ou à l'annexe; elle a été, au préalable, revêtue des mentions suivantes, savoir : sur le bordereau A, des numéros d'enregistrement des pièces justificatives sur le registre-journal de la place chef-lieu; sur le bordereau B, des numéros et dates des mandats émis, d'après le registre de fonds de l'ordonnateur secondaire. Cette expédition est conservée dans les archives de l'annexe.

Au moment de l'arrêté mensuel, les bons provisoires devenus inutiles par suite de la régularisation des dépenses au moyen de factures quittancées sont frappés d'un timbre d'annulation par les soins du directeur local du service, ainsi que les pièces mises, le cas échéant, à l'appui de ces bons. Toutes ces pièces sont ensuite classées dans les archives locales.

Dans le cas où le montant d'un bon provisoire émargé par un officier ou un agent est supérieur au montant total des pièces justificatives qu'il a produites et où il doit conserver le reliquat pour effectuer des payements ultérieurs, le premier bon est annulé dans les formes prévues dans l'alinéa précédent et remplacé par un autre d'une valeur égale à ce reliquat, augmenté de la nouvelle avance à recevoir.

6° Demandes d'avances faites par les comptables en deniers

Aussitôt après avoir reçu l'expédition du bordereau A, vérifié par l'agent spécial, les comptables en deniers des annexes font parvenir au chef-lieu de l'établissement un bon provisoire, dont le montant est basé sur les sommes nécessaires pour acquitter les dépenses à faire dans l'annexe pendant un mois pour les fournitures et les travaux, pendant une quinzaine pour les salaires. Les salaires de la seconde quinzaine du mois donnent lieu à la production d'un nouveau bon provisoire. Toutefois, lorsque le nombre des ouvriers employés dans les annexes sera relativement peu élevé et que leurs salaires mensuels n'auront pas une trop grande importance totale, le directeur de l'établissement sera juge de l'opportunité qu'il y aurait, en vue de faciliter le service, à comprendre la totalité de ces salaires sur le bon provisoire établi au commencement du mois; cette faculté pourra être donnée aux comptables en deniers toutes les fois qu'il n'en résultera pas de difficultés dans la production des justifications de l'agent spécial au trésorier-payeur général.

En principe, d'après l'alinéa précédent, les bons provisoires sont établis postérieurement au renvoi de l'expédition du bordereau modèle A vérifié; cette règle souffre une exception : en vue de faciliter le service, et dans des circonstances spéciales dont les directeurs sont juges, les bons provisoires pourront être adressés par les places et les annexes très éloignées du chef-lieu (Algérie-Tunisie) avant la réception des bordereaux récapitulatifs modèle A.

TITRE III.

Mise en vigueur de la présente instruction.

La présente instruction, qui remplace :

La circulaire du 12 avril 1902, portant instruction sur la tenue du registre-journal et du compte des avances dans les établissements de l'artillerie;

La circulaire du 5 juillet 1902, portant instruction sur la répartition des avances de fonds entre le chef-lieu des établissements de l'artillerie, places ou annexes qui en dépendent, sera mise en vigueur dès le commencement de la période d'exécution du budget de 1905; les recettes et dépenses du budget de 1904 restant soumises au mode actuel de comptabilité.

SERVICE DE L'ARTILLERIE.

MODÈLE N° 3
de la nomenclature
des imprimés du
service de l'artille-
rie.

Format : 16.^{mm} sur 210^{mm}.

(1)

(2)

CARNET A SOUCHE

des bons provisoires délivrés en échange de fonds reçus,
par les détenteurs successifs du présent carnet, savoir :

M. (3)   du   19   au   19

M. (3)   du   19   au   19

Le présent carnet, contenant cinquante feuilles, a été coté et paraphé par
nous (4)

A   le   19

(1) Désigner l'établissement duquel dépend la place annexe, l'atelier ou le service.
(2) Désigner la place annexe, l'atelier ou le service.
(3) Désigner le nom, le grade et l'emploi de tout officier ou agent, détenteur du carnet, qui reçoit les fonds.
(4) Grade.

COMPTABILITÉ-FINANCES

N° d'ordre des Bons.		N° d'ordre des Bons.

SOUCHE.

(1)

BON PROVISOIRE

délivré par M. (2)

en échange de la somme de : (3)

reçue de M. (4)

A . le 19 .

(5)

(1) Désigner l'établissement ou le service.
(2) Désigner le nom, le grade et l'emploi de tout officier ou agent détenteur du carnet, qui reçoit les fonds.
(3) Indiquer la somme en toutes lettres (toute rature ou surcharge devra être approuvée).
(4) Désigner le nom, le grade et l'emploi du comptable qui délivre l'avance.
(5) Signature du titulaire du carnet qui reçoit les fonds.

REÇU A DÉTACHER.

(1)

BON PROVISOIRE

délivré par M. (2)

en échange de la somme de : (3)

reçue de M. (4)

A . le 19 .

(5)

(1) Désigner l'établissement ou le service.
(2) Désigner le nom, le grade et l'emploi de tout officier ou agent détenteur du carnet, qui reçoit les fonds.
(3) Indiquer la somme en toutes lettres (toute rature ou surcharge devra être approuvée).
(4) Désigner le nom, le grade et l'emploi du comptable qui délivre l'avance.
(5) Signature du titulaire du carnet qui reçoit les fonds.

MINISTÈRE
DE LA GUERRE.

3ᵉ DIRECTION.

Artillerie et équipages
militaires.

2ᵉ BUREAU.

MATÉRIEL.

SERVICE DE L'ARTILLERIE.

ANNÉE 19 .

Le (1)

(3)

(2)

MODÈLE Nº 18

de la nomenclature des
imprimés spéciaux du
service de l'artillerie.

1ᵉʳ feuillet.

REGISTRE-JOURNAL
DES RECETTES ET DES DÉPENSES.

Le présent registre, contenant (4)
a été coté et paraphé par nous (1),

feuillets, celui-ci compris,

A

(2)

, le

19 .

INSTRUCTION POUR LA TENUE DU REGISTRE-JOURNAL.

Chaque recette et chaque dépense ont, en regard de leur date, leur numéro d'ordre, leur imputation budgétaire, leur désignation, le trimestre auquel elles appartiennent. Les recettes et les dépenses sont inscrites dans deux colonnes spéciales et cumulées jusqu'à la fin de l'année; les dépenses seules sont ensuite réparties par trimestre dans les colonnes ad hoc. La colonne 13 sert à l'inscription des dépenses effectuées dans le courant du premier trimestre d'année au titre du quatrième trimestre de l'exercice précédent; le total des sommes inscrites dans cette colonne avec celles portées au registre-journal de l'année précédente dans la colonne 12 doit donner le montant exact des dépenses afférentes à ce quatrième trimestre.

S'il est constaté, au moment de l'arrêté de la liquidation d'un trimestre, que le montant des mandats d'avance a été supérieur à celui des dépenses faites, la différence est reversée au Trésor et vient en déduction des recettes inscrites. (Dans l'exemple chiffré on a supposé que ce cas s'est produit au moment de la liquidation du 1ᵉʳ trimestre, époque à laquelle on a arrêté le registre-journal.)

Lorsqu'un agent spécial se trouve dans l'impossibilité de justifier d'une avance dans les délais qui lui sont accordés, il en fait le reversement au Trésor. Les reversements de cette nature viennent en déduction des recettes, au moment de l'arrêté mensuel qui suit immédiatement la date du reversement; jusqu'à ce moment, les déclarations de versement sont conservées comme valeurs en caisse. La mention du reversement au journal fait connaître le numéro du mandat correspondant.

Les arrêtés mensuels font ressortir, suivant les cas, l'avoir en caisse et la répartition de cet avoir entre la place principale, ses annexes et les places secondaires ou entre celles-ci et leurs annexes.

(1) Grade.
(2) Signature.
(3) Désignation de l'établissement.
(4) En toutes lettres.

DATES. (1904).	NUMÉROS D'ORDRE des re-cettes. 1	des dé-penses. 2	IMPUTATION BUDGÉTAIRE des recettes et des dépenses. 3	DÉTAIL DES RECETTES et DES DÉPENSES. 4
16 janvier.	1	»	Chapitre 33.....	Reçu du payeur sur mandat n° 1.
Id.....	2	»	Chapitre 34, art. 1er	Reçu du payeur sur mandat n° 2.
18 janvier.	»	3	Chapitre 34, art. 1er.	Payé la valeur des chiffons cédés par le e régiment d'infanterie..
31 janvier.	»	4	Chapitre 50.....	Payé les déplacements spéciaux au service de l'artillerie......
3 février.	3	»	Chapitre 50.....	Reçu du payeur sur mandat n° 3.
5 février.	»	»	Chapitre 81.....	Payé les salaires des ouvriers...

	RECETTES. 8	DÉ-PENSES. 9	RÉPARTITION DES DÉPENSES PAR TRIMESTRE.				DÉPENSES
			1er trimestre. 10	2e trimestre. 11	3e trimestre. 12	4e trimestre.	
1er	500 00	»					
1er	6.000 00	»					
1er	»	20.00	20 00	»	»	»	
1er	»	307 30	307 30	»	»	»	
1er	7.200 70	»					
1er	»	12.352 30	12.352 30	»	»	»	
	17.458 29	16.020 89	16.020 89	»	»	»	

Arrêté au 15 février 1904

Recettes inscrites... 17.458 29
Dépenses inscrites.. 16.020 89

Différence......... 837 40

Du présent arrêté, il résulte que l'avoir de la caisse est de huit cent trente-sept francs quarante centimes. Cet avoir est réparti ainsi qu'il suit :

Caisse de la place chef-lieu.....		566 45
Caisse des annexes de la	{Place de M... 219 75	270 95
place chef-lieu.......	{Place de V... 51 20	
	Somme pareille...........	837 40

À reporter 17.458 29 | 16.020 89 | 16.020 89 | »

Vol. 50.

REGISTRE- JOURNAL.

DATES (1904)	NUMÉROS D'ORDRE des recettes	NUMÉROS D'ORDRE des dépenses	IMPUTATION budgétaire des recettes et des dépenses.	DÉTAIL DES RECETTES et des dépenses.
	1	2	3	4
3 mars....	20		Chapitre 34, art. 1er	Reçu du payeur sur mandat n° 24.
4 mars....		22	Chapitre 34, art. 1er	Payé à M. Bertrand pour refuges divers............
6 avril...	26		Chapitre 34	Reçu du payeur sur mandat n° 40.
14 avril..			Chapitre 34, art. 1er	Somme reversée au Trésor, récépissé n° 395...... 40 00
14 avril..			Chapitre 33	Somme reversée au Trésor, récépissé n° 396. 0 40

Arrêté au 15 avril 1904.....
Recettes inscrites.... 54.283 63
Dépenses inscrites.... 53.220 01

Différence....... 1.062 62

Du présent arrêté, il résulte que l'avoir en caisse est de : mille soixante-deux
francs soixante-deux centimes. Cet avoir est réparti ainsi qu'il suit :

Caisse de la place chef-lieu................		562 62
Caisse des annexes de la (Place de M. 460 00		500 00
place chef-lieu........... (Place de P. 40 00		
Somme pareille...............		1.062 62

Vu et visé :
Le 15 avril 1904.
Le Conseil d'administration,

Certifié les écritures ci-dessus :
A T..., le 15 avril 1904.
L'Officier d'administration,

TRI-MESTRES auxquels se rapportent les recettes et dépenses.	RECETTES	DÉPENSES.	RÉPARTITION DES DÉPENSES PAR TRIMESTRE				DÉPENSES effectuées pendant le 1er trimestre, au titre du 4e trimestre de l'exercice précédent.
			1er trimestre.	2e trimestre.	3e trimestre.	4e trimestre.	
6	7	8	9	10	11	12	13
Report ..	27.458 20	16.620 89	16.620 89	»	»	»	»
1er	6.484 78	»	»	»	»	»	»
1er		13 00	13 00	»	»	»	»
2e	1.068 62	»	»	»	»	»	»
Totaux.	54.304 73	53.220 01	53.220 01	»	»	»	»
1er	10 10	»	»	»	»	»	»
	54.282 63	53.220 01	53.220 01	»	»	»	»
À reporter	54.282 63	53.220 01	53.220 01	»	»	»	»

MINISTÈRE
DE LA GUERRE.

ANNÉE 19

MODÈLE Nº 3.

3ᵉ DIRECTION.

SERVICE DE L'ARTILLERIE.

À établir à la main.

Artillerie et équipages
militaires.

(1)

1ᵉʳ feuillet.

2ᵉ BUREAU.

Matériel.

(2)

CARNET D'ENREGISTREMENT

des sommes touchées au Trésor, à quelque titre que ce soit, pour assurer le service dans les places autres que la place principale.

Le présent carnet, contenant　　　　feuillets, a été coté et paraphé
par nous, Directeur d　　　　　　　, ordonnateur secondaire

A　　　　　, le　　　　19

Le

NOTA. — Le présent carnet est destiné à recevoir l'inscription, faite par les agents du Trésor, du montant de toutes les sommes touchées par le comptable ou le gérant d'annexe. Ce carnet est renouvelé le 1ᵉʳ janvier de chaque année.

(3)

(1) Désignation de l'établissement d'artillerie.
(2) Désignation du parc ou du parc annexe.
(3) Signature du comptable.

DATES des PAYEMENTS.	INDICATION DES PAYEMENTS FAITS. (Enregistrement en toutes lettres par les payeurs.)	NOMS ET GRADES DES ORDONNATEURS ou des parties ayant versé le montant des mandats de trésorerie.
1	2	3

MINISTÈRE
DE LA GUERRE.

SERVICE DE L'ARTILLERIE.

MODÈLE N° 4

3ᵉ DIRECTION,

1ᵉʳ feuillet.

Artillerie et équipages
militaires.

Le

2ᵉ BUREAU.

(1)

Matériel.

REGISTRE [2]

DES COMPTES COURANTS EN DENIERS
AVEC LES COMPTABLES ET LES GÉRANTS D'ANNEXES

Le présent registre, contenant (3)   feuillets, celui-ci compris,
a été coté et paraphé par nous,   Directeur.

A   , le   19   .

(1) Désignation de l'établissement principal.
(2) À établir par les soins de l'établissement.
(3) En toutes lettres.

Compte de M.   *, officier d'administration de*   *e classe*
d'artillerie de la place de M . . . .

DATES (1904).	DÉTAIL DES OPÉRATIONS.	CRÉDIT.	DÉBIT.	OBSER- VA- TIONS.
1	2	3	4	5
		fr. c.	fr. c.	
16 janvier.	Envoyé par mandat de trésorerie à M..................	»	700 00	
17 janvier.	Payé les salaires de la 1re quinzaine de janvier..................	408 20	»	
30 janvier.	Envoyé par mandat de trésorerie à M..................	»	850 00	
31 janvier.	Payé les salaires des gardiens de batterie auxiliaires..................	360 00	»	
31 janvier.	Payé les indemnités du mois de janvier..................	125 50	»	
31 janvier.	Payé les déplacements spéciaux au service de l'artillerie..................	50 15	»	
3 février.	Payé les salaires de la 2e quinzaine de janvier..................	386 40	»	
	TOTAUX.........	1,330 25	1,550 00	
	Report du crédit.....	»	1,330 25	
	Reste au débit......	»	219 75	

CERTIFIÉ par l'officier d'administration.

A   , le 5 février 1904.

Vu et vérifié, le 8 février 1904.

Le

	Report......	»	219 75	
8 février.	Envoyé par mandat de trésorerie à M..................	»	350 00	
16 février.	Payé les salaires de la 1re quizaine de février..................	416 25	»	
19 février.	Payé à M. Lavigne pour fourniture de toile..................	89 12	»	
28 février.	Envoyé par mandat de trésorerie à M..................	»	940 00	
	À reporter.....	505 37	1,509 75	

Compte de M.　　　　　　, officier d'administration de　　e classe
d'artillerie de la place de M... (suite).

DATES (1904).	DÉTAIL DES OPÉRATIONS.	CRÉDIT.	DÉBIT.	OBSERVATIONS.
1	2	3	4	5
		fr. c.	fr. c.	
	Report.....	595 97	1,500 75	
20 février.	Payé les salaires des gardiens de batterie auxiliaires............	360 00	»	
29 février.	Payé les indemnités du mois de février......................	118 40	»	
29 février.	Payé les déplacements spéciaux au service de l'artillerie..........	32 68	»	
8 mars.	Payé les salaires de la 2e quinzaine de février...................	375 80	»	
	TOTAUX.....	1,392 45	1,509 75	
	Report du crédit......	»	1,392 45	
	RESTE au débit.......	»	117 30	

CERTIFIÉ par l'officier d'administration.

À　　　　　　　　　, le 5 mars 1904.

VU et VÉRIFIÉ, le 8 mars 1904.
　　Le

	Report.....	»	117 30

NOTA. — On réservera à chacun des comptes des gérants d'annexes un nombre de pages suffisant pour la comptabilité de l'année entière.

Compte de M. . . . ., officier d'administration de . . e classe
d'artillerie de la place de P. . . .

DATES (1904).	DÉTAIL DES OPÉRATIONS.	CRÉDIT.	DÉBIT.	OBSERVATIONS.
1	2	3	4	5
		fr. c.	fr. c.	
25 janvier.	Envoyé par mandat de trésorerie à P...		345 00	
31 janvier.	Payé les salaires des gardiens de batterie auxiliaires...........	264 00		
31 janvier.	Payé les indemnités du mois de janvier.............	24 00		
31 janvier.	Payé les déplacements spéciaux au service de l'artillerie..........	5 80		
	Totaux.......	293 80	345 00	
	Report du crédit........		293 80	
	Reste au débit.........		51 20	

Certifié par l'officier d'administration.
A . . . . , le 5 février 1904.
Vu et vérifié, le 8 février 1904.
Le

	Report.......		51 20	
25 février.	Envoyé par mandat de trésorerie à P...		815 00	
20 février.	Payé les salaires des gardiens de batterie auxiliaires...........	264 00		
20 février.	Payé les indemnités du mois de février.............	22 40		
20 février.	Payé les déplacements spéciaux au service de l'artillerie..........	10 42		
3 mars.	Payé à M. Menthol pour fourniture de bois...........	8 00		
	Totaux......	304 82	866 20	
	Report du crédit.......		304 82	
	Reste au débit........		61 38	

Certifié par l'officier d'administration.
A . . . ., le 5 mars 1904.
Vu et vérifié, le 8 mars 1904.
Le

	À reporter........	»	61 38	

Compte de M. . . . . officier d'administration de . . e classe . . . . d'artillerie de la place de P. . . . (suite).

DATES.	DÉTAIL DES OPÉRATIONS.	CRÉDIT.	DÉBIT.	OBSERVA-TIONS.
1	2	3	4	5
		fr. c.	fr. c.	
	Report	»	01 88	

Compte de M.   , *officier d'administration de*   ° *classe*
         d'artillerie de la place de...

DATES.	DÉTAIL DES OPÉRATIONS.	CRÉDIT.	DÉBIT.	OBSERVATIONS.
1	2	3	4	5

RÉCAPITULATIONS mensuelles des comptes
des diverses places.

DATES (1904).	DÉTAIL DES OPÉRATIONS.	CRÉDIT.	DÉBIT.	OBSER-VATIONS.
1	2	3	4	5
		fr. c.	fr. c.	
5 février.	Balance du compte { M .... de la place de... { P........	» »	219 75 51 20	
	TOTAUX.....	»	270 95	

CERTIFIÉ par l'officier d'administration,

A   , le 5 février 1904.

Vu et vérifié, le 8 février 1904.

Le

5 mars.	Balance du compte { M .... de la place de... { P........	» »	117 30 61 38	
	TOTAUX.......	»	178 68	

CERTIFIÉ par l'officier d'administration,

A   , le 5 mars 1904.

Vu et vérifié, le 8 mars 1904.

Le

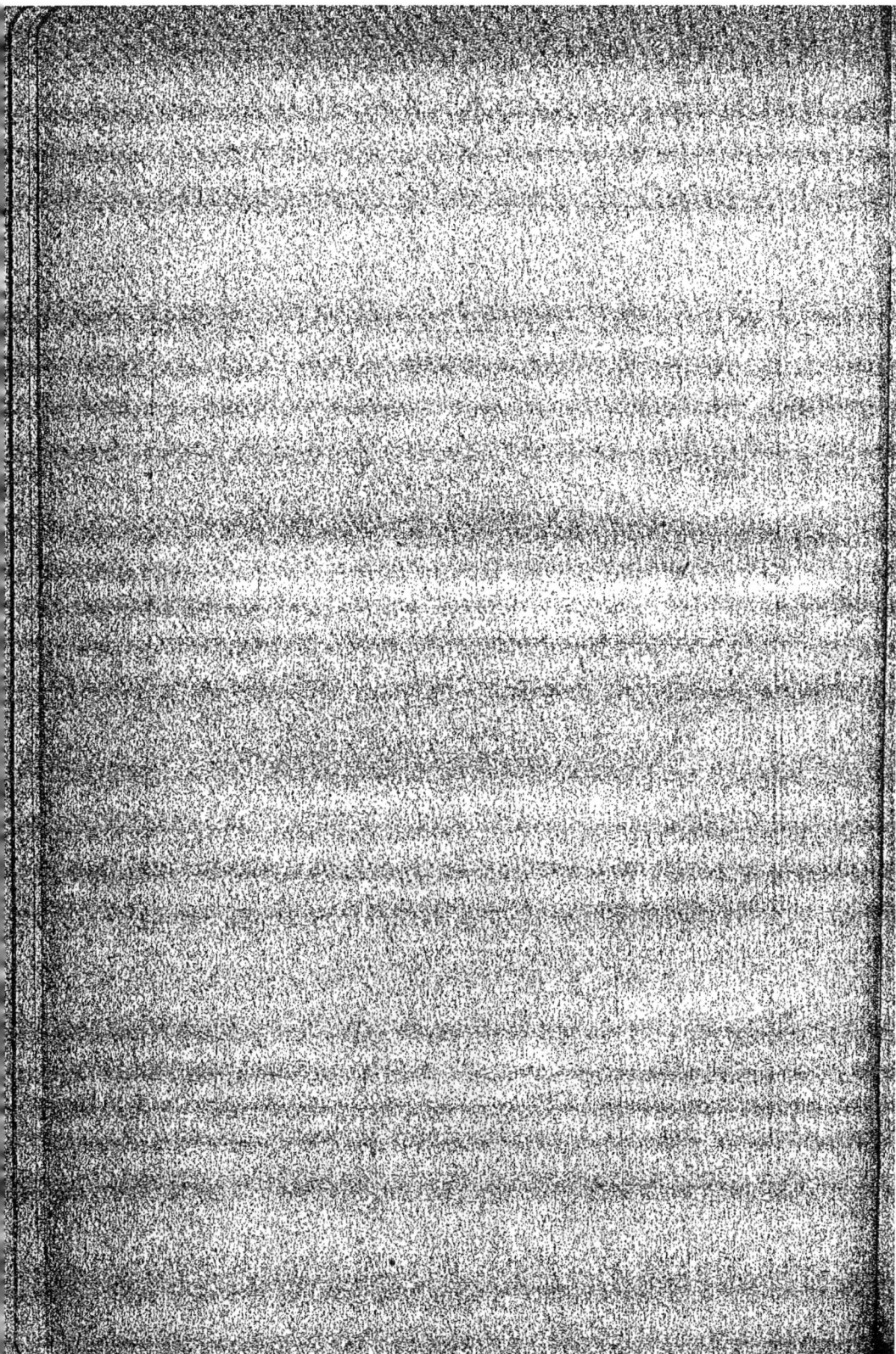

EXERCICE 19

Mois, d

MODÈLE A.

A établir à la main.

SERVICE DE L'ARTILLERIE.

(1)

(2)

BORDEREAU *récapitulatif des dépenses acquittées pendant la période du   au   19   , au moyen des avances reçues du chef-lieu*

(1) Désigner l'établissement principal.
(2) Désigner le parc annexe.

DATES.	N°ˢ D'ORDRE des		CHAPITRE d'imputation des DÉPENSES.	DÉTAIL des RECETTES et des dépenses	Trimestre auquel se rapportent les recettes et les dépenses.	RECETTES.	DÉPENSES.	INSCRIPTION au registre-journal du chef-lieu.		OBSER-VATIONS.
	recettes.	dépenses.						Dates.	N°	
				Report du reliquat de l'avance précédente...						
				TOTAUX.........						
				REPORT de la dépense.....						
				RESTE en caisse...						

A , le 19

L , *Comptable,*

Vu et Certifié :

Le Commandant du parc (ou Directeur),

Vérifié et Arrêté à la somme de (en toutes lettres) le restant en caisse.

A , le 19 .

L'Officier d'administration,

Vu et Vérifié :

Le Commandant du parc (ou Directeur),

SERVICE DE L'ARTILLERIE

(1)

(2)

BORDEREAU *récapitulatif des pièces justificatives transmises au chef-lieu en vue de l'ordonnancement de leur montant par mandats directs.*

(1) Désigner l'établissement principal.
(2) Désigner le parc annexe.

DATES des viagne.	CHAPITRE D'IM-PUTATION de la dépense.	NOMS des FOURNISSEURS ou des entrepreneurs.	DÉTAIL DES FOURNITURES ou des travaux.	Trimestre auquel se rapportent les dépenses.	MONTANT des DÉPENSES.	MANDATS Directs émis pour l'acquittement.		OBSERVATIONS.
						Dates.	Nos.	
			TOTAL					

A   le   19

VU ET VÉRIFIÉ :   L'   Comptable.
Le Commandant du parc (ou Directeur),

Arrêté, après vérification, à la somme de (en toutes lettres).

A   le   19

VU ET VÉRIFIÉ :   L'Officier d'administration,
Le Commandant du parc (ou Directeur),

Circulaire relative à des dépenses irrégulières effectuées par des ordonnateurs secondaires du service de l'artillerie, bien que comprise sur des états de prévision approuvés.

(Direction de l'Artillerie; Bureau du Matériel.)

Paris, le 19 octobre 1907.

La vérification des comptabilités-finances produites pendant ces dernières années a fait constater que certains ordonnateurs secondaires du service de l'artillerie ont cru pouvoir, notamment en ce qui concerne le payement d'indemnités de déplacement à des officiers, dépenser la totalité des sommes inscrites sur les états de prévision.

Il y a lieu de remarquer que les états de prévision ne sont que des évaluations *approximatives* des crédits à déléguer (c'est à ce titre seul que le Ministre les examine et les approuve) et qu'ils ne sauraient ouvrir à des parties prenantes individuelles des droits non prévus par les règlements.

Il est rappelé à ce sujet aux directeurs et commandants des établissements et services de l'artillerie qu'aux termes de l'article 78 du décret du 18 mars 1901 (1) ils sont pécuniairement responsables des payements d'indemnités faits en dehors des règlements.

Afin d'éviter le retour des errements signalés ci-dessus, les ordonnateurs secondaires devront, pour les dépenses jugées nécessaires par eux, mais non explicitement prévues par les règlements, les signaler d'une façon toute spéciale sur les états de prévision ou sur les rapports annuels.

Circulaire relative au payement des prix de concours de tir et de conduite des voitures.

(Direction de l'Artillerie; Bureau du Matériel.)

Paris, le 14 décembre 1908.

Actuellement les prix de concours de tir et de conduite des voitures à allouer aux corps de troupes de l'artillerie et du train

---

(1) Remplacé par les articles 39 et 50 du décret du 12 juin 1908 (vol. 1005).

des équipages militaires peuvent être payés, pour les corps qui en font la demande, par les établissements d'artillerie qui ont charge du champ de tir ou du champ d'instruction sur lesquels se rendent les corps pour les tirs et les manœuvres.

A partir du 1er janvier 1909, ces prix de concours devront toujours être payés par l'établissement d'artillerie régional duquel relève le corps au point de vue de la gestion du matériel d'instruction.

Les sommes nécessaires pour ces payements seront demandées en temps opportun par le chef de corps intéressé au directeur de l'établissement d'artillerie chargé du payement.

Ce dernier délivrera les fonds, ou, le cas échéant, en fera l'envoi.

Circulaire relative aux dispositions arrêtées pour l'impulation de la valeur des cessions faites de l'intérieur sur l'Algérie et la Tunisie et réciproquement.

(Direction de l'Artillerie; Bureau du Matériel.)

Paris, le 8 septembre 1908.

A partir de 1909, les crédits destinés à faire face aux dépenses du service de l'artillerie, en Algérie et en Tunisie, figurent à des chapitres spéciaux de la 1re section du budget (2e partie, Algérie-Tunisie).

Afin d'assurer l'impulation des dépenses qui incombent soit auxdits chapitres, soit à ceux de l'intérieur, il y a lieu de se conformer aux dispositions suivantes :

Toute cession faite par un établissement de l'intérieur à un établissement, service ou corps de l'Algérie-Tunisie et inversement, au titre du service courant (1), fera l'objet d'une facture décomptée.

Un duplicata de la facture revêtue de la prise en charge du service, établissement ou corps réceptionnaire, devra être adressé immédiatement au Ministre (3e Direction ; 2e Bureau), en double expédition, par l'expéditeur.

L'impulation du montant des cessions aux chapitres intéres-

---

(1) L'ordre ministériel indiquera, dans chaque cas, si la cession est faite à titre onéreux (service courant) ou gratuit (matériel destiné à augmenter la dotation des places, etc.).

sés, soit du budget de l'intérieur, soit de celui de l'Algérie-Tunisie, sera assurée par les soins de l'administration centrale, par voie de changement d'imputation.

Les dispositions qui précèdent ne sont pas applicables aux commandes exécutées par les établissements de l'intérieur sur les crédits du budget de l'Algérie-Tunisie, ou par ceux de l'Algérie-Tunisie sur les crédits du budget de l'intérieur.

Circulaire fixant les allocations accordées dans certains cas sur les fonds du budget du matériel de l'artillerie pour emplois et fonctions ressortissant au service de ce matériel.

(Direction de l'Artillerie; Bureau du Matériel.)

Paris, le 18 janvier 1910.

Les indemnités ci-après, pour fonctions ou emplois spéciaux ressortissant au service du matériel de l'artillerie, sont allouées aux intéressés sur les fonds du budget de ce service :

1° Aux sous-officiers rengagés ou commissionnés antérieurement au 1er mai 1902 et détachés de leurs batteries ou compagnies pour remplir éventuellement les fonctions d'officier d'administration du service de l'artillerie :

Sur le pied de paix, 0 fr. 75; en campagne, 1 franc par jour.

2° Aux sous-officiers rengagés ou commissionnés antérieurement au 1er mai 1902 et remplissant éventuellement les fonctions de gardien de batterie :

Minimum, 18 francs ; maximum, 23 francs par mois.

Elles ne peuvent être allouées qu'après autorisation ministérielle.

3° Aux anciens militaires employés en raison des exigences du service comme gardiens de batterie auxiliaires :

Par mois, 120 francs, s'ils ne jouissent d'aucune pension de retraite ; 90 francs s'ils jouissent d'une pension de retraite.

Après dix ans et vingt ans de service dans les fonctions de gardiens de batterie auxiliaires, ces employés reçoivent les traitements fixés par les circulaires des 3 mars et 8 avril 1897 (voir p. 204).

Les gardiens de batterie auxiliaires sont logés dans les bâtiments de l'État ou, à défaut, reçoivent l'indemnité de logement prévue pour les gardiens de batterie titulaires.

Ils reçoivent également, le cas échéant, les indemnités en rassemblement allouées aux gardiens de batterie titulaires.

4° Les adjudants d'administration et autres employés du génie qui, en plus de leur service régulier, remplissent, en vertu d'une décision ministérielle, les fonctions de gardiens de batterie, reçoivent sur les fonds du budget du matériel de l'artillerie une indemnité annuelle fixée par le Ministre, dans chaque cas particulier, sur la proposition des services locaux intéressés.

Circulaire prescrivant de ne plus fournir de duplicata des pièces de comptabilité pour les délivrances et versements d'armes.

(Direction de l'Artillerie; Bureau du Matériel.)

Paris, le 17 février 1910.

Aux termes de la circulaire ministérielle du 16 juin 1889, les établissements de l'artillerie doivent adresser au Ministre, à titre de compte rendu, un duplicata des pièces de comptabilité relatives aux délivrances et aux versements d'armes concernant les particuliers, les officiers, les sociétés de tir, les municipalités, etc.

En vue de simplifier les écritures, le Ministre a décidé qu'à l'avenir, à moins d'ordres contraires, ces diverses pièces ne seront plus établies.

Les établissements de l'artillerie continueront, comme par le passé, à adresser directement au Ministre (3ᵉ Direction, Matériel) et le plus tôt possible, les récépissés constatant le versement au Trésor, soit du montant des armes et accessoires d'armes cédés à titre onéreux, soit des sommes imputées.

Notification des mesures d'ordre relatives à l'envoi à l'administration centrale des documents relatifs aux marchés.

(Direction de l'Artillerie; Bureau du Matériel.)

Paris, le 8 juillet 1910.

Les dossiers relatifs aux divers marchés du service de l'artillerie devront parvenir à l'administration centrale dans les conditions suivantes

I. — MARCHÉS PAR ADJUDICATION PUBLIQUE.

Les projets de cahiers des charges spéciales sont adressés en double expédition.

Sont annexés à ces documents :

1° Un état du modèle indiqué ci-après, faisant connaître la répartition, par états de prévision, de la dépense proposée ;

2° S'il y a lieu :

a) Un rapport justifiant la non-application du décret du 10 août 1899 sur les conditions du travail ;

b) Un rapport justifiant la provenance étrangère ;

c) Un rapport justifiant les dérogations aux cahiers des charges communes mentionnés à l'article 1er du projet de cahier des charges spéciales soumis à l'approbation.

Les renseignements demandés ci-dessus (alinéas a, b, c) peuvent d'ailleurs être compris, sous une rubrique distincte, dans un rapport unique.

Chaque cahier des charges spéciales donne lieu à l'établissement *ultérieur* de :

1° Un dossier distinct pour les propositions de prix-limites ;

2° Un procès-verbal d'adjudication distinct ;

alors même que les matières comprises dans plusieurs cahiers des charges spéciales seraient mises en adjudication dans une même séance.

Une copie du procès-verbal d'adjudication, de réadjudication, de concours de quarante-huit heures, est adressée, à titre de compte rendu, sous le timbre « 3e Direction ; 2e Bureau (section intéressée) », dès que ce document a été revêtu, s'il y a lieu, de la mention de la notification de l'approbation aux fournisseurs.

II. — MARCHÉS DE GRÉ A GRÉ.

A. — *Marchés soumis à l'approbation ministérielle.*

Ces marchés sont adressés en double expédition.

Sont annexés aux marchés, outre les documents visés aux titres II et III de l'instruction du 8 juillet 1909, relative aux marchés du Département de la guerre :

1° Un état de répartition budgétaire de la dépense (modèle ci-après);

2° Un rapport justifiant l'application du paragraphe de l'article 18 du décret du 18 novembre 1882, invoqué pour la passation du marché ;

3° S'il y a lieu, les documents dont la production est prescrite au titre I°, paragraphe 2 ci-dessus, pour les marchés passés par adjudication publique.

Une copie du marché approuvé, portant mention de la notification de l'approbation au fournisseur, est adressée à l'administration centrale, comme il est indiqué ci-dessus pour les procès-verbaux d'adjudication.

B. — Marchés approuvés par les directeurs.

a) Marchés approuvés par application de l'article 40 de l'instruction du 6 juillet 1909 :

Une copie du marché, portant mention de la notification de l'approbation au fournisseur, est adressée en simple expédition.

Est joint à cette copie un rapport justifiant la passation du marché par application de l'article 40 et certifiant que les prix acceptés sont inférieurs ou égaux aux prix-limites qui avaient été fixés pour l'adjudication.

b) Marchés approuvés par application de l'article 120 de l'instruction du 6 juillet 1909 :

Une copie du marché, portant mention de la notification de l'approbation au fournisseur, est adressée en simple expédition.

Sont joints à cette copie, outre le rapport dont l'établissement est prescrit par l'article 120, tous les documents qui doivent être joints aux marchés soumis à l'approbation ministérielle (§§ 1° et 2° du titre A ci-dessus).

c) Marchés approuvés par application des prescriptions de l'article 41 de l'instruction du 6 juillet 1909 :

Une copie du marché, portant mention de la notification de l'approbation au fournisseur, est adressée en simple expédition.

Sont annexés au marché :

1° Un état de répartition budgétaire de la dépense (modèle ci-après) ;

2° Un rapport justifiant l'application du paragraphe de l'article 18 du décret du 18 novembre 1882, invoqué pour la passation du marché.

Les dossiers concernant les marchés du service des forges confirmeront, jusqu'à nouvel ordre, à être adressés conformément aux instructions spéciales à ce service.

MINISTÈRE DE LA GUERRE.		Notification ministérielle du 6 juillet 1910.

9° Direction.   RÉPUBLIQUE FRANÇAISE.

Artillerie et équipages militaires.

2° Bureau.

3° Section.   Désignation de l'établissement.

1° Section.

ÉTAT indiquant la répartition de la dépense résultant du

(marché   N°   ou cahier des charges spéciales) (1)

pour une fourniture de

---

(1) Mettre suivant le cas :
« Soumis à l'approbation ministérielle » ou « Approuvé par le Directeur ».

DÉSIGNATION sommaire de la fourniture	MONTANT en chiffres de la fourniture par état	COMMANDES auxquelles sont dus les frais des objets commandés		IMPUTATION DE LA DÉPENSE		
		Numéros (1)	Dates (1)	Sections du budget	Chapitres	Articles et paragraphes	Rubriques

NATURE DU PROVISION SUR LESQUELS LA DÉPENSE A ÉTÉ PRÉVUE				MONTANT de la dépense imputée sur chacun des états de provision ci-contre
Numéros	Dates d'approbation	Désignation et destination des objets mis en commande	Montant de chaque état non compris les dépenses dont il s'agit	

Total égal au montant du marché

Total du marché

A   B   C

Le Commandant du parc (ou Directeur).

Circulaire concernant les mesures à prendre en vue d'assurer le contrôle, par la Cour des comptes, de l'emploi des crédits en nature inscrits à certains chapitres du budget (cessions de vieilles matières).

(Directions de l'Artillerie et du Génie; Bureau du Matériel de l'Artillerie.)

Paris, le 27 décembre 1910.

Afin de permettre à la Cour des comptes de contrôler l'emploi des crédits en nature (1) prévus au budget de chaque exercice et représentés par des cessions de vieilles matières consenties en payement de fournitures neuves, de façon à s'assurer que ces crédits ne sont pas dépassés, les dispositions suivantes, arrêtées de concert avec le ministère des finances, devront être observées dans les établissements de l'artillerie et du génie, à partir de l'ouverture de l'exercice 1911.

Les ordonnateurs feront ressortir distinctement, sur les factures de livraison (modèle n° 9) jointes aux mandats délivrés par eux, le montant des imputations pour valeur de *vieilles matières proprement dites* remises aux entrepreneurs. Les indications fournies par ces factures doivent permettre aux trésoriers-payeurs généraux d'établir, par chaque chapitre intéressé du budget et par Département, des relevés détaillés de la valeur des vieilles matières cédées correspondant aux crédits en nature prévus aux mêmes chapitres.

Quand les imputations à faire figurer sur une facture comprendront à la fois des vieilles matières et des déchets de fabrication, il y aura lieu de faire ressortir très distinctement les sommes afférentes à chacune de ces deux catégories de produits.

D'autre part, les ordonnateurs produiront annuellement à l'administration centrale, en les joignant à leur comptabilité du 4e trimestre, des états comprenant les vieilles matières proprement dites qui auront été cédées. Ces états, conformes au modèle ci-joint, seront établis pour chacun des chapitres du budget comportant des crédits en nature.

---

(1) Dans le budget du service du génie, seul le chapitre du harnachement comprend des crédits en nature.

CORPS D'ARMÉE
ou
GOUVERNEMENT MILITAIRE
d

(1)

(1) Désignation de l'établissement.

EXERCICE 191

1ʳᵉ SECTION DU BUDGET (ᵉ PARTIE).

CHAPITRE . ARTICLE .

MODÈLE
complété par la circulaire du 4 octobre
1913, D. O., p. 1356.

ÉTAT indiquant, par département, les cessions de vieilles matières faites aux entrepreneurs au cours de l'exercice 191 en payement de fournitures neuves dans les marchés par conversion.

DATE des CESSIONS.	NOMS des CRÉANCIERS	OBJET de la FOURNITURE	DÉSIGNATION des VIEILLES MATIÈRES cédées.	QUINTAUX	FRAC.	MONTANT par CESSION	DÉPARTEMENT dans lequel le mandat a été émis
		TOTAL					

Certifié conforme aux écritures de la comptabilité de l'établissement.

A   , le   19

Le (1)   Commandant du parc
                          (ou Directeur),

(1) Indiquer le grade.

Circulaire relative à l'établissement des rapports annuels, états de prévision et états de réduction des crédits, du service de l'artillerie.

(Direction de l'Artillerie; Bureau du Matériel.)

Paris, le 10 juillet 1911.

Le Ministre de la guerre aux Directeurs des établissements de l'artillerie.

De nombreuses modifications ayant été apportées à la lettre collective n° 7-4 du 12 décembre 1896, relative aux états de prévision, comptes rendus de commandes, etc., les dispositions suivantes, qui annulent et remplacent toutes prescriptions antérieures, seront à l'avenir appliquées dans les établissements du service de l'artillerie.

I. — RAPPORTS ANNUELS.

Le 15 décembre de chaque année, les établissements de l'artillerie adressent au Ministre, en double expédition, trois rapports des modèles n°° 1, 1 *bis* et 1 *ter*, concernant les dépenses destinées à assurer :

a) La marche générale des établissements, l'entretien, les réparations du matériel, etc.;

b) L'entretien des armes;

c) L'entretien du harnachement.

Ces rapports indiquent pour chaque catégorie des dépenses susvisées :

1° Le montant des crédits qui ont été attribués à l'établissement l'année précédente;

2° Le relevé, par rubriques du budget, des sommes réellement dépensées l'année précédente, avec le détail de ces dépenses;

3° Les motifs (avec justifications à l'appui) qui seraient de nature à faire modifier, pour l'année suivante, le montant des crédits alloués.

Il ne doit figurer, sur les rapports annuels, aucune proposition d'augmentation de salaires du personnel, ou demande d'embauchage de personnel civil.

Ces diverses demandes doivent faire l'objet de propositions spéciales adressées sous le timbre « 3° Direction; 2° Bureau; Budgets et Comptes ».

Les seules augmentations de salaire du personnel civil à porter sur les rapports annuels doivent être celles résultant de l'application des prescriptions ministérielles antérieures à l'établissement desdits rapports.

Mention de ces prescriptions ministérielles doit être faite en regard des augmentations de crédits demandées.

II. — ÉTATS DE PRÉVISION.

Sauf pour les circonstances urgentes nécessitant des engagements immédiats, il est établi préalablement à toute dépense (commandes, frais de déplacements, indemnités, etc.) un état de prévision.

Les états de prévision sont du modèle n° 2 pour les établissements non constructeurs, et du modèle n° 3 pour les établissements constructeurs.

Les états de prévision des établissements non constructeurs sont adressés au Ministre (3° Direction; 2° Bureau), en double expédition.

Ils sont accompagnés d'un mémoire justificatif faisant connaître les bases d'évaluation de la dépense et indiquant le détail des matières nécessaires aux travaux.

Les établissements ressortissant à l'inspection permanente des fabrications de l'artillerie adressent leurs états de prévision, en triple expédition, au général inspecteur permanent des fabrications, qui les examine et les fait modifier s'il y a lieu.

La première expédition des états de prévision, après avoir été approuvée par le Ministre, ou, suivant le cas, arrêtée par le général inspecteur des fabrications, est renvoyée à l'établissement d'origine qui procède aussitôt à l'engagement des dépenses sans autre autorisation.

Ces états de prévision sont accompagnés d'un mémoire justificatif n° 4.

Les établissements constructeurs produisent, en outre, une fois par an, et à l'appui du premier état de prévision de chaque catégorie d'objets à confectionner, un devis complet modèle n° 5.

Les états de prévision des dépenses à faire pour l'achèvement des commandes non terminées dans les délais de l'exercice au titre duquel ont été approuvés les états de prévision primitifs, sont conformes au modèle n° 6.

Les établissements constructeurs peuvent aussi faire usage, pour les demandes de crédits visant des dépenses qui ne comportent pas de frais de fabrication ou pour lesquelles il est manifestement impossible d'établir un devis, de l'état de prévision modèle n° 7.

Menues confections. — En vue de réduire autant que possible la production d'états de prévision de faible importance, les établissements constructeurs adressent, au début de chaque exercice budgétaire, au général inspecteur permanent des fabrications de l'artillerie qui les transmet en un seul envoi, des états de prévision (modèle n° 7), distincts par chapitre, des crédits nécessaires pour l'exécution, pendant le cours de l'exercice, des commandes entraînant une dépense inférieure à 300 francs.

Les mémoires justificatifs annexés auxdits états de prévision font ressortir en détail la désignation et la quantité d'objets confectionnés pendant l'année précédente, le prix de revient de chacun de ces objets, et, en regard, le numéro et la date de l'ordre ministériel qui a autorisé la confection.

Les crédits ainsi mis à la disposition des établissements doivent être exclusivement employés d'après l'imputation budgétaire indiquée dans chaque ordre ministériel.

En aucun cas ils ne peuvent être employés à l'achèvement d'une commande ayant fait l'objet d'un état de prévision spécial, ni à la confection d'objets destinés à la réparation ou à l'amélioration des bâtiments ou machines.

Déplacements. — Les états de prévision des déplacements imputables au budget de l'artillerie, à effectuer au cours du trimestre suivant, sont adressés au Ministre (3° Direction; 2° Bureau; 1re Section), à la date du 10 mars, du 10 juin, du 10 septembre et du 10 décembre (1).

Ces états sont établis en double expédition; ils sont distincts pour le personnel militaire et pour le personnel civil.

Ils sont conformes au modèle n° 8.

En vue d'éviter des confusions, chaque établissement fait usage, pour l'enregistrement des états de prévision, d'une série unique de numéros, par exercice, sans tenir compte des chapitres d'imputation des dépenses.

(1) Toutefois, les déplacements relatifs à la visite de l'armement des corps de troupe feront l'objet d'états de prévision distincts qui seront adressés en temps utile sous le timbre de la 4° Section.

Lorsque, par suite d'insuffisance de crédits alloués pour l'exécution d'une commande, un établissement doit établir un état de prévision supplémentaire, le numéro à porter sur cet état supplémentaire doit être celui porté sur l'état de prévision primitif, suivi de l'indication : bis, ter, etc.

Les sommes portées sur les états de prévision relatifs aux commandes, sous la rubrique « Dépenses à effectuer par l'établissement » (main-d'œuvre et matières), doivent être arrondies en francs.

Les rapports annuels et états de prévision ne sont que des évaluations approximatives de crédits à mettre à la disposition des établissements intéressés dans un but déterminé.

C'est à ce titre seul que le Ministre les examine et les approuve. Dans aucun cas, ils ne sauraient ouvrir à des parties prenantes individuelles des droits non prévus par les règlements.

Si les crédits ouverts aux établissements, par l'approbation d'un état de prévision pour l'exécution d'une commande déterminée, sont supérieurs aux dépenses réellement faites, l'excédent du crédit ne peut être utilisé pour des achats ou travaux non spécifiés sur ledit état de prévision.

Cet excédent doit être accusé disponible dans les conditions indiquées ci-après.

Il en est de même, d'ailleurs, en ce qui concerne les crédits alloués au titre des rapports annuels.

III. — ÉTATS DE RÉDUCTION DE CRÉDITS.

Les crédits ouverts aux établissements de l'artillerie peuvent présenter, à un moment donné, un excédent par rapport aux dépenses faites ou à faire, par suite de :

a) Prévisions supérieures aux besoins;

b) Report, à l'exercice suivant, de commandes ne pouvant être terminées dans les limites de l'exercice en cours.

Il est de toute nécessité que l'administration centrale soit avisée de ces disponibilités de manière à pouvoir les utiliser dans les limites de l'exercice financier, pour l'exécution de travaux urgents qui, souvent, se trouvent suspendus faute de crédits.

Dans ce but, les établissements de l'artillerie adressent au Ministre (3e Direction; 2e Bureau; Budgets et Comptes), le 15 de chaque mois, un état conforme au modèle n° 9.

Le réemploi des crédits disponibles n'étant possible qu'à la condition que ces crédits soient signalés assez à temps pour pouvoir être utilisés dans les limites de l'exercice financier, il est du plus haut intérêt que les établissements indiquent, au plus tard, sur l'état adressé le 15 octobre, les crédits d'une certaine importance qu'ils ne peuvent utiliser dans les limites de l'exercice.

Les crédits ouverts au titre des déplacements spéciaux au service de l'artillerie qui, pour une cause quelconque, se trouveraient en excédent des dépenses réellement faites au cours du trimestre auquel elles se rapportent, devront figurer sur les états de réduction produits le 15 du mois qui suit le trimestre intéressé.

Les sommes accusées disponibles sur chacun des états fournis seront retranchées d'office des crédits affectés à l'établissement; elles ne devront plus, sous aucun prétexte, figurer sur les états adressés ultérieurement.

Dans le cas où, pour une cause quelconque, des réductions auraient été indûment faites sur certains crédits, les établissements intéressés auraient à produire des états de prévision supplémentaires avec les justifications nécessaires.

Les états de réduction dont il s'agit seront adressés directement par les établissements non constructeurs, et, par l'intermédiaire de M. le général de division inspecteur permanent des fabrications de l'artillerie, par les établissements ressortissant à l'inspection des fabrications.

Les états « Néant » ne seront pas établis; dans ce cas, le bordereau habituel sera adressé et portera, dans la colonne « Nombre », la mention « Néant ».

Les comptes rendus financiers d'exécution de commandes ne seront plus fournis.

DEMANDES DE MÉTAUX, ETC.

Les demandes des divers métaux à recevoir du service des forges, ou d'objets divers à recevoir d'autres établissements, pour l'exécution d'une commande, sont établies en triple expédition et doivent être jointes aux états de prévision afférents aux commandes que concernent ces demandes.

MINISTÈRE
DE LA GUERRE.

3e DIRECTION.

ARTILLERIE
ET ÉQUIPAGES MILITAIRES

2e BUREAU.

Matériel.

1re SECTION.

Désignation
de l'établissement.

RÉPUBLIQUE FRANÇAISE.

MODÈLE Nº 1.

Circulaire
du 10 juillet 1911.

Ce rapport doit être établi
sur papier format 83 × 25.

RAPPORT

INDIQUANT LES DÉPENSES À FAIRE POUR ASSURER LA MARCHE DE L'ÉTABLISSEMENT EN 1912.

I. — Montant total des crédits alloués en 1911.

	CHAPITRE 30 Article 1, § 1er		CHAPITRE 31 Article 1er				CHAPITRE 32 Article unique	
	Traitements et salaires	Versements à la Caisse des retraites, avantages divers concédés aux ouvriers	§ 1er — Matériel de l'artillerie et des équipages militaires	§ 2 — Frais généraux d'établissement	§ 3 — Essais de matériel	§ 8 — Automobiles pour le transport du matériel	§ 4 — Instruction théorique et pratique	§ 6 — Exercices pratiques sur l'emploi des explosifs
Crédits ouverts par dépêche nº 20884 du 5 mai 1911...								
États de prévision supplémentaires nos ... approuvés les ... 1911.								
TOTAUX								
Réductions de crédits opérées jusqu'à ce jour...								
RESTE à la date du 15 décembre 1911								

II. — *Relevé, par rubriques du budget, des sommes réellement dépensées en 1911 avec le détail de ces dépenses.*

NATURE DES DÉPENSES.	MONTANT.
1ᵉ Chap. 30, Art. U, § 1ᵉʳ. — *Personnel.*	
do. concierges.	
do. gardiens de	
bâtim. auxiliaires.	
Traitements de ... employés ... civils.	
et salaires.	
Indemnités diverses.	
Totaux...	
Versements à la Caisse des retraites.	
Versements à la Caisse des retraites et frais médicaux ...	
Totaux...	
2ᵉ Chap. 31, Art. 1ᵉʳ, § 1ᵉʳ. — *Matériel de l'artillerie et des équipages militaires.*	
Main-d'œuvre et frais divers.	
Journées de travail d'ouvriers civils.	
Totaux...	
Achats d'objets et matières.	
Totaux...	
3ᵉ Chap. 31, Art. 1ᵉʳ, § 2. — *Frais généraux.*	
Main-d'œuvre et frais divers.	
Totaux...	
Achats d'objets et matières.	Achat d'objets mobiliers (1).
Totaux...	
4ᵉ Chap. 31, Art. 1ᵉʳ, § 6. — *Essais de matériel.*	
5ᵉ Chap. 31, Art. 1ᵉʳ, § 8. — *Automobiles pour le transport du matériel.*	
6ᵉ Chap. 32, Art. U, § 3. — *Instruction théorique et pratique.*	
7ᵉ Chap. 32, Art. U, § 4. — *Exercices pratiques sur l'emploi des explosifs.*	

(1) Donner le détail, la destination et le prix des objets dont on propose l'achat.

III. — *Motifs, avec justification à l'appui, qui sont de nature à faire modifier, pour l'année 1912, le montant des crédits alloués en 1911.*

CRÉDITS DEMANDÉS pour 1912.	Les motifs énoncés dans cette partie du rapport doivent être placés exactement en regard des dépenses auxquelles ils se rapportent.

RÉPARTITION DES CRÉDITS DU CHAPITRE 31, Art. 1ᵉʳ, § 1ᵉʳ (col. 3).		
NUMÉROS.	Crédits demandés pour	
	main-d'œuvre et frais divers.	achat de matières.
1ᵉ Matériel de campagne, de siège et place des modèles antérieurs à 1897 et matériel de côte ...		
2ᵉ Matériel de 75, de 65 et de 155 C. mod. 1104.		
3ᵉ Matériel des équipages militaires.		
Totaux ...		

RÉCAPITULATION.

		CRÉDITS ALLOUÉS en 1911.	CRÉDITS DEMANDÉS pour 1912.	
Chap. 30, art. 1, § 1er	Traitements et salaires........ Versements à la Caisse des retraites, etc..............			
Chap. 31, art. 1er	§ 1er Matériel de l'artillerie et des équipages militaires. { Main-d'œuvre et frais divers.... Achats d'objets et matières......			
	§ 3 Frais généraux. { Main-d'œuvre et frais divers.... Achats d'objets et matières......			
	§ . { Main-d'œuvre et frais divers.... Achats d'objets et matières......			
	§			
Chap. 32, art. U.	§ 3 Instruction théorique et pratique. { Main-d'œuvre et frais divers ... Achats d'objets et matières			
	§ 3 {............			
	TOTAUX...........			

A , le 15 décembre 19

Le Commandant du parc (ou *Directeur*),

APPROUVÉ à la somme totale de

Paris, le 19

Pour le Ministre et par son ordre :

Le Général directeur de l'artillerie,

MINISTÈRE
DE LA GUERRE.

3e DIRECTION.

ARTILLERIE
ET ÉQUIPAGES MILITAIRES.

2e BUREAU.

Matériel.

4e SECTION.

Désignation
de l'établissement.

RÉPUBLIQUE FRANÇAISE.

MODÈLE N° 1 bis.

Circulaire
du 10 juillet 1911.

Ce rapport doit être établi
sur papier format 38 × 25.

RAPPORT

INDIQUANT LES DÉPENSES A FAIRE POUR ASSURER L'ENTRETIEN
ET LA RÉPARATION DES ARMES PORTATIVES EN 1912.

1. — Montant total des crédits alloués en 1911.

	CHAP. 31. ART. 1er §§ 2. ARMES PORTATIVES.
Crédits ouverts par dépêche n° 24730 du 29 mai 1911.	
États de prévision supplémentaires n°s .... approuvés les .... 1911..............................	
TOTAL......	
Réductions de crédits opérées jusqu'à ce jour............	
RESTE à la date du 15 décembre 1911 ●	

III. — *Relevé des sommes restant à dépenser.*

DÉSIGNATION DES DÉPENSES	MONTANT

IV. — *Notification des justifications à fournir.*

RÉCAPITULATION

	CRÉDITS ALLOUÉS en 1911.	CRÉDITS DEMANDÉS pour 1912.	
Main-d'œuvre et frais divers...............			
Achats d'objets et matières...............			
TOTAUX......			

À   , le 15 décembre 1911.

Le Commandant du parc,
(ou Directeur),

APPROUVÉ à la somme totale de

Paris, le   19

Pour le Ministre et par son ordre :
Le Général directeur de l'artillerie,

MINISTÈRE
DE LA GUERRE.

3ᵉ DIRECTION.

ARTILLERIE
ET ÉQUIPAGES MILITAIRES

2ᵉ BUREAU.

Matériel.

2ᵉ SECTION.

Désignation
de l'établissement.

RÉPUBLIQUE FRANÇAISE.

MODÈLE Nº 1 *ter*.

Circulaire
du 10 juillet 1911.

Ce rapport doit être
établi sur papier format
88×25.

RAPPORT

INDIQUANT LES DÉPENSES A FAIRE POUR ASSURER
L'ENTRETIEN DU HARNACHEMENT EN 1912.

I. — *Montant total des crédits alloués en 1911.*

	CHAP. 43. ART. UNIQUE, § 3. HARNACHEMENT des chevaux de l'artillerie et du train des équipages militaires. (Entretien.)
Crédits ouverts par dépêche nº 23120 2/3 du 17 mai 1911.	
États de prévision supplémentaires nᵒˢ approuvés les 1911.	
TOTAL......	
Réductions de crédits opérées jusqu'à ce jour......	
RESTE à la date du 15 décembre 1911......	

II. — *Relevé des sommes réellement dépensées en 1911,*
avec le détail de ces dépenses.

III. — *Motifs, avec justification à l'appui, qui sont de nature à faire*
modifier, pour l'année 1912, le montant des crédits alloués en 1911.

NATURE DES DÉPENSES	MONTANT.
Chap. 48, Article unique, § 8. — *Harnachement des chevaux de l'artillerie et du train des équipages militaires.* (Entretien.)	
de chef d'équipe à	
Traitements salaires (3) — Main-d'œuvre et frais divers. — d'ouvriers selliers	dont(1) — dont(1) à fr. par jour — à fr. par jour	
d'ouvriers bourreliers	dont(1) — (1) à fr. par jour — ordnfr. par jour	
de manœuvres.	dont(1) — dont(1) — dont(1) à fr. par jour — à fr. par jour — à fr. par jour	
Frais divers (2)	
TOTAL	
Achats d'objets et matières (2)	
TOTAL	
TOTAL GÉNÉRAL	

(1) Indiquer le nombre.
(2) Donner le détail.
(3) Non compris les congés soldés.

CRÉDITS DEMANDÉS POUR 1912.	Les motifs donnés dans cette partie du rapport doivent être placés exactement en regard des dépenses auxquelles ils se rapportent.

RÉCAPITULATION.

	CRÉDITS ALLOUÉS en 1911.	CRÉDITS DEMANDÉS pour 1912.
Main-d'œuvre et frais divers..................		
Achats d'objets et matières..................		
TOTAUX....		

A   , le 15 décembre 1911.

Le *Commandant du parc* (ou *Directeur*),

Approuvé à la somme totale de

Paris, le   19

Pour le Ministre et par son ordre :

Le *Général directeur de l'artillerie*.

(A établir en deux expéditions. Format : 38 sur 25.)

EXPÉDITION.

MINISTÈRE
DE LA GUERRE

3e DIRECTION.

ARTILLERIE
ET ÉQUIPAGES MILITAIRES.

2e BUREAU.

MATÉRIEL.

État de prévision
N°

RÉPUBLIQUE FRANÇAISE.

EXERCICE 19

° SECTION DU BUDGET.

CHAPITRE   ARTICLE   , 8

RUBRIQUE

PARC D'ARTILLERIE D

MODÈLE N° 2.

Circulaire
du 10 juillet 1911.

ÉTAT de prévision des dépenses à faire pour

(Ordre ministériel), n°   du   )

OBJET DE LA DÉPENSE.	UNITÉ.	QUANTITÉS.	PRIX de l'unité.	MONTANT des dépenses à effectuer	Valeur pour mémoire des objets pris dans les approvisionnements ou fournis par d'autres services ou établissements.	OBSERVATIONS.
Dépenses pour main-d'œuvre et frais divers.						
Journées de travail d'ouvriers civils	Nombre.					
Frais divers {						
Total des dépenses pour main-d'œuvre et frais divers						
Dépenses pour achats d'objets et matières.						
Bois divers						
Fers, tôles, aciers, cuivre, fonte, plomb, maillechort, etc.						
Outils divers						
Charbon de terre ou de bois, huiles, graisses, savons, peintures . . .						
Dépenses imprévues pour matières						
Matières et objets à recevoir du service des forges . . .						
Total des dépenses pour achats d'objets et matières						

Part des frais afférente à la commande ci-dessus.

CLASSEMENT des DÉPENSES.	MONTANT DES FRAIS AFFÉRENTS A LA COMMANDE		
	D'USINE.	D'ATELIER.	GÉNÉRAUX D'ÉTABLISSEMENT. (pour mémoire).
Main d'œuvre et frais divers . . .			
Matières			
Totaux			

Récapitulation.

	DÉPENSES					OBSER-VATIONS.
	À EFFECTUER.			POUR MÉMOIRE.		
	Main-d'œuvre	Frais divers.	Matières.	Main-d'œuvre et frais divers.	Matières.	
Commande proprement dite.....						
Frais { d'usine.....						
{ d'atelier.....						
{ généraux d'établissement.						
TOTAUX.....						

Prix de revient des objets à confectionner.

DÉSIGNATION des OBJETS.	DÉPENSES TOTALES y compris celles pour mémoire et la part des divers frais		TOTAL.	NOMBRE d'objets.	PRIX DE REVIENT de l'unité.	OBSER-VATIONS.
	en main-d'œuvre et frais divers.	en matières.				
TOTAUX.....						

Arrêté le présent état de prévision à la somme de
dont   pour mémoire ; le montant des dépenses
effectuer par   s'élève en conséquence à la somm
de :

3ᵉ DIRECTION, 2ᵉ BUREAU, ᵉ SECTION.	A le 19
Nᵒ : 2 / 3	*Le Commandant du parc,*
Imputation budgétaire. EXERCICE 19 ᵉ SECTION DU BUDGET. CHAP. ART. 8 Rubrique :	APPROUVÉ à la somme de le montant des dépenses à effectuer, ta pour la main-d'œuvre et les frais divers q pour les achats d'objets et matières. A Paris, le 19

EXPÉDITION. (A établir en deux expéditions : Format : 38 × 25.)

MINISTÈRE
DE LA GUERRE.

RÉPUBLIQUE FRANÇAISE. Modèle Nº 3.

3ª DIRECTION.

EXERCICE 19

Circulaire
du 10 juillet 1911.

ARTILLERIE
ET ÉQUIPAGES MILITAIRES.

° SECTION DU BUDGET.

2ª BUREAU.

CHAPITRE , ARTICLE , §

MATÉRIEL.

RUBRIQUE :

État de prévision
Nº

Désignation
de l'établissement :

ÉTAT de prévision des dépenses à faire pour
(Ordre ministériel nº du)

OBJET DE LA DÉPENSE.			MONTANT des dépenses à effectuer par l'établissement.	MONTANT DES DÉPENSES. *Pour mémoire.*			OBSERVATIONS.
				Valeur des matières à livrer par le service des forges (1).	Valeur des objets et matières à provenir d'autres établissements (2).	Dépenses ne donnant pas lieu à ouverture de crédits (3).	
Frais de la fabrication.	Frais spéciaux.	Main-d'œuvre......		{	{	{	
		Matières. { Valeur des matières neuves. À déduire : Valeur des matières vieilles.					
	Frais accessoires... { Personnel.... Matières.....						
	Frais d'atelier.... { Personnel... Matières....						
	Frais d'usine..... { Personnel... Matières.....						
Frais généraux (part probable des frais généraux de l'établissement)......	{ Pour mémoire : Personnel.... Matières......						
TOTAUX........							
TOTAL GÉNÉRAL.....							

(1) Indiquer, toutes les fois que ce sera possible, la valeur des vieilles matières qui figureront dans les marchés par conversion.
(2) Inscrire dans cette colonne la valeur des objets ou matières (ébauchés, collections d'éléments, pièces détachées, poudres et explosifs, etc.) à provenir d'autres établissements, nécessaires à l'exécution de la commande et entrant dans l'évaluation du prix de revient.
(3) Cette colonne comprend les dépenses afférentes à la commande ne donnant pas lieu pour l'établissement à ouverture de crédits : quote-part de frais généraux de l'établissement, matières prélevées sur les approvisionnements de l'établissement sans donner lieu à remplacement.

Décomposition des dépenses en personnel et matières.

		DÉPENSES.				OBSERVA-TIONS.
		A EFFECTUER par l'établissement		POUR MÉMOIRE.		
		Personnel.	Matières.	Personnel.	Matières.	
Frais de fabrication.	Frais spéciaux.... Frais accessoires.... Frais d'atelier..... Frais d'usine......					
Frais généraux.	*Pour mémoire :* Part probable des frais généraux de l'établissement....					
TOTAUX.............						

Prix de revient de prévision par objet à confectionner.

DÉSIGNATION des objets.	DÉPENSES TOTALES, y compris celles pour mémoire et la part des divers frais généraux		TOTAUX	NOMBRE D'OBJETS.	PRIX de revient de l'unité.	OBSERVA-TIONS.
	en main-d'œuvre et frais divers.	en matières.				
TOTAUX......						

Arrêté le présent état de prévision à la somme de
dont   pour mémoire ; le montant des dépenses à
effectuer par   s'élève en conséquence à la somme
de

A   le   19

Le   Directeur,

3ᵉ Direction. — 2ᵉ Bureau. — Section.	
Nᵒ 2 / 3	
IMPUTATION BUDGÉTAIRE.	
EXERCICE 18 SECTION DU BUDGET.	
CHAP. ART. §	
Rubrique :	

Approuvé à la somme de   le montant des dépenses à
effectuer, tant pour la main-d'œuvre et les frais divers que pour les achats d'objets
et matières.

A Paris, le   19

MODÈLE N° 4.

EXERCICE 19 .

Circulaire
du 10 juillet 1911.

Indiquer
l'établissement.

Format : 38 × 28.

MÉMOIRE JUSTIFICATIF.

N° de l'état de prévi-
sion correspondant

Libellé de la com-
mande...........

Ordre de mise en
commande.........

Imputation budgé-
taire............ Chap.   , Art.   , §   , rubrique :

Indication de l'auto-
rité intermédiaire
qui a transmis l'or-
dre de mise en com-
mande et des nu-
méros et date de la
lettre de transmis-
sion.............

Numéros, dates et montant des états de prévision relatifs à la commande ap-prouvés antérieu-rement au titre de l'exercice en cours.	NUMÉROS.	DATES de l'approba-tion.	MONTANT DES CRÉDITS		OBSERVATIONS
			ouverts à l'établis-sement.	pour mémoire.	

		Variations en moins.	Variations en plus.	OBSERVATIONS
Variations du devis-fabrication depuis le précédent état de prévision......	Main-d'œuvre de fabrication..... Matières de fabri-cation...........			
	TOTAUX......			

Explication sommai-
re de ces variations.

		FRAIS DE FABRICATION.			FRAIS GÉNÉRAUX d'établissement (pour mémoire).
		Atelier.	Acces-soires.	Usine.	
Pour-cent de la main-d'œuvre de fabrication choisis pour chaque caté-gorie de frais....	Personnel Matières.				

OBSERVATIONS.

RENSEIGNEMENTS DIVERS (1).

A   , le   19

Le Commandant du parc
(ou Directeur),

---

(1) Formuler, s'il y a lieu, et d'une façon sommaire, sous cette rubrique, toutes les explications, observations, etc., relatives à la commande qui, n'ayant pas trouvé place dans l'état de prévision lui-même, dans les états de matières ou au recto du mémoire justificatif, paraissent de nature à présenter quelque intérêt pour l'administration centrale et à préciser les conditions particulières de cette commande.

Établissement : SECTION DU BUDGET. MODÈLE N° 5.

EXERCICE 19 CHAPITRE ARTICLE § Circulaire
du 10 juillet 1911.

État de prévision n° Rubrique :
Nature de l'objet :
(Ordre ministériel n° du 19) Format : 38 × 25.

DEVIS COMPLET pour (1)

NATURE DES DÉPENSES À FAIRE par l'ÉTABLISSEMENT et dépenses pour mémoire.			MONTANT des dépenses à faire par l'établissement.	MONTANT des dépenses pour mémoire.	OBSERVATIONS
Main-d'œuvre à payer aux ouvriers des ateliers de fabrication qui travaillent effectivement à la commande (rebuts compris).	Travail à la tâche.... Travail fabrication proprement dite à l'heure visite (2).. Main-d'œuvre militaire (3).				
Matières constituant les éléments de l'objet.	Valeur de la matière neuve allouée (4) pour la confection d'un objet (rebuts compris).	à acheter directement par l'établissement. à prélever sur les approvisionnements en magasin sans qu'il y ait lieu à remplacement. à recevoir d'autres établissements. à recevoir du service des forges. conservés en roulement dans la fabrication.			
	À déduire. Valeur présumée des déchets de fabrication (5) (rebuts compris).	à engager dans des marchés par conversion passés par l'établissement lui-même. à livrer à un autre établissement. à livrer au service des forges.			
Frais d'atelier.........	Personnel (7). Matières (8).				
Frais accessoires (6).	Personnel Matières				
Frais d'usine.........	Personnel Matières				
Frais généraux.	Part probable des frais généraux d'établissement (pour mémoire).	Personnel Matières			
	TOTAUX...				
Prix de revient de prévision...					

(1) Objet unique, collection d'objets ou ensemble suivant le cas.
(2) Visite (vérification des dimensions et de bonne qualité des pièces aux différents degrés de leur fabrication).
(3) Si la main-d'œuvre militaire donne lieu à rétribution, en portera le montant dans une des deux colonnes a ou b. Dans tous les autres cas, noter dans la colonne « Observations » à quel pour-cent du travail un évalue la main-d'œuvre militaire.
(4) Pour une pièce de forge ou une pièce décolletée sous forge, par exemple, on entend par matière allouée le poids de la matière prix dans la barre majorée du pour-cent des rebuts. Pour une pièce de tôlerie, c'est le poids de la feuille ou de la fraction de feuille employée, majoré du pour-cent des rebuts. Pour une pièce de bois, c'est le poids du madrier, du plateau ou du bois destiné à donner un objet majoré du pour-cent des rebuts, etc.
(5) Noter que le poids des déchets, rebuts compris, ajouté au poids de l'objet fini, doit représenter en principe le poids de matière allouée.
(6) Vérificateurs, réparation des machines, appareillage, outillage, essais de matières, laboratoire, poutible final dans le cas où il est spécialement organisé.
(7) Matières (chefs d'atelier, contremaîtres, etc., ingénieurs, etc., comptables préposés aux règlements des comptes des ouvriers et à l'établissement de la situation des objets en cours de fabrication).
(8) Fournitures, lubrifiants de l'outil et de la machine-outil, mouille de forge, noir de fonderie, etc.

Matières constituant les éléments de l'objet (1).

NATURE des MATIÈRES.	POIDS ALLOUÉ.	PRIX DU KILOGRAMME.	MON-TANT. (c)	POIDS des DÉCHETS de fabrica-tion (rebuts compris)	PRIX DU KILOGRAMME.	MON-TANT. (D)	PRIX de la MATIÈRE entrant dans l'objet confec-tionné, (c-D)	OBSERVATIONS sur l'origine des matières, etc.

REBUTS.

Rebuts main-d'œuvre... { Pour-cent prévus ....
{ Pour-cent ayant eu lieu dans les trois derniers mois écoulés.

Rebuts ma-tières....... { Pour-cent prévus ....
{ Pour-cent ayant eu lieu dans les trois derniers mois écoulés.

Explications relatives au dépassement du nombre des rebuts.........

Le
Sous-Directeur technique,   A   Le   , le   19

(1) Objet unique, collection d'objets ou ensemble, suivant le cas.

EXPÉDITION.

MINISTÈRE
DE LA GUERRE.

3e DIRECTION.

ARTILLERIE
ET ÉQUIPAGES MILITAIRES.

2e BUREAU.

MATÉRIEL.

SECTION.

État de prévision N°
(suite du N°   en 19).   (1)

RÉPUBLIQUE FRANÇAISE.

EXERCICE 19

° SECTION

CHAPITRE   — ARTICLE   . — §

RUBRIQUE :

MODÈLE N° 6.

Circulaire du 10 juillet 1911.

Format 36 × 25.

ÉTAT de prévision des dépenses à faire pour l'achèvement de

(Ordre ministériel n°   , du   )

DÉSIGNATION DES DÉPENSES.	MONTANT de l'état de prévision primitif.	MONTANT des crédits payords au titre de l'exercice 19.	MONTANT des dépenses effectuées au titre de l'exercice 19.	RESTE disponible au 1er janvier 19.	MONTANT des dépenses à effectuer au titre de l'exercice 19.	OBSERVA-TIONS.
Dépenses en main-d'œuvre et frais divers........						(2)
Dépenses en matières...						
TOTAL......						

ARRÊTÉ le présent état à la somme de
montant des dépenses à effectuer par   en 19

A   le   19

Le

APPROUVÉ à la somme de
le montant des dépenses à effectuer.

A Paris, le   19

(1) Indiquer l'établissement.
(2) Indiquer dans la colonne « Observations » la date des états de réduction de crédits correspondants.

RÉPUBLIQUE FRANÇAISE.

MODÈLE Nᵒ 7.

MINISTÈRE
DE LA GUERRE.

EXERCICE 19

Circulaire
du 10 juillet 1911.

3ᵉ DIRECTION

SECTION DU BUDGET

Format 38 × 23.

ARTILLERIE
ET ÉQUIPAGES MILITAIRES

CHAP.   ART.   §

2ᵉ BUREAU

Rubrique :

Matériel.

Établissement :

État de prévision
Nᵒ

ÉTAT de prévision des dépenses à faire pour
(Ordre ministériel nᵒ   du   19   )

OBJET DE LA DÉPENSE.	MONTANT de la DÉPENSE.	OBSERVATIONS.

Annexé le présent état de prévision à la somme de
dont   pour mémoire ; le montant des dépenses à
effectuer par   s'élève en conséquence à la somme
de

A   le   19

Le

Approuvé à la somme de
le montant des dépenses à effectuer, tant pour la main-d'œuvre et les frais
divers que pour les achats d'objets et matières.

A Paris, le   19

MINISTÈRE
DE LA GUERRE.

3ᵉ DIRECTION.

ARTILLERIE
ET ÉQUIPAGES MILITAIRES

2ᵉ BUREAU.

Matériel.

1ʳᵉ SECTION.

État de prévision
Nᵒ

RÉPUBLIQUE FRANÇAISE.

Désignation
de
l'établissement

Modèle Nᵒ 8.

Circulaire
du 10 juillet 1911.

Format 36 × 25.

ÉTAT de prévision des dépenses à effectuer pour le payement des indemnités afférentes aux déplacements prévus pour le   ᵒ trimestre 191
ou afférents à la commande d'
ou nécessités par

NOMS et GRADES.	MOTIFS DES DÉPLACEMENTS. Désignation des ordres en exécution desquels ces déplacements sont effectués (numéros et dates).	INDEMNITÉS PRÉVUES						OBSERVATIONS. Indiquer, s'il y a lieu, l'imputation budgétaire des commandes auxquelles les déplacements sont afférents (chapitres, articles, paragraphes et rubriques).
		Fixe.	jour-nalières normale.	réduite.	Partielle.	kilométrique.	TOTAL.	
	TOTAL GÉNÉRAL........							

Arrêté le présent état de prévision à la somme de
                              calculée conformément aux prescriptions du décret
du 12 juin 1908 portant règlement sur le service des frais de déplacement
des militaires isolés.
                    A   le   19

                              Le

APPROUVÉ à la somme de
le montant des dépenses à effectuer.

                              Paris, le   19

                    Pour le Ministre et par son ordre
                    Le Général directeur de l'artillerie,

MINISTÈRE
DE LA GUERRE.

3ᵉ DIRECTION.

2ᵉ BUREAU.

BUDGETS ET COMPTES.

(1) Désignation de l'éta-
blissement.

(1) {

RÉPUBLIQUE FRANÇAISE.

MODÈLE N° 9.

Circulaire ministé-
rielle du 10 juillet 1911.

ÉTAT de répartition par état de prévision, devis, etc., des réductions à opérer dans le compte des crédits mis à la disposition de
l'établissement au titre de l'exercice 19

CHAPITRES.	ARTICLES	PARAGRAPHES.	DÉSIGNATION DES ÉTATS DE PRÉVISION.		numéros.	Date d'approbation.	MONTANT DES ÉTATS de prévision compte tenu, s'il y a lieu, des réductions déjà opérées. Main-d'œuvre, y compris la main-d'œuvre de frais de fabrication.	Matières, y compris les matières de frais de fabrication.	RÉDUCTIONS OPÉRÉES sur Main-d'œuvre, y compris la main-d'œuvre de frais de fabrication.	Matières, y compris les matières de frais de fabrication.	TOTAL des réductions (col. 9 et 10).	OBSERVATIONS.
1	2	3		4	5	6	7	8	9	10	11	12
			1re section			**du budget.**						
28	6	»	Divers déplacements............		2	12 fév. 1911	900	»	45	»	45	E.
30	Unique.	1er	Budget annuel de l'établissement		»	27 fév. 1911	4.500	»	100	»	100	E.
34	1er	1er	Budget annuel de l'établissement		»	27 fév. 1911	15.500	12.500	100	125	225	E.
			Confection de 250 leviers de manœuvre ...		7	15 mars 1911	100	900	40	70	65	E.
			Confection de 250 obus de 164,7 pour le Département de la marine		22	18 avril 1911	2.000	13.000	250	300	550	E.
			Confection de divers objets pour le Département des colonies...		52	25 juin 1911	10.000	20.000	2.000	»	2.000	R. Indiquer comment répartira entre les non - achèvement de la commande de la date de frais de l'exercice.
			3e section			**du budget.**						
92	»	1er	Commande de bêches de croisier d'essai............		6	3 mars 1911	4.500	3.000	600	200	800	E.

NOTA. — La lettre E indique les réductions résultant d'économies réalisées sur les prévisions dans tous les cas autres que celui visé sous la rubrique R.

2° La lettre R indique les sommes qui ne pourront être utilisées au cours de l'exercice et qu'il y aura lieu de réserver sur le budget de l'exercice suivant en vue de l'achèvement de la commande.

3° Toute réduction de crédit signalée sur le présent état est opérée d'office et ne devra plus figurer, sous aucun prétexte, sur aucun des états ultérieurs.

A   le   19

Le

Circulaire relative à la production annuelle, par les établissements de l'artillerie, d'un état des marchés de 50.000 francs et au-dessus, passés dans le courant de l'année échue.

(Direction de l'Artillerie; Bureau du Matériel.)

Paris, le 10 février 1912.

Un certain nombre d'établissements de l'artillerie continuent à adresser, au début de chaque mois, à l'administration centrale, un état des marchés passés par eux pendant le mois précédent, bien que l'envoi de cet état ait été supprimé par suite de l'abrogation de la circulaire du 12 décembre 1896 qui le prescrivait (voir la liste des documents abrogés, en tête de l'instruction relative aux marchés du Département de la guerre du 6 juillet 1909, B. O., p. n., p. 1364).

A la place de ce document qu'il n'y a donc plus lieu de fournir, les établissements devront, au début de chaque année, *et au plus tard pour le 1er mars*, adresser à l'administration centrale (3º Direction; 2º Bureau; 6º Section), un état sommaire des marchés de 50.000 francs et au-dessus passés par eux dans le courant de l'année échue, établi selon les indications de l'article 237, paragraphe 4º, du règlement du 3 avril 1869, et donnant, en outre, la répartition de ces marchés entre les différents chapitres de chacune des sections et parties du budget.

Cet état sera envoyé même s'il doit être libellé « Néant ».

Circulaire relative aux mentions à faire figurer sur les ordres de transport et lettres de voitures administratives, pour assurer l'exacte imputation des dépenses de transport du matériel de l'artillerie.

Paris, le 25 février 1914.

La vérification des comptabilités des derniers exercices a fait constater que les dépenses de transport du matériel de l'artillerie ne sont pas toujours imputées exactement aux chapitres du budget qui doivent les supporter.

C'est ainsi, notamment, que des dépassements importants, par rapport aux prévisions, se produisent presque constamment sur les chapitres de la 1re section du budget, ce qui rend nécessaires des opérations de régularisation de la part de l'Administration centrale.

En vue de mettre fin à cet état de choses et de permettre au service de la liquidation des transports de la guerre de procéder à une exacte imputation des dépenses de cette nature, les services extérieurs sont invités, non seulement à se conformer rigoureusement aux prescriptions contenues dans le volume 100e du *Bulletin officiel*, E. M. (Transports ordinaires du matériel de la Guerre), en ce qui concerne l'établissement des ordres de transport et avis d'expédition, mais encore à faire figurer sur ces documents les mentions complémentaires qu'indiqueront désormais à cet effet les ordres d'expédition émanant de l'Administration centrale (3e Direction). Ces mentions, qui devront être inscrites d'une façon très apparente à côté des lettres (E et M) affectées au service de l'artillerie, sont relatives à la section du budget et au chapitre d'imputation (numéro et titre), ainsi :

1re section du budget (e partie).

Chap.   — Établissements de l'artillerie (Matériel).

Art.   — Transports généraux,

ou

Chap.   — Harnachement. — Artillerie et train
(§   — Transports généraux).

3e section du budget.

Chap.   (numéro et titre).

Compte spécial de l'occupation militaire du Maroc (Maroc oriental ou Maroc occidental) (1).

Chap.   — Établissements de l'artillerie (Matériel. — Transports).

Chap.   — Harnachement (artillerie et train. Transports).

ou enfin,

Chap.   — Entretien des troupes auxiliaires marocaines (artillerie ou harnachement, selon le cas).

Relativement aux mentions à inscrire sur les ordres d'expédition prévues au volume 100e du *Bulletin officiel* précité, l'attention des services est tout spécialement attirée sur la nécessité impérieuse de *ne jamais omettre*, quand il s'agit de transport de matériel cédé ou prêté à d'autres services ou ministères, la mention :

« Remboursable par la marine, ou les colonies, ou les troupes coloniales, etc... »

(1) Il est indispensable d'indiquer la région du Maroc pour laquelle est effectuée la dépense.

Les directeurs des établissements et services de l'artillerie et les fonctionnaires de l'intendance sont priés de tenir la main à l'observation rigoureuse des dispositions qui précèdent.

Addition à la circulaire du 25 février 1914, n° 16, relative aux mentions à faire figurer sur les ordres de transport et lettres de voitures pour assurer l'exacte imputation des dépenses de transport du matériel de l'artillerie (voir p. 280).

Paris, le 25 juillet 1914.

Les dispositions de la circulaire ci-dessus désignée devront être rigoureusement appliquées par les corps de troupe qui expédient du matériel du service de l'artillerie aux frais du budget de ce service en distinguant notamment avec le plus grand soin les expéditions faites au titre de la 1re section du budget (service courant) et de la 3e section (réserve de guerre).

Circulaire relative aux vieux métaux recueillis sur les champs de tir.

(Ministère de l'Armement et des Fabrications de guerre.)

(Direction de l'Organisation et du Matériel de l'Artillerie.)

Paris, le 31 août 1917.

La circulaire du 30 avril 1907 a fixé le tarif des indemnités à allouer aux particuliers et militaires isolés pour les débris de projectiles et fusées recueillis sur des champs de tir et rapportés aux établissements de l'artillerie.

En raison de la hausse importante survenue dans le cours des métaux, il m'a paru nécessaire de réviser le tarif précité et de le compléter ainsi qu'il suit.

En conséquence, j'ai fixé de la manière suivante le tarif des indemnités à allouer aux particuliers et militaires isolés :

NATURE DES MÉTAUX		TARIF APPLICABLE	
		AUX PARTICULIERS	AUX MILITAIRES ISOLÉS
		fr. c.	fr. c.
Douilles de 37 et de calibres supérieurs	la pièce	0.25	0.20
Cuivre, bronze, laiton (ceintures de projectiles, fusées, plus de cartouchières, étoupilles, etc.)	le kilogr.	0.50	0.40
Plomb		0.20	0.15
Fer, fonte, acier		0.05	0.03

IVᵉ PARTIE.

Documents concernant la comptabilité-matières.

Dépêche relative aux comptes de gestion.

(Direction de l'Artillerie; Bureau du Matériel.)

Paris, le 20 janvier 1887.

Le Ministre de la guerre à MM. les Directeurs des établissements
de l'artillerie.

Monsieur le Directeur, mon attention a été appelée sur les
renseignements que pourraient donner, relativement à la composition de l'armement des places, les comptes de gestion, s'ils
venaient à se trouver à la disposition du public.

Je vous informe en conséquence que ces documents ne doivent
pas être considérés comme visés par la note ministérielle du
18 novembre 1886, relative à la remise aux Domaines des archives hors de service (1). Ils ne devront, en aucun cas, être livrés à
l'administration des Domaines, mais être conservés dans les
archives des places comptables, conformément d'ailleurs aux
dispositions de l'article 42 (2) du règlement du 15 décembre 1869.

D'autre part, par modification aux dispositions de ma dépêche
du 27 juillet dernier, les expéditions des comptes de gestion ne
devront pas être remises aux relieurs avec l'indication des quantités.

Toutefois, il conviendra de ne laisser dans ces expéditions ni
pages, ni intervalles en blanc; à cet effet, si le nombre des feuilles nécessaires pour leur établissement ne paraît pas pouvoir être
calculé suffisamment exactement d'après les minutes, il y aura
lieu de ne les faire relier qu'après avoir rempli les huit premières
colonnes. Les autres inscriptions seront faites après la reliure
des volumes.

---

(1) Remplacé par l'article 179 du décret du 20 mars 1906 (vol. 1).
(2) Remplacé par l'article 16 du décret du 26 décembre 1902 (vol. 27).

*Circulaire relative aux inscriptions à faire sur les comptes
de gestion des établissements de l'artillerie.*

(3ᵉ Direction, Artillerie et Équipages militaires;
2ᵉ Bureau, Matériel; 7ᵉ Section.)

Paris, le 23 mars 1893.

Le Ministre de la guerre à MM. les Généraux commandant l'artillerie
des corps d'armée.

Général, aux termes des deux derniers alinéas de la dépêche
du 20 janvier 1887, les directeurs des établissements de l'artillerie ne doivent faire porter les inscriptions des quantités sur
les expéditions des comptes de gestion qu'après la reliure de
ces documents.

Ces dispositions, qui avaient pour but d'éviter toute indiscrétion relativement à l'armement des places ou à la composition des équipages de campagne, ne sauraient être abrogées
pour les chapitres susceptibles de fournir des renseignements
à ce sujet.

Mais, en vue de faciliter le travail d'écritures et de permettre une rapidité plus grande dans le travail matériel
d'expédition des comptes, j'ai décidé que les prescriptions précitées ne seraient pas, à l'avenir, applicables aux chapitres IV,
VII, X, XI, XII et XIII de la nomenclature.

Il reste entendu qu'aucune modification n'est apportée aux
prescriptions des deux premiers alinéas de la dépêche précitée
concernant les conditions de conservation des minutes des
comptes dans les archives.

J'ai l'honneur de vous prier d'appeler de nouveau l'attention des directeurs des établissements de l'artillerie sur l'exécution des règles susmentionnées.

Circulaire relative au matériel prêté.

(3ᵉ Direction, Artillerie et Équipages militaires;
2ᵉ Bureau, Matériel.)

Paris, le 25 septembre 1893.

Le Ministre de la guerre à MM. les Généraux commandant l'artillerie
des corps d'armée.

Général, afin d'être renseigné à l'avenir sur la situation des objets prêtés à divers détenteurs (communes, lycées, particuliers, S. A. G. et S. S.), j'ai arrêté ce qui suit :

Les établissements livranciers adresseront chaque année à tout détenteur de matériel un état des objets signalés comme mis à leur disposition à titre de prêt.

Cet état, transmis par les soins de la gendarmerie, dans les localités éloignées de la place d'artillerie, sera vérifié et signé par le détenteur en présence de l'agent (gendarme ou employé de l'artillerie) chargé de la transmission.

Les détenteurs qui n'auraient plus en leur possession les objets prêtés seront invités à fournir des explications qui, selon les cas, pourront être complétées soit par les préfets, soit par les inspecteurs d'académie.

Un compte rendu spécial de ces diverses recherches, accompagné des propositions du service local, sera adressé directement, chaque année, à l'administration centrale (3° Direction, Matériel), au plus tard le 1er novembre.

Ces dispositions ne s'appliquent pas au matériel mis à la disposition des explorateurs.

Circulaire relative aux cessions de poudres aux municipalités (1).

(3° Direction; Artillerie et Equipages militaires;
2° Bureau, Matériel.)

Paris, le 15 juillet 1896.

Le Ministre de la guerre à MM. les Généraux commandant l'artillerie des corps d'armée.

Général, sur la demande que m'a faite mon collègue, M. le Ministre des finances, j'ai décidé que les dispositions de la circulaire n° 28 du 20 mars 1879 concernant les cessions de poudres à faire aux municipalités seraient modifiées comme il suit :

1° La cession des poudres neuves est exclusivement réservée aux établissements des poudres et salpêtres;

2° Les établissements du service de l'artillerie ne délivreront à l'avenir que des poudres de démolition.

Ces dernières livraisons ne seront plus faites directement aux

---

(1) Mise à jour par l'incorporation dans le texte des modifications apportées par la notification du 30 avril 1912.

municipalités, mais à l'entreposeur de la régie et au titre du service des poudres et salpêtres.

En conséquence de ces dispositions, les établissements livranciers factureront à titre onéreux, à la poudrerie nationale de Sevran-Livry, les poudres de démolition qui seront expédiées ou délivrées aux entreposeurs de la régie pour les municipalités.

Ces poudres seront décomptées au prix de 0 fr. 65 le kilogramme.

Le remboursement au service de l'artillerie de la valeur de ces cessions s'effectuera par voie de versement au Trésor et par les soins de la poudrerie de Sevran-Livry, à laquelle les ordres de reversement devront être adressés.

Les récépissés seront envoyés sans aucun retard à l'administration centrale.

Il reste bien entendu que les frais de transport auxquels pourront donner lieu ces livraisons seront supportés par le Département des finances.

Circulaire relative à la fourniture de mèche à canon aux établissements pénitentiaires de l'armée.

(3ᵉ Direction. Artillerie et Équipages militaires.
2ᵉ Bureau, 7ᵉ Section.)

Paris, le 13 février 1897.

Le Ministre de la guerre à MM. les Gouverneurs militaires de Paris et de Lyon, les Généraux commandant les corps d'armée, le Général commandant la division d'occupation en Tunisie.

Mon cher Général, l'usage des allumettes étant interdit aux détenus dans les ateliers de travaux publics, dans les pénitenciers et prisons militaires, j'ai l'honneur de vous rappeler que l'un de mes prédécesseurs a prescrit la délivrance à ces établissements de répression, de mèche à canon, par les soins du service de l'artillerie.

La fourniture de cette mèche à canon doit continuer à être faite, à titre gratuit, conformément aux dispositions du tableau de répartition suivant :

TABLEAU

des établissements d'artillerie devant fournir gratuitement la mèche à canon aux établissements pénitentiaires de la guerre.

ÉTABLISSEMENTS D'ARTILLERIE.	ÉTABLISSEMENTS PÉNITENTIAIRES.	ÉTABLISSEMENTS D'ARTILLERIE.	ÉTABLISSEMENTS PÉNITENTIAIRES.
PÉNITENCIERS MILITAIRES (FRANCE).		**PRISONS MILITAIRES (FRANCE).**	
Parc d'artil. de place de Versailles...	Bicêtre.	*(Suite.)*	
Parc d'artil. de place de Marseille...	Avignon.	Entrepôt de réserve générale de matériel de Bourges...	Bourges.
PÉNITENCIERS MILITAIRES (ALGÉRIE).		Parc d'art. du 5e corps d'armée, à Orléans.	Tours.
Parc d'artil. de place d'Alger...	Colén. Douéra.	Atelier de Rennes...	Rennes.
Parc d'artil. de place de Constantine...	Bône.	Parc d'artil. du 11e c. d'armée, à Vannes.	Nantes.
Parc d'artil. de place d'Oran...	Oran.	Entrepôt de réserve générale de matériel de Bourges...	Limoges.
ATELIERS DE TRAVAUX PUBLICS.		Parc d'artil. du 13e corps d'armée à Clermont-Ferrand.	Clermont-Ferrd.
Parc d'artil. de place d'Alger...	Orléansville.	Parc d'artil. de place de Lyon...	Reclusés à Lyon.
Parc d'artil. de place de Constantine...	Nº 4 à Bougie.	Parc d'artil. de place de Grenoble...	Grenoble.
Parc d'artil. de place d'Oran...	Nº 5 à Mers-El-Kébir.	Parc d'artil. de place de Marseille...	Marseille.
Parc d'artil. de place de Constantine...	Nº 6 à Bône.	Parc d'artil. de place de Toulon...	Toulon.
PRISONS MILITAIRES (FRANCE).		Parc d'artil. du 16e c. d'armée, à Castres.	Montpellier, Collioure.
	Maison de justice de Paris.	Parc d'artil. du 17e c. d'armée, à Toulouse	Toulouse.
Parc d'artil. de place de Vincennes...	Maison d'arrêt et de correction de Paris.	Parc d'artil. du 18e c. d'armée à Tarbes...	Bordeaux.
Parc d'artil. de place de Lille...	Lille.	**PRISONS MILITAIRES (ALGÉRIE).**	
Atelier de Douai...	Fort-Gassion.	Parc d'artil. de place d'Alger...	Alger.
Parc d'art. du 2e corps d'armée à La Fère.	Amiens.	Parc d'artil. de place de Constantine...	Constantine.
Parc d'artil. de place du Hâvre...	Rouen.	Parc d'artil. de place d'Oran...	Oran.
Parc d'art. du 4e corps d'armée, au Mans.	Le Mans.	**PRISON MILITAIRE DE TUNIS.**	
Parc d'art. du 5e corps d'armée, à Orléans.	Orléans.	Parc d'artil. de place de Bizerte...	
Parc d'art. du 6e corps d'armée, à Châlons	Châlons-s.-Marne.		
Parc d'artil. de place de Besançon...	Besançon.		

Les envois auront lieu, à défaut d'occasions de convois militaires, par les transports de la guerre (petite vitesse).

Il reste entendu que ces cessions gratuites restent subordonnées aux approvisionnements existants, et qu'aucun achat de nouvelles quantités de mèche ne devra être effectué pour l'usage des prisons militaires.

Dans le cas où les approvisionnements d'une direction viendraient à s'épuiser, vous voudrez bien m'en rendre compte afin que je puisse, le cas échéant, les faire renouveler au moyen des ressources d'autres établissements de l'artillerie.

Circulaire relative à la comptabilité des objets et matières mis à la disposition des établissements des poudres et salpêtres par le service de l'artillerie.

(Direction de l'Artillerie; Bureau du Matériel.)

Paris, le 12 novembre 1901.

D'après les articles 59 des instructions du 23 décembre 1888 (1) pour l'application du décret sur la comptabilité-matières dans les services de l'artillerie et des poudres et salpêtres, les livraisons par les établissements de l'artillerie aux établissements des poudres et salpêtres d'objets de matériel tels que : armes appareils, outils, etc..., destinés à être mis temporairement à la disposition de ces derniers établissements, donnent lieu à l'établissement de factures modèles n°s 5 et 9.

Ce matériel est inscrit sur les comptes spéciaux du matériel de l'artillerie tenus par les comptables du service des poudres et salpêtres.

Toutefois, ces dispositions ne doivent pas être appliquées aux livraisons de matières et objets dits de consommation, tels que : étuis de cartouches, balles, bourres, rondelles, etc.

Ces matières et objets seront livrés à l'avenir au titre des sorties réelles à charge de remboursement et seront portés en recette par les comptables du service des poudres et salpêtres dans les comptes dudit service.

(1) Article 57 de l'instruction du 30 décembre 1902 (vol. 27).

En conséquence, lorsqu'une expédition comprendra à la fois des armes ou autre matériel mis d'une manière temporaire à la disposition des établisssements des poudres et salpêtres et des matières et objets de consommation, il y aura lieu d'établir des factures distinctes pour chaque nature de livraison.

Les duplicata des factures de cession seront adressés à l'administration centrale, conformément aux dispositions des articles 50 (1), paragraphe 3 des instructions du 23 décembre 1888 susvisées.

———◆———

Circulaire concernant la production d'un relevé du registre matricule des machines dans les établissements de l'artillerie.

(Direction de l'Artillerie: Bureau du Matériel.)

Paris, le 17 juin 1903.

Pour assurer la prise en charge régulière de toutes les machines qui doivent figurer dans la comptabilité-matières, soit dans le compte de gestion du comptable, soit dans l'inventaire des ateliers, conformément aux prescriptions de l'article 1ᵉʳ de l'instruction du 30 décembre 1902, sur la comptabilité-matières, il sera établi chaque année, à la date du 31 décembre, un relevé du registre matricule des machines, conforme au modèle ci-après.

Toutes les machines y seront portées distinctement dans l'ordre de leurs numéros matricules et avec la valeur qui leur est attribuée par le registre.

Les indications portées sur le relevé seront totalisées dans chaque colonne de façon à faire ressortir par numéro sommaire les quantités de machines devant exister au compte de gestion et à l'inventaire, ainsi que leur valeur.

Une expédition du relevé, certifiée par le sous-directeur administratif et visée par le directeur, sera adressée à l'administration centrale en même temps que le compte de gestion.

_____

(1) Article 48 de l'instruction du 30 décembre 1902.

SERVICE DE L'ARTILLERIE.

Désignation
de
l'établissement.

PLACE DE

RELEVÉ

DU

REGISTRE MATRICULE DES MACHINES

AU 31 DÉCEMBRE 19

Classification des machines dans la nomenclature **N.**

NUMÉRO SOMMAIRE 180. Machines électriques.	NUMÉRO SOMMAIRE 181. Machines motrices et générateurs.	NUMÉRO SOMMAIRE 182. Machines-outils et machines diverses.
Machines dynamo-électriques.	Générateurs de vapeur.	Machines à travailler les métaux à chaud ou à froid.
Groupes électrogènes.	Moteurs à vapeur.	
Moteurs électriques.	Moteurs hydrauliques.	Machines à travailler le bois.
Transformateurs.	Moteurs à gaz, à pétrole, à air.	Machines pour la fabrication des poudres, munitions, artifices.
Accumulateurs électriques.	Engins pour moteurs animés.	
Machines et appareils électriques divers.	Moteurs divers.	Pompes, béliers, accumulateurs hydrauliques.
	Locomotives routières.	Ventilateurs, souffleries.
		Machines et appareils d'essai, etc.

NUMÉROS MATRICULES.	DÉSIGNATION DES MACHINES.	FIXE ou MOBILE.	MACHINES ÉLECTRIQUES n° 180.						MACHINES MOTRICES n° 181.						MACHINES-OUTILS ET DIVERSES n° 182.						EMPLACE- MENT.
			ÉTAT descriptif des locaux.		INVENTAIRES des ateliers.		COMPTE de gestion.		ÉTAT descriptif des locaux.		INVENTAIRES des ateliers.		COMPTE de gestion.		ÉTAT descriptif des locaux.		INVENTAIRES des ateliers.		COMPTE de gestion.		
			Nombre.	Valeur.	Nombre.	Valeur.	Nombre.	Valeur.	Nombre.	Valeur.	Nombre.	Valeur.	Nombre.	Valeur.	Nombre.	Valeur.	Nombre.	Valeur.	Nombre.	Valeur.	

Circulaire relative à la rédaction des factures établies par les établissements de l'artillerie au sujet des munitions délivrées à titre remboursable aux sociétés de tir.

(Direction de l'Artillerie; Bureau du Matériel.)

Paris, le 5 octobre 1904.

Après examen des comptes-matières de 1897 et 1898, la Cour des comptes a signalé que par suite de l'insuffisance des indications portées sur les pièces justificatives de sortie des munitions délivrées à titre remboursable aux sociétés de tir, il n'est pas possible, le plus souvent, de vérifier si le montant de la cession doit comprendre le bénéfice à réaliser par le Trésor sur le prix de vente de la poudre des cartouches.

Les établissements de l'artillerie chargés de délivrer des munitions aux sociétés de tir devront se conformer aux dispositions suivantes :

Les factures de sortie, relatives aux munitions à céder à titre remboursable aux sociétés de tir, devront toujours indiquer dans leur en-tête si la cession a été faite à une société S. A. G. ou S. S., ou bien à une société civile de tir (société non agréée). Dans ce dernier cas, le bénéfice à réaliser par le Trésor sur le prix de vente de la poudre devra être indiqué dans la colonne « Observations » des factures et il sera fait mention dans la preuve de payement de la déclaration de versement spéciale à ce bénéfice.

Circulaire relative à la cession, à des établissements d'artillerie, de chevaux de trait devenus inaptes au service dans les régiments de cette arme.

(Directions de la Cavalerie et de l'Artillerie; Bureau des Remontes.)

Paris, le 28 juin 1905.

Les établissements du service de l'artillerie peuvent se procurer, contre remboursement, dans les régiments de l'arme, des chevaux qui y sont devenus inaptes au service.

Une autorisation ministérielle devra, toutefois, être demandée dans chaque cas.

La cession s'opérera de la manière suivante :

Les chevaux seront cédés au prix d'estimation de leur valeur réelle, fixée par la commission de remonte du corps.

Ce prix ne pourra, d'ailleurs, pas dépasser les deux septièmes du prix d'achat par le service de la remonte.

Le montant du prix d'estimation sera remboursé au budget de la remonte (exercice courant), par l'établissement réceptionnaire, au moyen d'un versement au Trésor (art. 48, § III, de l'instruction du 30 décembre 1902 sur la comptabilité-matières).

Lorsque ces mêmes chevaux ne seront plus utilisables dans les établissements, la réforme en sera prononcée et ils seront vendus dans les conditions déterminées pour la vente des animaux réformés.

Circulaire relative à l'utilisation des étuis de cartouches de canon-revolver modèle 1879, provenant des tirs.

(Direction de l'Artillerie; Bureau du Matériel.)

Paris, le 17 avril 1907.

Les étuis de cartouches de canon-revolver modèle 1879 provenant des tirs (écoles à feu, visites des munitions, etc.) seront pris en compte à leur numéro de nomenclature.

Ces étuis seront réfectionnés et rechargés à la fin de chaque année par les établissements qui en sont détenteurs; dans le cas où ceux-ci ne disposeraient pas de l'outillage nécessaire, le général commandant l'artillerie du corps d'armée désignera un autre établissement, relevant de son commandement, pour faire ce travail.

Les étuis qui ne pourraient être rechargés dans un des établissements de la région, faute d'outillage, seront signalés au Ministre.

La réfection des étuis et le chargement des cartouches seront faits conformément aux indications de l'annexe n° 18 à l'instruction du 17 décembre 1890 sur la confection et sur la démolition des gargousses.

On y emploiera de préférence les artificiers mis normalement à la disposition des établissements.

Les boîtes à balles, amorces, poudre, etc., nécessaires à ces chargements, seront demandées au Ministre sous le timbre de la 3e Direction, 2e Bureau, 1re Section.

Les cartouches ainsi confectionnées serviront à compléter, s'il y a lieu, les approvisionnements affectés à la réserve de guerre (remplacement des cartouches prélevées pour la visite des munitions, etc.). Le complément sera conservé disponible.

Circulaire relative au recensement des matières susceptibles de subir des déchets de conservation par évaporation, dessiccation, fuites de récipients, etc.

(Direction de l'Artillerie; Bureau du Matériel.)

Paris, le 28 janvier 1908.

Les procès-verbaux de recensement relatant des déficits résultant des déchets de conservation subis par les matières recensées correspondent à des périodes de temps mal définies et souvent trop longues.

Pour que les déchets de conservation puissent être admis à la décharge des comptables, il importe qu'il soit dûment établi qu'ils se trouvent dans les proportions normales; il est notamment indispensable que les quantités et les durées d'emmagasinement sur lesquelles portent les déchets puissent être exactement déterminées.

En conséquence, les matières susceptibles de subir des déchets de conservation, par évaporation, dessiccation, fuites de récipients, etc., seront à l'avenir recensées deux fois par an, en juillet et en décembre et les résultats de ces opérations seront consignés en tête du compte annuel de gestion, conformément aux prescriptions de l'article 52 du décret du 26 décembre 1902.

Circulaire relative à l'application, par les établissements de l'artillerie, de l'article 1er (§ III) de l'instruction du 30 décembre 1902 sur la comptabilité-matières.

(Direction de l'Artillerie; Bureau du Matériel.)

Paris, le 25 avril 1908.

Aux termes des dispositions contenues dans l'article 1er, paragraphe 3, de l'instruction du 30 décembre 1902 sur la comptabilité-matières, tous les objets de consommation courante, y compris les fournitures de bureau, doivent être pris en charge au compte de gestion.

Dans certains établissements, on a cru devoir, contrairement aux dispositions susvisées, répartir, entre les comptables des parcs annexes, sous forme d'indemnités forfaitaires, les sommes allouées à titre de budget annuel pour frais de bureau.

Par suite, les fournitures achetées ne figurent pas dans les comptes-matières.

Les établissements de l'artillerie sont invités à se conformer aux prescriptions de l'instruction du 30 décembre 1902, rappelées ci-dessus, et à faire cesser, le cas échéant, toute allocation d'indemnité pour frais de bureau au personnel desdits établissements.

Circulaire relative au mode de décompte des factures de cession.

(Direction de l'Artillerie; Bureau du Matériel.)

Paris, le 8 décembre 1908.

Des doutes se sont élevés au sujet des prix auxquels les établissements de l'artillerie métropolitaine doivent décompter les factures portant cession de matériel à d'autres services.

Il y a lieu de se conformer à ce sujet aux dispositions rappelées ci-après.

Les cessions faites par le service de l'artillerie de terre à d'autres services de la guerre ou à d'autres ministères sont de deux natures différentes, suivant que :

1° Le matériel, prélevé sur les approvisionnements existants du service de l'artillerie, n'a donné lieu à aucune dépense d'achat ou de fabrication en vue de la cession ;

2° Le matériel a été acheté ou fabriqué par le service de l'artillerie spécialement en vue de la cession à effectuer.

Dans le premier cas, le matériel cédé doit être décompté d'après les prix de nomenclature, à moins de décision contraire du Ministre (art. 13 du décret du 26 décembre 1902 sur la comptabilité des matières appartenant au Département de la guerre, et art. 48, § 3, de l'instruction du 30 décembre 1902 pour l'application dudit décret).

Dans le second cas, le décompte des factures doit être établi d'après le prix de revient réel de fabrication ou d'achat, de façon à permettre au service cédant de poursuivre le remboursement intégral des avances en deniers qu'il a faites pour ces fabrications et achats (art. 205 du règlement du 3 avril 1869 sur la comptabilité des dépenses du Département de la guerre).

Les bases de ce décompte sont celles indiquées dans les lettres collectives nos 7 et 19-3, des 19 octobre 1887 et 24 mars 1888, relatives au mode de remboursement des dépenses occasionnées par la fabrication du matériel d'artillerie destiné au Département de la marine (non insérées).

Toutefois, les dispositions contenues dans la lettre collective n° 7, du 19 octobre 1887 précitée, sont modifiées ainsi qu'il suit en ce qui concerne la production des états d'avances.

A moins d'indications contraires données par le Ministre, les états d'avances trimestriels ne seront plus fournis.

Des états d'avances seront établis en fin d'année, mais seulement dans le cas où, pour une cause quelconque, le matériel acheté ou fabriqué pendant l'exercice écoulé ne pourrait être facturé que dans le cours de l'exercice suivant (1).

Ces états, établis distinctement pour chaque commande et arrêtés à la date du 31 décembre, devront être adressés à l'administration centrale le 15 janvier, terme de rigueur.

Dans tous les cas, sur les pièces justificatives des cessions (factures et états d'avances), il doit être fait mention du numéro et de la date de la demande du service cessionnaire.

En outre, pour les cessions faites au Département des colonies, il y a lieu d'indiquer la direction d'artillerie coloniale destinataire (arrêté interministériel du 29 juin 1906).

_____

(1) Le montant desdits états devra toujours être inférieur au montant des factures à produire, de manière à permettre de régler le solde sur l'exercice suivant au moyen des factures définitives.

Modèle général de cahier des charges spéciales pour les fournitures à faire aux établissements de l'artillerie.

(Direction de l'Artillerie; Bureau du Matériel.)

Paris, le 23 septembre 1909.

MINISTÈRE
DE LA GUERRE.

RÉPUBLIQUE FRANÇAISE.

3ᵉ DIRECTION.

Artillerie et Équipages militaires.

2ᵉ BUREAU.

Matériel.

Désignation
de l'établissement.

CAHIER

DES

CHARGES SPÉCIALES (1)

EXERCICE 19

Fourniture de (énumérer les différentes matières entrant dans la fourniture) (2)
s'il y a lieu) *divisée en* lots (voir article 3 ci-après).

Article 1ᵉʳ.

Pièces à communiquer aux candidats.

L'adjudication faisant l'objet du présent cahier des charges spéciales sera faite conformément aux dispositions d'ensemble et de détail indiquées ci-après dans les documents ci-annexés, savoir :

1° Le cahier des clauses et conditions générales applicables aux marchés de fournitures du Département de la guerre, du 16 février 1903 ;

2° L'instruction relative aux marchés du Département de la guerre du 6 juillet 1909, en ce qui concerne les titres suivants :

Titre Iᵉʳ. (Dans tous les cas.)

Titre III. (S'il y a un ou plusieurs lots dont la fourniture est à exécuter par conversion de vieilles matières.)

---

(1) Lorsque les clauses insérées dans le présent modèle de cahier des charges ne s'appliquent pas à la fourniture à mettre en adjudication, ces clauses doivent être supprimées, mais tous les articles doivent être maintenus au besoin avec la mention « Néant » de manière que tous les cahiers des charges présentent un numérotage identique.

(2) Toutes les parties du texte placées entre parenthèses sont des indications qui ne sont pas à reproduire dans les cahiers des charges.

Titre V. (Si le cahier des charges spéciales prévoit des cautionnements.)

Titre VIII. (S'il y a un ou plusieurs lots pour lesquels il y a lieu de faire application des dispositions du décret du 10 août 1899 sur les conditions du travail dans les marchés passés au nom de l'Etat.)

Titre IX. Art. 106 et 107. (Si la réception d'un ou plusieurs lots comporte l'exécution d'analyses chimiques à la section technique de l'artillerie.)

Titre X. (Si la fourniture d'un ou plusieurs lots comporte faculté de pourvoi devant une commission d'appel.)

3° Le cahier des charges générales communes à la fourniture de métaux et pièces métalliques faites au service de l'artillerie, approuvé le 27 mai 1907, en ce qu'elles ne sont pas contraires aux documents ci-dessus visés (1).

Article 2.

Nature de l'adjudication.

(Article 2 de l'instruction relative aux marchés.)

L'adjudication pour la fourniture dont il s'agit est une adjudication.

(S'il s'agit d'une adjudication restreinte, porter les indications ci-après) :

La séance d'adjudication sera précédée d'une séance préparatoire d'admission qui aura lieu à une date indiquée par les affiches et les avis au public.

Les candidats à l'adjudication devront faire parvenir à (directeur de l'établissement ou du service) pour une date indiquée par les affiches et les avis au public, une déclaration d'intention de soumissionner accompagnée des pièces énoncées à l'article 25 de l'instruction relative aux marchés du Département de la guerre.

(Dans le cas d'adjudications restreintes relatives à des fabrications de matières ou objets, ou de confections pour lesquelles il convient que l'administration s'assure que les candidats disposent réellement des moyens de production nécessaires, on ajoutera à la clause générale ci-dessus la disposition suivante) :

En ce qui concerne les lots n°ˢ   seront seuls admis à soumissionner les industriels qui sont réellement fabricants des matières ou objets composant ces lots.

(Ajouter, s'il y a lieu) :

Les candidats désirant soumissionner pour ces lots devront

---

(1) Supprimer le 3° dans les cahiers des charges concernant des fournitures achetées sans l'intervention du service des forges.

en conséquence fournir les pièces spéciales énumérées aux paragraphes *a*, *b* et *c* de l'article 25 de l'instruction précitée, sauf dans le cas visé par le dernier alinéa du même article (titulaires de marchés en cours ressortissant au même service).

(S'il s'agit d'une adjudication restreinte faite par le service des forges, ajouter) :

Les certificats de vérification constatant que les personnes qui ont demandé à soumissionner sont réellement fabricants, seront établis par les agents du service des forges qui procéderont, s'il y a lieu, à cet effet, à la visite prévue à l'article 29 de l'instruction relative aux marchés.

(Ajouter, s'il y a lieu) :

L'adjudication est une adjudication sur concours d'échantillon et de prix.

Pour prendre part à l'adjudication, chaque soumissionnaire devra faire parvenir au plus tard   avant la date fixée pour l'adjudication, au membre technique, les échantillons dont le détail suit :

(Désigner les personnes compétentes qui, avec la commission d'adjudication, seraient chargées de procéder à l'examen et aux épreuves des échantillons envoyés ou, le cas échéant, la commission spéciale chargée de ce soin.)

Article 3.

Détail de la fourniture.

(Donner le détail par lots, en mentionnant seulement la quantité et la nature des matières ou objets, sans en donner les dimensions, et en indiquant, s'il y a lieu, la quantité et la nature des vieilles matières à employer par conversion.)

(Ajouter, s'il y a un ou plusieurs groupes de lots identiques) :

Les offres pour la fourniture de chacun des groupes de lots identiques, savoir :   d'une part, d'autre part, puis   puis   seront classées sans tenir compte des numéros d'ordre des lots, et l'adjudication sera prononcée successivement pour chacun d'eux d'après l'ensemble des offres.

Article 4.

Dépôt des soumissions.

(*Article 15 de l'instruction relative aux marchés.*)

Les soumissions sont remises en séance publique. Toutefois, elles peuvent encore être adressées dans les conditions prévues à l'article 15 de l'instruction relative aux marchés au président ou au membre technique de la commission, par plis recommandés, jusqu'au   (1).

Ces plis devront porter l'adresse suivante : « ....

Article 5.

Cautionnements provisoires et cautionnements définitifs.

(Article 3 du cahier des clauses et conditions générales.)

Le cautionnement provisoire à déposer par les soumissionnaires pour prendre part à l'adjudication est fixé à   (2) pour   lot n°   .

Il n'en est pas exigé pour les autres lots.

Le cautionnement définitif exigé des adjudicataires sera fixé pour chaque lot dont la valeur de la fourniture atteindra 20,000 francs ou dépassera ce chiffre, et 50.000 francs pour une société d'ouvriers français, au   (Mettre : « au dixième de la valeur du lot » s'il n'y a pas de lot à fournir par conversion, ou « au vingtième de la valeur du lot », si tous les lots sont à fournir par conversion, ou enfin « au dixième de la valeur du lot pour les lots à fournir sans conversion et au vingtième de la valeur du lot pour les lots à fournir par conversion ».)

(Ajouter, s'il y a lieu) :

Ce cautionnement définitif peut être remplacé, au gré de l'adjudicataire, par la retenue du premier dixième ou du premier vingtième, suivant le cas, du montant du marché jusqu'au payement du solde en ce qui concerne les lots pour lesquels il est prévu plusieurs livraisons à l'article 9 ci-après.

(Ajouter, s'il y a lieu) :

Pour garantir de la valeur des vieilles matières, les adjudicataires fourniront, en outre, un cautionnement égal (3) à la valeur de ces vieilles matières, cette valeur étant calculée au prix offert par eux. Ce cautionnement est indépendant de celui fixé ci-dessus comme cautionnement définitif de garantie.

(Ajouter, si la fourniture, tout en ne rentrant pas dans l'un des cas indiqués ci-dessus, prévoit un délai de garantie) :

Pour garantie de la bonne exécution des fournitures, les adju-

---

(1) Indiquer le courrier ou l'heure au delà desquels ces plis recommandés ne peuvent parvenir en temps utile.

(2) Fixer le montant du cautionnement provisoire par lot.

(3) S'il est prévu que les vieilles matières seront délivrées à plusieurs époques échelonnées d'après les livraisons de matières neuves, le cautionnement de garantie des vieilles matières sera réduit à la valeur des vieilles matières délivrées à la fois au fournisseur et non représentées par des matières neuves précédemment livrées, soit à la moitié, au tiers, au quart,   de la valeur totale des vieilles matières.

dicataires fourniront un cautionnement définitif de   francs,
dont mainlevée ne sera donnée qu'à l'expiration du délai prévu
à l'article 11 ci-après.

(Mettre dans tous les cas où il y a lieu à cautionnement) :

Les cautionnements définitifs en numéraire ou en rentes sur
l'État et valeurs du Trésor devront être versés dans le délai fixé
à l'article 64 de l'instruction relative aux marchés.

Article 6.

Approbation de l'adjudication.

*(Article 4 du cahier des clauses et conditions générales et
article 20 de l'instruction relative aux marchés.)*

Le délai de notification de l'approbation de l'adjudication est
de trente jours lorsque cette approbation est réservée au Ministre et de dix jours dans les autres cas.

Le membre technique est autorisé à approuver les résultats
de l'adjudication en ce qui concerne chacun des lots pour lesquels seront satisfaites les conditions fixées par l'article 20 de
l'instruction relative aux marchés du Département de la guerre.
Pour l'adjudication qui fait l'objet du présent cahier des charges,
un prix-limite sera fixé par le Ministre.

(Dans le cas exceptionnel où il ne serait pas fixé de prix-
limite, remplacer tout le texte ci-dessus par le suivant) :

L'approbation de l'adjudication est réservée au Ministre ; le
délai de notification de cette approbation est de trente jours.

Article 7.

Domicile de l'entrepreneur.

(Article 10 du cahier des clauses et conditions générales.)

(Mettre « Néant », si la nature et l'importance de la fourniture
mise en adjudication ne semble pas nécessiter l'élection de domicile ; dans le cas contraire, mettre) :

Les adjudicataires sont tenus de faire élection de domicile
à

Dans le cas où le fournisseur ne remplirait pas cette obligation, et cela dans un délai de quinze jours après la notification
de l'approbation de l'adjudication, toutes les communications lui
seraient valablement adressées par l'administration à la mairie
de la commune de

Article 8.

Des commandes.

(Article 19 du cahier des clauses et conditions générales.)

La notification de l'approbation du procès-verbal d'adjudication, à chaque adjudicataire, constituera la notification de la commande des matières ou objets composant les lots qui lui sont attribués, tels qu'ils sont définis par le présent cahier des charges et ses annexes.

(Dans le cas où les commandes devraient être notifiées partiellement et successivement suivant les besoins, remplacer ce texte par l'indication des conditions de notification.)

(Mettre, s'il y a lieu) :

Les quantités qui sont indiquées ne sont qu'approximatives et peuvent être augmentées ou diminuées suivant les besoins du service, sans que l'adjudicataire puisse prétendre à indemnité ; toutefois, les quantités commandées ne doivent pas différer de plus de 10 p. 100 en plus ou en moins des quantités mises en adjudication.

Article 9.

Livraisons. — Exécution du service.

(Article 21 du cahier des clauses et conditions générales.)

Les livraisons de chaque lot devront être effectuées dans les délais ci-après à compter de la notification de

(Mettre suivant le cas : « la notification de l'approbation du procès-verbal d'adjudication » ou « la notification de la commande ».)

(Dans le cas de fournitures qui, dans le commerce, donnent lieu à des spéculations à terme, remplacer l'alinéa ci-dessus par le suivant) :

Les délais de livraison seront fixés par les affiches et avis au public.

(Indiquer pour chaque lot le nombre de livraisons, le délai correspondant à chacune d'elles et son importance relative).

La fourniture de chaque lot sera livrée franco.

(Mettre suivant le cas : « sur wagon en gare de chaque établissement destinataire tel qu'il résulte de la spécification détaillée à l'article   ou à l'annexe n°   du présent cahier des charges » ou bien « dans les magasins de chaque établissement destinataire tel qu'il résulte [comme ci-dessus] » ou enfin « franco sur wagon en gare des usines ou magasins du fournisseur ».)

(Dans les deux premiers cas, ajouter) :

Conformément aux dispositions du quatrième alinéa de l'article 1er du traité du 15 juillet 1891, pour l'exécution des transports du matériel de guerre, les fournisseurs pourront, s'ils y trouvent avantage, faire effectuer les transports, aux tarifs dudit traité, sous forme de transports particuliers, à leurs frais, dans les conditions prévues à l'article 2 de ce traité. Dans ce cas, ils s'adresseront aux agents réceptionnaires pour se faire délivrer les ordres de transport nécessaires.

(Ajouter, s'il y a lieu) :

Les vieux métaux seront délivrés d'après les ordres du Ministre de la guerre.

Ils seront enlevés par les soins et aux frais des adjudicataires dans le délai de   à dater de la notification de l'approbation du procès-verbal d'adjudication.

Le payement des vieilles matières à délivrer aux fournisseurs fera l'objet de retenues sur le mandat à établir à son profit.

(Ajouter en tout cas) :

Le délai que se réserve l'administration pour procéder à l'examen et en cas d'admission à la prise en charge des fournitures est fixé à   au maximum à partir du jour où elles sont présentées en livraison.

Article 10.

Tolérance dans les quantités à livrer.

(*Article 22 du cahier des clauses et conditions générales.*)

(Mettre, s'il y a lieu) :

La proportion à admettre en plus ou en moins des quantités commandées est fixée à   p. 100 en plus et   p. 100 en moins.

Article 11.

Réception des fournitures.

(*Article 24 du cahier des clauses et conditions générales.*)

(Indiquer où et par qui seront reçues les fournitures ; en cas de réception en usine, indiquer si cette réception est provisoire ou définitive ; si elle est provisoire, indiquer où et par qui sera prononcée la réception définitive.)

(Indiquer éventuellement le délai pendant lequel les établissements destinataires pourront prononcer les rebuts à partir de la dernière livraison et le délai de garantie imposée, s'il y a lieu.)

Article 12.

Provenance des fournitures.

(Article 25 du cahier des clauses et conditions générales.)

(Mettre « Néant », s'il n'y a pas à prévoir d'exception à l'article 25 du cahier des clauses et conditions générales ; dans le cas contraire, spécifier les lots qui comportent des exceptions en indiquant celles-ci.)

Article 13.

Conditions d'exécution du service.

(Article 26 du cahier des clauses et conditions générales.)

(Indiquer la spécification de chaque lot, donner les tracés d'exécution, indiquer la spécification détaillée des vieilles matières de conversion affectées à chacun des lots qui en comportent. Si ces renseignements comportent de trop longs développements, les réunir dans des annexes numérotées et mentionner simplement, au présent article, les numéros de chacune de ces annexes et leur objet.)

Article 14.

Réception. — Prélèvements.

(Article 27 du cahier des clauses et conditions générales.)

(Indiquer les documents qui régissent la fourniture de chaque lot ainsi que les conditions particulières que doivent éventuellement remplir les matières ou objets à fournir ; si ces renseignements comportent de trop longs développements, les réunir dans une annexe et mentionner simplement le numéro de cette annexe.)

Article 15.

Décision au sujet des réceptions. — Pourvois. — Appels.

(Article 28 du cahier des clauses et conditions générales.)

[Dans les cahiers des charges pour fournitures susceptibles, en cas de contestation, d'être soumises à une contre-épreuve ou analyse par les soins de la section technique de l'artillerie, mettre) :

Ni les fournisseurs, ni les chefs de service ne seront admis à former appel des décisions relatives aux rejets devant la commission d'appel.

Les contestations pour ces matières seront soumises à la décision du Ministre, sauf appel, s'il y a lieu, devant le Conseil d'État.

(Dans le cas contraire, mettre) :

En cas de contestation au sujet de décisions relatives aux rejets, les fournisseurs pourront porter le litige devant la commission d'appel.

Article 16.

Commission d'appel.

(Article 30 du cahier des clauses et conditions générales.)

Les recours au Ministre contre les décisions des commissions d'appel doivent être remis au directeur de l'établissement réceptionnaire dans un délai de

(Si l'article 15 spécifie que les fournisseurs ne sont pas admis à se pourvoir devant les commissions d'appel, supprimer ce texte et mettre : « Néant ».)

Article 17.

Fournitures refusées ou ajournées.

(Articles 34 et 35 du cahier des clauses et conditions générales.)

En cas de refus de tout ou partie de la fourniture, l'adjudicataire doit remplacer les quantités refusées dans un délai de   après notification du refus définitif et enlever, à ses frais, dans un délai de   la marchandise refusée.

S'il ne se conforme pas à cette prescription après une mise en demeure régulière, et à l'expiration du délai de quinze jours, l'administration a la faculté de faire vendre aux enchères, par le ministère d'un officier public, les matières, denrées ou objets rejetés qui n'auraient pas été enlevés dans le délai fixé. Le produit de la vente, déduction faite des frais, est déposé à la Caisse des dépôts et consignations au nom du fournisseur.

Article 18.

Retards. — Clauses pénales.

(Article 39 du cahier des clauses et conditions générales.)

Les retenues pour retards prévues par l'article 39 du cahier des clauses et conditions générales, sont fixées par 1.000 francs, et par jour, à   , pendant les trente premiers jours, et à   francs, à dater du 31e jour, sans que la pénalité puisse excéder le dixième du montant du service en souffrance.

Le délai prévu par ce même article 29 pour la mise en demeure de l'entrepreneur de satisfaire à ses obligations est de
jours.

(Dans le cas où la fourniture comprend des lots par conversion, ajouter) :

Dans le cas où l'enlèvement des vieilles matières ne serait pas terminé dans les délais indiqués à l'article 9 ci-dessus, l'adjudicataire serait passible d'une amende de   par 1,000 francs de la valeur des vieilles matières non enlevées, et par jour de retard pendant les quinze premiers jours et de   à dater du 16° jour, sans que la pénalité puisse dépasser le dixième de la valeur desdites vieilles matières.

Article 19.

Base du règlement des comptes. — Réfactions.

(Article 45 du cahier des clauses et conditions générales.)

(Indiquer pour chaque lot si les offres faites, qui serviront de base de décompte, devront donner des prix aux 100 kilogr., à la pièce, aux cent pièces, à la collection, etc.).

(S'il y a un ou plusieurs groupes de lots identiques, indiquer la manière de calculer le prix moyen au cas où deux ou plusieurs de ces lots seraient attribués à un même adjudicataire à des prix différents ; indiquer également jusqu'à quelle décimale on poussera le calcul du prix moyen, et spécifier comment on arrondira ce prix moyen, par excès ou par défaut.)

(S'il y a des lots à fournir par conversion, ajouter) :

En ce qui concerne les lots à exécuter par conversion, les offres faites devront indiquer le prix moyen aux 100 kilogr. pris dans les magasins des établissements livranciers et le prix total de reprise des vieux métaux. La soumission devra faire ressortir, en outre, le montant de la soulte à payer.

(S'il y a lieu de prévoir des réductions de prix en cas d'insuffisance aux épreuves de réception, indiquer comment seront comptées les réfactions.)

Article 20.

Cas de résiliation du marché.

(Article 40 du cahier des clauses et conditions générales, paragraphes 3 et 4.)

Le marché pourra être résilié :

1° Si les retards apportés dans la livraison de la fourniture ou dans le remplacement des rebuts dépassent
à partir de la date fixée pour la livraison, ou de celle fixée pour le remplacement des rebuts ;

2° Si les rebuts prononcés sont supérieurs à   p. 100
du total de la fourniture ;

3° Si l'adjudicataire n'a pas réalisé son cautionnement dans
le délai fixé à l'article 64 de l'instruction relative aux marchés
du Département de la guerre.

Article 21.

Production des pièces justificatives.

(Article 50 du cahier des clauses et conditions générales.)

Toute facture ou pièce de dépense non produite par le fournisseur dans le délai de quarante-cinq jours à compter de l'expiration du trimestre pendant lequel la dépense a été faite, donnera lieu, sans mise en demeure préalable, à l'imputation d'une
amende de   centimes par 1.000 francs et par jour de
retard.

L'administration se réserve d'ailleurs le droit d'établir, d'office et aux frais du fournisseur, le décompte des fournitures,
passé le délai visé à l'alinéa précédent.

Article 22.

Application du décret du 10 août 1899 sur les conditions du travail.

En ce qui concerne la fourniture des lots nᵒˢ
il ne sera pas fait application des dispositions du décret du
10 août 1899, sur les conditions du travail.

Il en sera fait application en ce qui concerne les autres lots
faisant l'objet du présent cahier des charges et cela dans les
conditions fixées par le titre VIII de l'instruction relative aux
marchés du Département de la guerre.

Les fournisseurs de ces lots devront en conséquence :

1° Assurer aux employés et ouvriers un jour de repos par
semaine, dans les conditions fixées par le décret du 10 août
1899 et par la loi du 13 juillet 1906, les dérogations ne pouvant
être autorisées que dans les limites fixées par cette loi ;

2° Ne pas employer d'ouvriers étrangers dans une proportion
supérieure à   p. 100 ;

3° Payer aux ouvriers un salaire normal égal, pour chaque
profession, et, dans chaque profession, pour chaque catégorie
d'ouvriers, au taux couramment appliqué dans la ville ou la région où se trouvent les usines du fournisseur ;

4° Limiter la durée du travail journalier à la durée normale
du travail en usage, pour chaque catégorie, dans ladite ville ou
région.

Aussitôt après le prononcé de l'approbation du procès-verbal d'adjudication, il sera procédé, pour chaque lot, à l'établissement de bordereaux de salaire fixant, dans les conditions des paragraphes 3° et 4° ci-dessus et suivant la région où se trouvent les usines du fournisseur, le taux normal et courant des salaires et la durée normale et courante du travail, conformément aux dispositions de l'article 3 du décret du 10 août 1899.

Le fournisseur sera tenu de se conformer à ces bordereaux de salaires. Toutefois, il pourra appliquer exceptionnellement un salaire inférieur au salaire normal aux ouvriers que leurs aptitudes physiques mettent dans une condition d'infériorité notoire avec les ouvriers de la même catégorie. La proportion maxima de ces ouvriers, par rapport au total des ouvriers de la catégorie, et le maximum de réduction possible de leur salaire, seront fixés dans les bordereaux de salaires.

Conformément aux dispositions de l'article 4 du décret du 10 août 1899, l'administration, si elle constate une différence entre le salaire payé aux ouvriers et le salaire courant fixé au bordereau de salaires, indemnisera directement les ouvriers lésés au moyen de retenues opérées sur les sommes dues au fournisseur ou sur son cautionnement.

(Si aucun lot ne comporte l'application du décret du 10 août 1899, mettre simplement) :

En ce qui concerne la fourniture faisant l'objet du présent cahier des charges, il ne sera pas fait application des dispositions du décret du 10 août 1899 sur les conditions du travail.

Article 23.

Dérogations au cahier des clauses et conditions générales du 16 février 1903.

(Indiquer ici, s'il y a lieu, les dérogations autres que celles visées à l'article 12 : « Provenance des fournitures ».)

Article 24.

Clauses diverses.

....

Fait à   , le

Le

Vu et approuvé :

Paris, le

MODÈLE DE SOUMISSION.

Je soussigné (nom, prénoms et qualité), demeurant à   ,
département de   , me soumets et m'engage à fournir,
à mes risques et frais, les quantités de matières comprises dans
le ou les lots désignés ci-après, savoir :

Lot n°   kilogr. de   (ou nombre
et nature des objets), au prix de (en chiffres et en toutes lettres,
sans fraction de centime) par   kilogr. (ou pièce, ou
100 pièces, ou etc., suivant ce qui est indiqué à l'article 19),
faisant une somme de (en chiffres et en toutes lettres) pour la
totalité du lot.

(Répéter la même formule pour tous les lots sans conversion
que concerne la soumission; s'il y a des lots par conversion,
la formule doit être rédigée comme il suit en ce qui les concerne) :

Lot n°   , kilogr. de   (ou nombre
et nature des objets), au prix de (en chiffres et en toutes lettres
sans fractions de centime), par   kilogr. faisant une
somme de (en chiffres et en toutes lettres) pour la totalité du
lot, contre reprise de   kilogr. de vieilles matières
affectées à la conversion de ce lot au prix de (en chiffres et en
toutes lettres sans fractions de centime) par   kilogr.
faisant une somme de (en chiffres et en toutes lettres) pour la
totalité des vieilles matières et, par suite, une soulte en ma
faveur de (en chiffres et en toutes lettres).

Je déclare avoir pris parfaite connaissance de toutes les
clauses contenues dans le cahier des charges spéciales, approuvé
le   ainsi que dans les divers documents énumérés
à l'article 1er dudit cahier des charges.

Pour le cas où je serais déclaré adjudicataire, je présente
comme caution M.   (1), ou je m'engage à verser à titre
de cautionnement, une somme égale au dixième (ou vingtième)

---

(1) Supprimer dans les modèles la 1re ou la 3e formule ou l'une des deux
s'il y a inconvénient à remplacer le cautionnement en numéraire soit par
la caution personnelle, soit par la retenue du premier dixième ou vingtième.

du montant du marché, ou je consens à la retenue du premier dixième du montant du marché jusqu'au payement du solde (1).

A   , le   19 .

Le soumissionnaire

La caution (s'il y a lieu).

Nota. — La soumission doit être faite sur papier timbré sous peine d'encourir l'amende prononcée par la loi. Les ratures et surcharges doivent être approuvées. Les intercalaires doivent être paraphés.

(1) Voir le renvoi page précédente.

*Circulaire relative aux versements d'armes
par les municipalités.*

(Direction de l'Artillerie; Bureau du Matériel.)

Paris, le 19 mars 1910.

Les armes et accessoires provenant de l'armement des sapeurs-pompiers et versés par les municipalités dans les établissements de l'artillerie seront reçus dans les conditions indiquées ci-après :

Les fusils modèles 1874 M 80 et 1866-74 M. 80 avec épée-baïonnette seront visités lors de leur versement pour constater les réparations dont ils pourraient avoir besoin.

Toutefois, il y aura lieu de se montrer très modéré et de ne prononcer des imputations que pour les dégradations provenant de négligence manifeste, mais non pour les dégradations résultant de l'usure naturelle.

Les fusils Remington égyptien, les fusils modèle 1866, les fusils à percussion, les sabres de canonnier monté ou de troupes à pied et les sabres-baïonnettes seront reçus sans imputation en ce qui concerne les dégradations.

En cas de perte d'armes complètes et de sabre ou épées-baïonnettes (isolés ou faisant partie du fusil), il sera dressé un état d'imputation sur lequel ces armes seront décomptées aux prix suivants :

Fusil modèle 1874 M 80 ou 1866-74 M 80 avec épée-baïonnette.	7 00
Fusil Remington égyptien, avec sabre-baïonnette.	5 00
Fusil modèle 1866 avec sabre-baïonnette.	3 00
Fusil à percussion avec baïonnette.	2 00
Épée-baïonnette modèle 1874.	
Sabre-baïonnette modèle 1866 (bronze ou non bronzé).	0 50
Sabre de troupes à pied 1831.	
Sabre de canonnier monté modèle 1820.	

Les pertes de jeux d'accessoires modèle 1874 et modèle 1866 ne donneront pas lieu à imputation.

Instruction relative à l'armement des subdivisions
de sapeurs-pompiers communaux.

(Direction de l'Artillerie; Bureau du Matériel.)

Paris, le 21 avril 1910.

Aux termes de l'article 34 du décret du 10 novembre 1903, les armes nécessaires pour l'armement des subdivisions de sapeurs-pompiers communaux sont mises à la disposition des communes, à titre de prêt, par l'administration de la guerre.

Les mouvements d'armes occasionnés par l'armement des sapeurs-pompiers seront, à l'avenir, effectués dans les conditions prévues par la présente instruction.

Art. 1er. Le matériel d'armement qui peut être délivré, à titre de prêt, aux communes, pour les sapeurs-pompiers, est le suivant :

(a) Armes...	Fusils modèle 1874 M 80 (ou 1866-74 M 80) avec épée-baïonnette.
	Sabres-baïonnettes modèle 1866 isolés, bronzés ou non bronzés.
(b) Accessoires d'armes.	Jeux d'accessoires pour armes modèle 1874 (à raison d'un jeu pour dix fusils ou fraction de dix).

Il n'est pas délivré de cartouches aux communes pour les subdivisions de sapeurs-pompiers.

Délivrances d'armes.

Art. 2. 1° Toute commune qui désire recevoir des armes à titre de prêt adresse une demande, établie conformément au modèle n° 1 annexé à la présente instruction, au préfet du département qui la transmet, s'il le juge utile, avec avis favorable, au général commandant l'artillerie du corps d'armée.

Cet officier général fait parvenir ladite demande, pour exécution, au directeur de l'établissement d'artillerie relevant de son commandement, le plus rapproché de la commune intéressée.

Si la commune demanderesse se trouve plus voisine d'un établissement (ou annexe) d'un corps d'armée voisin, le général commandant l'artillerie qui reçoit la demande la transmet au général commandant l'artillerie de ce corps d'armée, qui lui fait donner satisfaction comme il est indiqué ci-dessus.

2° Les armes dont la délivrance est autorisée sont tenues, dans les magasins de l'artillerie, à la disposition de la commune.

Toutefois, les armes peuvent être expédiées par les transports du commerce, en port dû, si la commune en exprime le désir dans sa demande de délivrance.

3° Toute commune qui reçoit des armes à titre de prêt conserve la facture qui lui est remise à la livraison, afin de pouvoir la représenter à l'établissement d'artillerie réceptionnaire, en cas d'échange ou de réintégration définitive de ces armes.

4° Les demandes doivent mentionner exactement le nombre et les modèles de toutes les armes que la commune a déjà reçues à titre de prêt de l'administration de la guerre, en vertu d'autorisations antérieures, ainsi que l'établissement d'artillerie livrancier desdites armes.

Échanges d'armes.

Art. 3. 1° Lorsqu'une commune désire faire remplacer les armes qui lui ont été prêtées par d'autres, du modèle indiqué à l'article 1er, elle peut en demander l'échange.

A cet effet, elle adresse une demande (modèle n° 1), par la voie et dans les formes prescrites pour les délivrances d'armes.

La demande doit mentionner exactement le nombre et le modèle de toutes les armes que la commune a reçues à titre de prêt, antérieurement ou postérieurement au décret du 10 novembre 1903, ainsi que l'établissement d'artillerie qui les a délivrées. Le maire joint à cette demande la ou les factures remises à la commune lors de la livraison.

2° Si la commune ne peut indiquer l'établissement d'artillerie livrancier des armes, le directeur de l'établissement chargé d'effectuer l'échange demande ce renseignement à l'administration centrale (3° Direction ; 2° Bureau ; 4° Section).

3° Tout échange d'armes doit, en principe, comprendre la totalité des armes *de même catégorie* détenues par la commune.

Avant de donner satisfaction à une demande de cette nature, le directeur de l'établissement d'artillerie intéressé s'assure que le nombre d'armes porté sur la demande est en concordance avec celui qui figure au registre du matériel prêté (modèle C). Le cas échéant, il demande ce renseignement à l'établissement qui a délivré les armes à remplacer.

Lorsqu'une demande d'échange ne comprend pas la totalité des armes entre les mains de la commune, le maire doit spécifier si la commune désire conserver les armes dont le remplacement n'est pas demandé ou si ces armes ne peuvent être représentées. Dans ce dernier cas, les armes perdues sont imputées à la commune (art. 5). Si ce renseignement ne figure pas dans la demande, le directeur de l'établissement d'artillerie prie le maire de la commune intéressée de le lui faire parvenir.

4° Les armes réintégrées par échange sont visitées et le montant des réparations reconnues nécessaires doit, suivant le modèle desdites armes, être immédiatement versé au Trésor ou aux Domaines (art. 5).

5° La délivrance des armes de remplacement n'est effectuée

par l'établissement d'artillerie auquel l'ordre en est donné qu'après versement au Trésor ou aux Domaines :

a) De la valeur des armes non représentées ;

b) Du montant des réparations reconnues nécessaires aux armes réintégrées.

6° Les armes délivrées en échange peuvent être expédiées à la commune, sur sa demande, dans les conditions prévues à l'article 2.

Réintégration d'armes.

Art. 4. 1° Toute demande de réintégration d'armes est établie conformément au modèle n° 1 et adressée comme il est prescrit pour les demandes de délivrance et d'échange.

La demande doit mentionner exactement le nombre et les modèles des armes que la commune détient, à titre de prêt, ainsi que l'établissement qui les a délivrées. Le maire joint à cette demande la ou les factures remises à la commune lors de la livraison de ces armes.

2° En ce qui concerne les autres dispositions de détail à observer, on se conforme aux prescriptions de l'article 3, paragraphes 2°, 3° et 4°.

3° Le montant des imputations prononcées pour pertes ou dégradations doit, suivant le modèle des armes, être immédiatement versé au Trésor ou aux Domaines (art. 5).

Imputations pour pertes et dégradations.

Art. 5. 1° Les imputations pour pertes et dégradations d'armes sont prononcées dans les conditions prévues par la circulaire du 10 mars 1910 (voir page 319).

2° Le directeur de l'établissement d'artillerie réceptionnaire adresse directement au maire de la commune un ordre de reversement dans la caisse du Trésor ou des Domaines de la somme imputée. Aussitôt le versement effectué, ce magistrat municipal fait parvenir, sous pli affranchi et recommandé, à l'officier supérieur précité, le récépissé et une déclaration constatant ce versement.

Le récépissé est transmis sans délai à l'administration centrale de la guerre (3° Direction ; 2° Bureau ; 4° Section). L'ordre de reversement et le récépissé doivent mentionner, lorsqu'il s'agit de pertes ou dégradations de fusils modèle 1874, que la somme versée fait retour au budget de l'artillerie.

Les sommes imputées pour pertes d'armes anciens modèles (autres que les armes modèles 1874 M 80 ou 1866-74 M 80) doivent être versées dans la caisse du receveur des Domaines ; elles ne font en conséquence pas retour au budget de l'artillerie.

Le cas échéant, il est établi un ordre de reversement distinct pour chacune des deux catégories d'armes susvisées.

3° Si, dans le délai d'un mois après la réception de l'ordre de reversement, la commune n'a pas versé au Trésor ou aux Domaines la somme mise à sa charge, le directeur de l'établissement d'artillerie en rend compte au Ministre (3° Direction; 2° Bureau; 4° Section).

Transport des armes délivrées ou réintégrées.

Art. 6. 1° Le transport des armes d'un établissement d'artillerie à une commune ou inversement est fait par les soins et aux frais de la commune intéressée.

Toutefois, des caisses d'armes à tasseaux peuvent être mises à la disposition des communes pour ces transports. Les frais de transport de ces caisses sont à la charge des communes.

2° Les caisses prêtées dans ces conditions doivent être réintégrées dans le plus bref délai possible. Elles sont, à leur retour, visitées et réparées, s'il y a lieu, aux frais de la commune intéressée.

Le versement au Trésor du montant des réparations s'effectue suivant le même principe que le versement des imputations pour pertes et dégradations d'armes modèle 1874 (art. 5), et la somme imputée doit toujours faire retour au budget de l'artillerie.

Recensement annuel.

Art. 7. 1° Les armes et accessoires prêtés aux communes sont recensés chaque année, par les soins des établissements livranciers, conformément aux dispositions de la circulaire du 25 septembre 1893 (voir page 290).

2° Les armes non représentées sont imputées à la commune (art. 5). Elles sont sorties des comptes dès que le directeur de l'établissement d'artillerie a reçu le récépissé et la déclaration constatant le versement, au Trésor ou aux Domaines, du montant de leur valeur.

Les accessoires d'armes perdus sont sortis des comptes sans imputation.

Si des armes perdues et imputées viennent à être retrouvées, elles ne sont pas remboursées; elles restent la propriété des communes.

3° Les armes détruites dans des incendies sont sorties des comptes sans imputation, sur la production d'un rapport de la gendarmerie constatant la destruction desdites armes.

Compte rendu à fournir.

Art. 8. Le 1er janvier et le 1er juillet de chaque année les établissements de l'artillerie adresseront à l'administration centrale (3° Direction, Matériel) un état récapitulatif, en simple expédition, des mouvements d'armes effectués (délivrance, échange, réintégration) pendant le semestre écoulé, en exécution des prescriptions de la présente instruction.

Cet état sera établi conformément au modèle n° 2 ci-annexé et adressé en même temps que la situation de l'armement.

Dispositions générales

Art. 9. 1° Il n'est donné suite qu'aux demandes de délivrance, d'échange ou de réintégration, pour lesquelles le préfet du département a émis un avis favorable.

Si une demande parvient au service de l'artillerie sans faire mention de cet avis, elle est renvoyée à l'autorité préfectorale pour être complétée.

2° Les maires des communes sont avisés directement par les directeurs des établissements de l'artillerie de la suite donnée à leurs demandes (délivrance, échange, réintégration).

3° Les demandes d'armes d'autres catégories que celles indiquées à l'article 1er, paragraphe a), seront, comme par le passé adressées, par l'intermédiaire des préfets, au Ministre de l'intérieur qui les transmettra au Ministre de la guerre.

4° La présente instruction entrera en vigueur à partir du 1er juillet 1910.

Tous les cas d'espèces non prévus par cette instruction seront soumis à l'administration centrale (3e Direction, Matériel).

COMMUNE D

CANTON D

ARRONDISSEMENT D — DÉPARTEMENT D

DEMANDE D (PRÊT, ÉCHANGE, RÉINTÉGRATION) D'ARMES.

Le Maire de la commune soussigné demande à :

Recevoir à titre de prêt. (A) fusils modèle 1874 M. 80 (ou 1866-74 M. 80) avec épée-baïonnette;
jeux d'accessoires pour armes modèle 1874 (un pour dix fusils ou fraction de dix).

(A)

Échanger............ (A) contre fusils modèle 1874 M. 80 (ou 1866-74 M. 80) avec épée-baïonnette.
jeux d'accessoires pour armes modèle 1874 (un pour dix fusils ou fraction de dix).

Réintégrer............ (A)

Armes de cunos à titre de prêt par la commune............ (B)

qui lui ont été délivrées par (B).

Le municipalité........ (C)
(D)

(a) Indiquer le nombre et le modèle des armes et accessoires.

(B) Indiquer l'établissement d'artillerie.

(c) Fera prendre livraison des armes dans les magasins d'artillerie;
Ou bien :
Désire que les armes lui soient expédiées dans les conditions prévues aux articles 1er, 2 et 6.

(D) Si la commune ne demande pas l'échange ou la réintégration de la totalité des armes qu'elle détient, indiquer si elle désire conserver la différence ou si elle ne peut la représenter (art. 3 et 4).

A , le 19

Le Maire,

Avis du préfet du département :

Transmis au général commandant l'artillerie du corps d'armée à

Transmis pour exécution au directeur d (B) A

Le Général commandant l'artillerie,

(1) Indiquer l'établisse-
ment.

(A)

MODÈLE N° 2

Art. 8 de l'instruction
du 21 avril 1910.

Format: 0m.32 sur 0m.21.

ÉTAT récapitulatif des mouvements d'armes effectués pour l'armement des sapeurs-pompiers communaux pendant le   e semestre 19 .

1° Délivrances.

COMMUNES et DÉPARTEMENTS.	MODÈLES des armes.	NOMBRE DES ARMES			ORDRE du GÉNÉRAL commandant l'artillerie qui a prescrit la délivrance.	OBSERVA- TIONS.
		délivrées	délivrées anté- rieurement (1)	total actuellement détenue par la commune.		

2° Échanges.

COMMUNES et DÉPARTEMENTS	MODÈLES des armes.	NOMBRE DES ARMES				ORDRE du GÉNÉRAL com- mandant l'artillerie qui a prescrit l'échange	OBSERVA- TIONS.
		réinté- grées.	délivrées en remplace- ment.	délivrées an- térieure- ment (1)	total actuelle- ment détenue par la commune		

3° Réintégrations.

COMMUNES et DÉPARTEMENTS.	MODÈLES des armes.	NOMBRE DES ARMES		restant à la disposition de la commune	ORDRE du GÉNÉRAL commandant l'artillerie qui a prescrit la réintégra- tion.	OBSERVA- TIONS.
		réintégrées	que la commune avait reçues (1)			

(1) Indiquer l'établisse-
ment livrancier.

A   , le   19 .

Le Commandant du parc ou Directeur,

Circulaire relative à l'établissement de la situation des armes portatives existant dans les établissements de l'artillerie.

(Direction de l'Artillerie; Bureau du Matériel.)

Paris, le 11 juin 1910.

Aux termes des dispositions de la dépêche ministérielle du 25 décembre 1891, mentionnée à la table chronologique générale, les établissements de l'artillerie fournissent trimestriellement la situation des armes portatives existant dans leurs magasins.

Dans le but de simplifier les écritures, cette situation sera, à l'avenir, établie annuellement, à la date du 1er janvier, et adressée à l'administration centrale (3e Direction; 2e Bureau; 4e Section), dans les dix premiers jours dudit mois.

Les imprimés nécessaires seront adressés en temps voulu, par l'administration centrale, aux établissements d'artillerie intéressés, qui établiront la situation dont il s'agit en se conformant aux indications mentionnées sous le titre « Notes à consulter ».

Enfin, aux lieu et place des situations trimestrielles supprimées, les établissements susvisés adresseront à l'administration centrale (3e Direction; 2e Bureau; 3e Section), dans les dix premiers jours du mois de juillet, un état, en simple expédition, indiquant *les existants au 1er juillet* pour chacun des modèles d'armes et d'accessoires d'armes ayant fait mouvement dans le courant du 1er semestre.

Circulaire relative au renouvellement des bougies entrant dans le chargement des unités de 65mm, 75mm, de 155 C. 1904 T. R. et des unités de ravitaillement.

Paris, le 1er mars 1913.

Dans le but d'assurer le renouvellement des approvisionnements de bougies entrant dans le chargement des unités de 65mm, de 75mm, de 155 C modèle 1904 T. R., et dans les unités de ravitaillement, les corps de troupe de l'artillerie devront, à l'avenir, si les commandants des établissements gestionnaires du matériel le jugent utile, faire usage de ces bougies au cours des routes et des manœuvres.

Ces bougies seront remplacées dans un délai aussi court que

possible par les soins des corps et par achat direct dans le commerce, aux frais de la masse de chauffage et d'éclairage.

Les chefs des corps et services intéressés prendront des mesures pour que les bougies achetées en vue du réapprovisionnement soient susceptibles d'être employées, sans inconvénient, tant au point de vue de la qualité qu'à celui des dimensions, dans les lanternes des types en usage dans les unités visées ci dessus.

TABLES

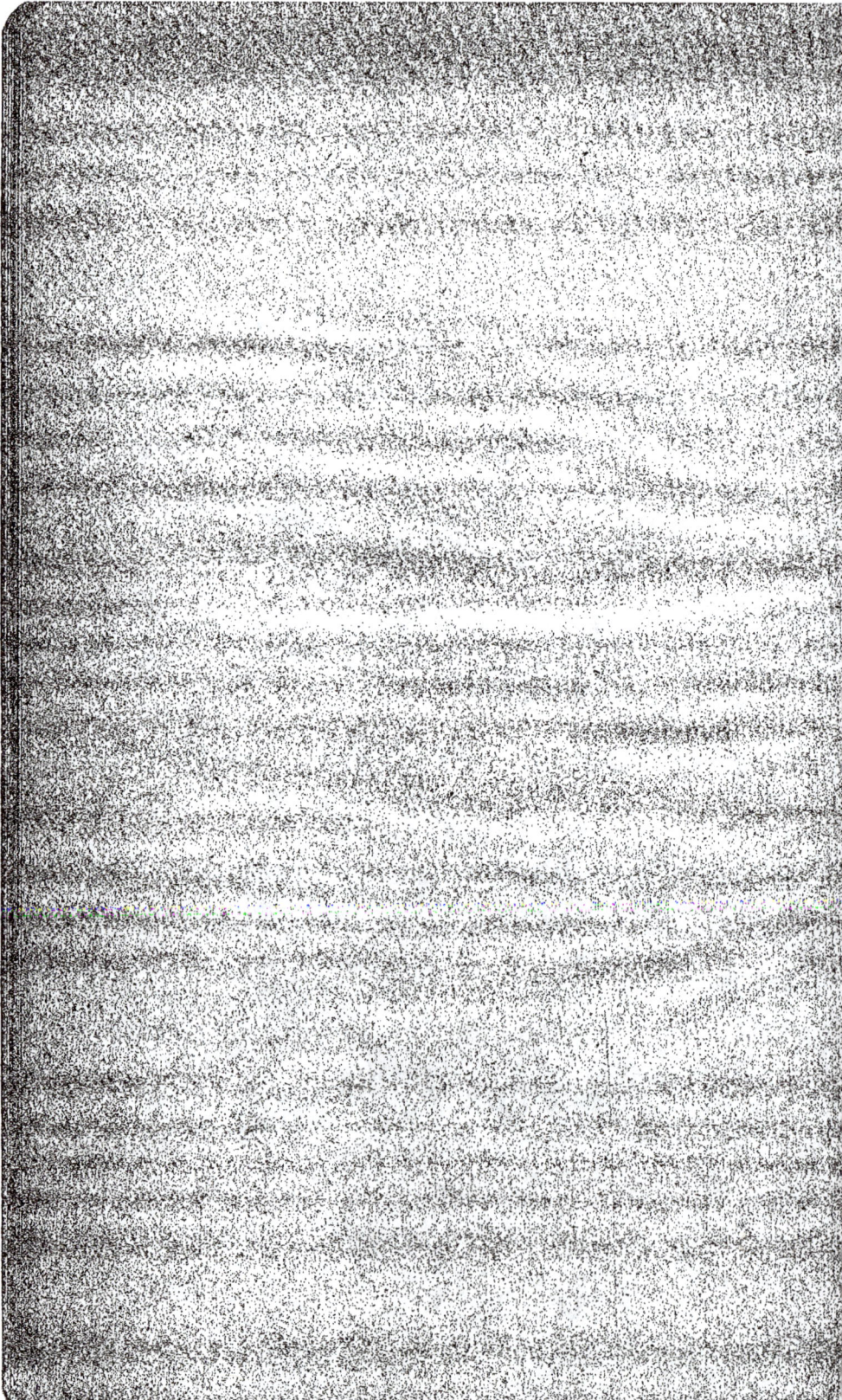

TABLE MÉTHODIQUE.

Ire PARTIE.

Documents concernant le personnel.

IIᵉ PARTIE.

Documents concernant le matériel.

— 334 —

IIIᵉ PARTIE.

Documents concernant la comptabilité-finances.

IVᵉ PARTIE.

Documents concernant la comptabilité-matières.

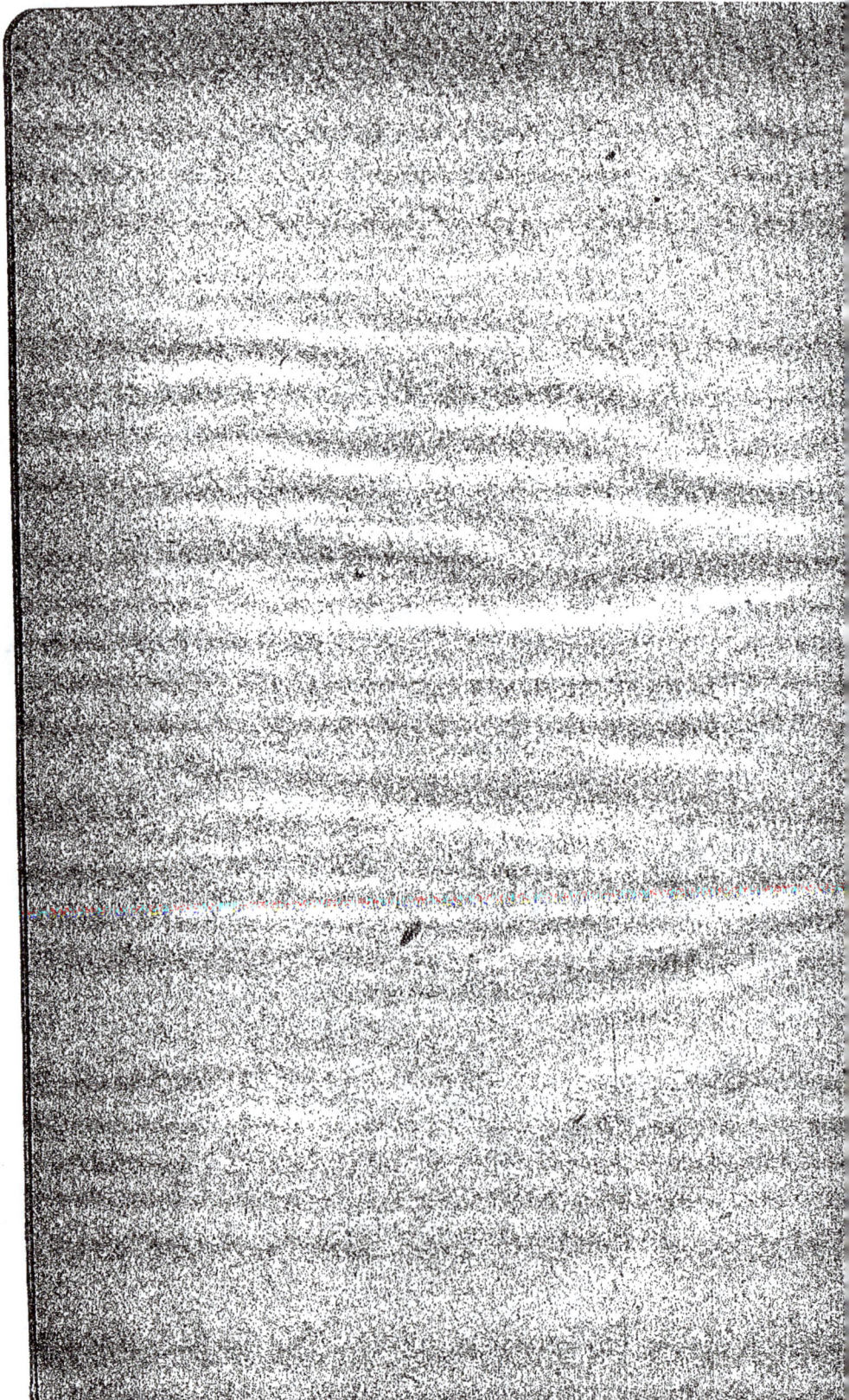

TABLE CHRONOLOGIQUE.

— 347 —

Pages:

Pages.

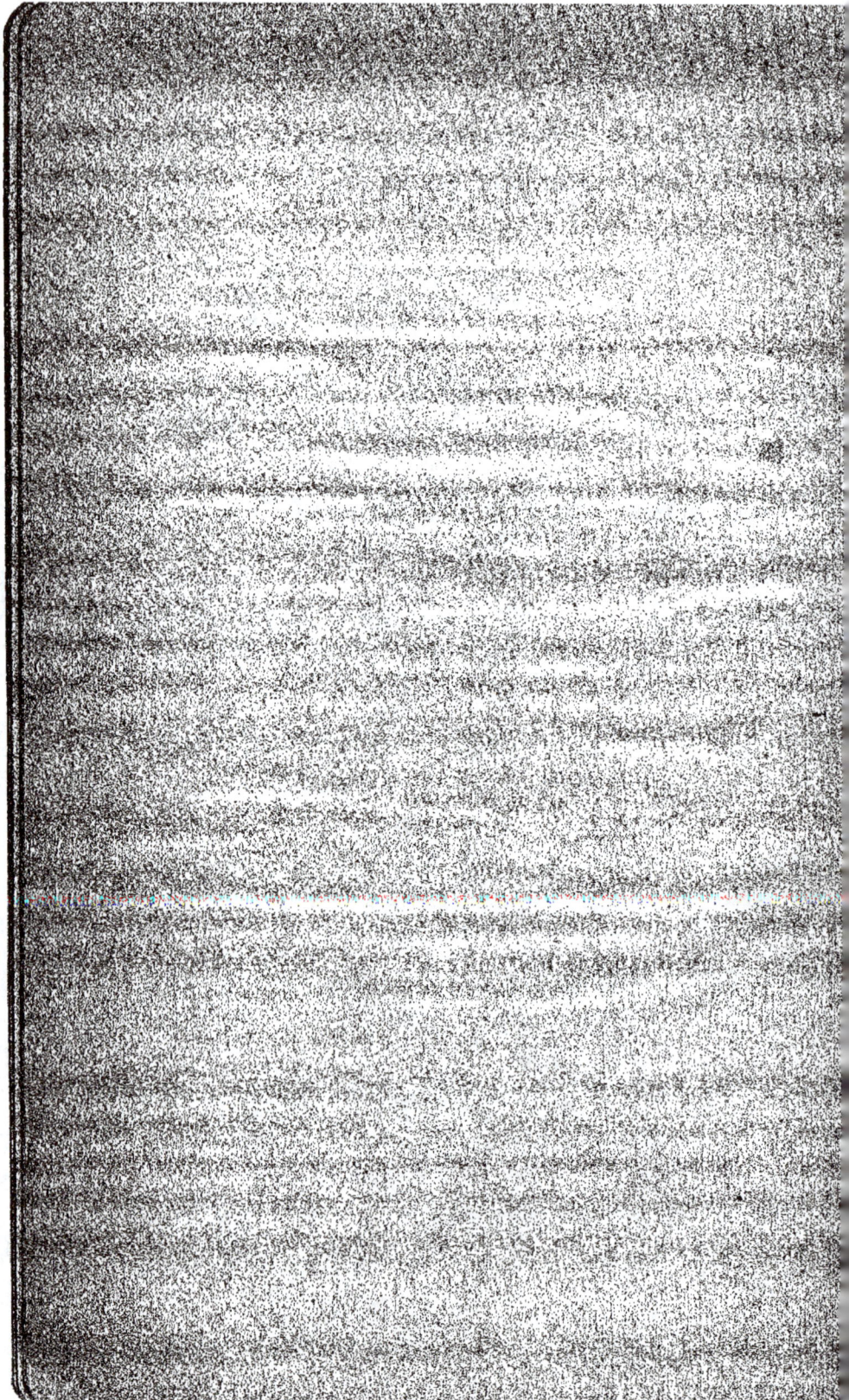

TABLE ALPHABÉTIQUE.

Paris et Limoges. — Imprimerie militaire Henri CHARLES-LAVAUZELLE.

Librairie Militaire Henri CHARLES-LAVAUZELLE

PARIS & LIMOGES

Majoration temporaire 20 %. — Décision du Syndicat des Éditeurs du 5 décembre 1917 (Section Sciences, Médecine, Art militaire).

www.ingramcontent.com/pod-product-compliance
Lightning Source LLC
Chambersburg PA
CBHW071635270326
41928CB00010B/1935